Kohlhammer

Britta Konz / Karl-Heinrich Ostmeyer /
Marcel Scholz (Hrsg.)

Gratwanderung Künstliche Intelligenz

Interdisziplinäre Perspektiven auf das
Verhältnis von Mensch und KI

Verlag W. Kohlhammer

1. Auflage 2023

Alle Rechte vorbehalten
© W. Kohlhammer GmbH, Stuttgart
Gesamtherstellung: W. Kohlhammer GmbH, Stuttgart

Print:
ISBN 978-3-17-042054-0

E-Book-Format:
pdf: 978-3-17-042055-7

Für den Inhalt abgedruckter oder verlinkter Websites ist ausschließlich der jeweilige Betreiber verantwortlich. Die W. Kohlhammer GmbH hat keinen Einfluss auf die verknüpften Seiten und übernimmt hierfür keinerlei Haftung.

Dieses Werk einschließlich aller seiner Teile ist urheberrechtlich geschützt. Jede Verwendung außerhalb der engen Grenzen des Urheberrechts ist ohne Zustimmung des Verlags unzulässig und strafbar. Das gilt insbesondere für Vervielfältigungen, Übersetzungen, Mikroverfilmungen und für die Einspeicherung und Verarbeitung in elektronischen Systemen.

Inhalt

Britta Konz, Karl-Heinrich Ostmeyer, Marcel Scholz
Einleitung VII

I   Grundlagen und anwendungsorientierte Perspektiven zur Künstlichen Intelligenz

Gregor Schiele
Eine sich irrende KI? – Ein Interview mit Gregor Schiele über
Künstliche Intelligenz 3

Eva Schmidt
Wie können wir autonomen KI-Systemen vertrauen? 11

Christian Klaes
KI hautnah – Hybride Systeme und Extendend Mind 31

Johannes Weyer
Vermenschlichung der Technik? Die Interaktion von Menschen und
künstlicher Intelligenz in alltäglichen Kontexten 43

Jürgen Altmann
„Fight at Machine Speed" – Können wir die Gefahren von KI-Krieg
eindämmen? 61

Johann Ostmeyer
Mit maschinellem Lernen zum besten Pfad 83

II   Künstliche Intelligenz theologisch und religionspädagogisch betrachtet

Ernstpeter Maurer
„Geist" als philosophisch-theologischer Begriff 97

Claudia Gärtner
Digitales ‚Ich'? Trans- und Posthumanismus als theologische und
religionspädagogische Herausforderung 111

Britta Konz, Marcel Scholz
Körper und Künstliche Intelligenz. (Un-)Verfügbare Beziehungen? 125

Karl-Heinrich Ostmeyer
„Ohne Kleid keinen Streit". Der Beginn der Josefnovelle (Gen 37) als
„Untergewand" des Judasbriefes 143

Thomas Pola
„Die Furcht JHWHs ist der Anfang der Erkenntnis" (Spr 1,7):
Das Verhältnis von Mensch und künstlicher Intelligenz
aus der Sicht des Alten Testaments 161

III Künstliche Intelligenz in Kultur und Literatur

Görge K. Hasselhoff
Vom Hapaxlegomenon über die Kabbala zum Cyborg – Veränderungen
im Verständnis der Figur des Golem 177

Miriam Conrad
Satanische Schöpfung: Der Automat in E. T. A. Hoffmanns *Der Sandmann* 189

Autor*innen 207

Einleitung

Britta Konz / Karl-Heinrich Ostmeyer / Marcel Scholz

Nicht zuletzt durch die Corona-Pandemie bestärkt, erfahren wir bereits seit Jahrzehnten eine Zunahme von Virtualisierung und Digitalisierung. Dies betrifft auch die Anwendung von Künstlicher Intelligenz in der Gesellschaft im Allgemeinen, ganz konkret in der Wirtschaft, der Wissenschaft, aber auch im Leben der Einzelnen: In der Kommunikation durch Sprach- oder Übersetzungsassistent*innen, in Social Media oder auch einzelnen Anwendungsprogrammen. Uns ist die Nutzung von KI-Technologie im Alltag bewusst oder unbewusst. Bereits heute werden durch die Entwicklung von Künstlicher Intelligenz neue Möglichkeitsräume geschaffen und aufgezeigt, wodurch sich zugleich neue gesellschaftliche und ethische Herausforderungen ergeben. KI erleichtert uns zum Beispiel mit Smart Home Funktionen den Alltag, gleichzeitig müssen neue ethische Fragen bedacht werden, wie z. B. bei der Programmierung von künstlichen Fahrsystemen (welche Entscheidungen sollen in Krisensituationen getroffen werden?), bei Waffen oder auch in Bezug auf die Gefahr von Hacker-Angriffen. Während Algorithmen meist eher unbeobachtet unseren Alltag steuern, gibt es schon seit langem Ängste vor einer Übermacht von Robotern. In literarischen oder popkulturellen Darstellungen existieren Szenarien dystopischer oder utopischer Art, welche zum Teil eine andere, jenseits der gegenwärtigen Realität existierende Vorstellung von KI aufzeigen.

Künstliche Intelligenz ist aus diesen Gründen eine Gratwanderung, welche sowohl konstruktive und innovative als auch destruktive Potenziale eröffnet. Die vorliegende Publikation gründet auf eine Ringvorlesung mit dem Titel „Gratwanderung Künstliche Intelligenz. Interdisziplinäre Perspektiven auf das Verhältnis von Mensch und Künstlicher Intelligenz", welche durch das Institut für Evangelische Theologie an der Technischen Universität Dortmund im Sommersemester 2021 unter Federführung der Herausgebenden veranstaltet wurde. In dieser wurden aus verschiedenen Fachbereichen diverse Perspektiven auf die Künstliche Intelligenz eröffnet und dabei jeweils Herausforderungen und Möglichkeiten von Künstlicher Intelligenz im Verhältnis von Mensch und KI aufgezeigt. Inwiefern die KI eine Gratwanderung darstellt, wird in den folgenden Beiträgen aus unterschiedlichen Blickwinkeln veranschaulicht.

Beginnend mit einem Interview wird in die Künstliche Intelligenz eingeführt und zugleich danach gefragt, ob auch eine KI sich irren könne. Hierbei ist die menschliche Wahrnehmung von KI von fundamentaler Bedeutung (vgl. Interview mit Schiele).

Wenn KI eine stets zunehmende Relevanz in verschiedenen Lebensbereichen erlangt, dann sollte sie vertrauenswürdig sein. Dabei stellt sich die Frage, wie wir Menschen autonomen KI-Systemen vertrauen können. Was ist hierzu notwendig und was wäre dabei zu beachten (vgl. Beitrag Schmidt)?

Was wäre, wenn KI tatsächlich unter die Haut geht und sie mit dem menschlichen Körper verbunden wird? Aus neurotechnologischer Perspektive wird die Symbiose von KI und Mensch genauer betrachtet (vgl. Beitrag Klaes).

Ist es aber auch möglich, dass die Technik sich vermenschlicht? Anhand alltäglicher Kontexte in der Interaktion von Mensch und KI wird dieser Frage aus techniksoziologischer Perspektive nachgegangen (vgl. Beitrag Weyer).

Die KI stellt für den Menschen sowohl eine Herausforderung als auch eine Gefahr dar. Vom Menschen geschaffene autonome Waffensysteme richten sich gegen Menschen. Welche Folgen hat die KI für die moderne Kriegsführung und lässt sich die Gefahr von KI-Kriegen eindämmen (vgl. Beitrag Altmann)?

Das Potenzial von KI-Systemen wird auch für die Forschung genutzt. Die Lesenden sollen durch einen Einblick in die Forschung der Physik eine Vorstellung davon erhalten, wie mithilfe Maschinellen Lernens die Suche nach dem besten Pfad unterstützt wird (vgl. Beitrag J. Ostmeyer).

Ist eine geistreiche oder kreative KI denkbar? Kann einer KI Vernunft zugeschrieben werden und wie verhält es sich hierbei mit der Kreativität? Anhand eines philosophisch-theologischen Begriffes von „Geist" wird diesen Fragestellungen nachgegangen (vgl. Beitrag Maurer).

KI eröffnet auch neue Perspektiven in der Optimierung des Menschen, wie sie vor allem im Trans- und Posthumanismus deutlich werden. Doch wo ist die Grenze in der Optimierung des Menschen und welche theologischen und religionspädagogischen Herausforderungen kommen hierbei zutage (vgl. Beitrag Gärtner)?

Bereits gegenwärtig existieren Produkte, welche Optionen zu einer Beziehung mit einer KI anhand eines Hologramms oder eines Sexroboters ermöglichen. Welches Menschenbild steckt dahinter und hat dies Einfluss auf unser Menschenbild (vgl. Beitrag Konz / Scholz)?

Wie lässt sich KI für die Exegese der Bibel fruchtbar machen? Ein Gedankenexperiment sensibilisiert für das beeindruckende Potential des Einsatzes der KI in der Exegese und in der Literaturwissenschaft allgemein und führt quasi nebenbei zu überraschenden und für jede*n überprüfbaren realen Ergebnissen. KI vermag Phänomene zu „offenbaren", die schon immer zutage lagen, zugleich aber bisher nicht wahrgenommen wurden (vgl. Beitrag K.-H. Ostmeyer).

KI und das Alte Testament? Das Leben der Menschen zur Zeit der Entstehung des Alten Testaments unterscheidet sich deutlich zum gegenwärtigen modernen Leben und damit auch das Wirklichkeitsverständnis. Welches Potenzial bringt dieses Wirklichkeitsverständnis heute in Bezug auf KI hervor (vgl. Beitrag Pola)?

Der Golem, eine der jüdischen Literatur entstammende Figur mit anthropomorphen Zügen, jedoch aus Lehm hergestellt, mag vielen Lesenden bekannt sein. Doch wie wurde der Golem mit der Computertechnologie in Verbindung gebracht (vgl. Beitrag Hasselhoff)?

Eine satanische Schöpfung? In der Literaturgeschichte begegnet uns die Idee des künstlich geschaffenen Menschen. So auch der Automat in E. T. A. Hoffmanns *Der Sandmann*. Die Vorstellung von künstlich geschaffenen Menschen sorgt für Faszination und Unbehagen (vgl. Beitrag Conrad).

I. GRUNDLAGEN UND ANWENDUNGSORIENTIERTE PERSPEKTIVEN ZUR KÜNSTLICHEN INTELLIGENZ

Eine sich irrende KI? – Ein Interview mit Gregor Schiele über Künstliche Intelligenz

Gregor Schiele (interviewt von Marcel Scholz)

Scholz: *Sehr geehrter Herr Schiele, zu Beginn würde ich gerne über den Begriff der „Künstlichen Intelligenz" sprechen. Was verstehen Sie als Informatiker unter „Künstliche Intelligenz"?*

Schiele: Das ist tatsächlich eine sehr gute Frage. „Künstliche Intelligenz" ist zunächst einmal ein Begriff, der sich im Laufe der Jahrzehnte in der Informatik weiterentwickelt hat. Grundsätzlich wäre die ursprüngliche Definition, dass man ein Computersystem hat, welches sich in einer Art und Weise intelligent verhält. Also wenn Sie dieses Verhalten des Computersystems einem Menschen zeigen würden, dass dieser Mensch zunächst einmal sagen würde: „Dieses Verhalten erscheint mir intelligent". Das ist eine rein phänomenologische Angelegenheit, die nichts damit zu tun hat, ob das System nun wirklich intelligent ist, sondern vielmehr ob es dem Menschen so erscheint. Als Informatiker denke ich hier an den sogenannten *Turing-Test*[1]. In diesem Test chattet ein Mensch mit einem Computer sowie mit einem anderen Menschen. Dabei wird getestet, ob der Mensch unterscheiden kann, welcher seiner Gesprächspartner der Mensch und welcher der Computer ist. Wenn er nicht zwischen beiden unterscheiden kann, hat der Computer den Turing-Test bestanden.

Aber in der Informatik hat man dann irgendwann angefangen zu sagen: Eine Künstliche Intelligenz charakterisieren wir eher als ein Computersystem, das eine Aufgabe lösen kann, die ein klassisches Computersystem nicht lösen kann. Zwar ist auch diese Definition sehr vage, jedoch sind dies zunächst grundsätzliche Definitionen von Künstliche Intelligenz, welche häufig verwendet werden.

Im Themenfeld der KI-Forschung geht es also um die Entwicklung „intelligenter Maschinen". Nun bezeichnen wir den Menschen als intelligent. Zwar können wir im Rahmen des Interviews nicht klären, was allgemein unter „Intelligenz" zu verstehen ist, doch was wäre unter einer „intelligenten Maschine" zu verstehen? Und was unterscheidet eine „intelligente Maschine" von einer „nicht intelligenten Maschine" und wie funktionieren diese?

---

1   Siehe hierzu auch: Turing, Alan M. (1950), Computing machinery and intelligence, in: Mind LIX 236, 433–460.

Eine intelligente Maschine wäre aus menschlicher Sicht eine Maschine, die sich intelligent verhält. Das können in Wirklichkeit aber ganz viele Dinge sein und damit ist dies auch das Problem dieser Definition. Es können nämlich ganz einfache, regelbasierte Systeme sein. Wenn Sie diese clever programmieren, dann erscheinen diese Maschinen einem Menschen intelligent. Was man aber normalerweise erreichen möchte ist, dass man eine Maschine hat, die sich in verschiedensten Situationen gut verhält.

Das wäre eine gute Abgrenzung: Eine nicht intelligente Maschine hat einen bestimmten Ablauf. Da wissen Sie als Mensch sofort, diese Maschine macht erst Schritt eins, dann Schritt zwei, Schritt drei und Schritt vier und so weiter. Zudem ist diese Maschine für einen spezifischen Kontext entwickelt, d. h. in einem bestimmten Nutzungskontext arbeitet diese Maschine gut, weil ein Experte sie daraufhin spezifisch programmiert hat. Demgegenüber würde ich von einer intelligenten Maschine erwarten, dass sie diesen intelligenten Rahmen, in welchem sie gut funktioniert, in der einen oder anderen Weise ein bisschen sprengen kann. Diese Maschine ist dann flexibler und kann damit umgehen, dass wenigstens in gewissem Maße Dinge passieren, an die der Entwickler vorher nicht gedacht hat. Und das wäre aus meiner Sicht auch das Prinzip, wie eine intelligente Maschine funktioniert. Eine solche Maschine hat irgendeine Variante, die es ihr erlaubt auch in unvorhergesehenen Situationen gut zu funktionieren oder zumindest gutes Verhalten zu realisieren. Heute ist dies typischerweise Maschinelles Lernen, sodass die Maschine jenes Verhalten lernt. Hierbei gilt es jedoch zu beachten, dass auch aktuelle Systeme mit Maschinellem Lernen allein für spezifische Fälle genutzt werden können. Für diese werden sie trainiert. In den letzten Jahren ist allerdings auch beobachtbar, dass jene Systeme zunehmend flexibler werden.

An dieser Stelle möchte ich aber noch eine Sache anmerken: Über die Jahrzehnte gab es auch Experimente mit sehr simplen Systemen. Vielleicht kennen Sie den Chatbot „Eliza". Dabei handelt es sich um ein sehr altes System, mit welchem man versucht hat, den Turing-Test zu bestehen. Da ist in Wirklichkeit nicht besonders viel Intelligenz drin, sondern solche Systeme sagen häufig viel mehr über uns Menschen aus als über den Computer, weil der Mensch mit einfachen „Tricks" dazu gebracht wird, dass er ein intelligentes Verhalten impliziert, obwohl der Computer nur ganz simple Regeln befolgt. In diesem Beispiel fragt Eliza eine Frage, die nicht zum Kontext passt, wenn der Bot nicht weiterweiß.

Expert*innen unterscheiden oft zwischen „schwacher" und „starker" KI. Wann handelt es sich also um eine „schwache" und wann um eine „starke" KI?

Eine schwache Künstliche Intelligenz ist eine KI, die tatsächlich nur intelligent erscheint, während eine starke KI häufig verstanden wird als ein System, das tatsächlich eine echte Intelligenz entwickelt oder darstellt. Also das heißt, dass eine schwache KI zum Beispiel auch ein System sein kann, das einfach nur für einen ganz spezifischen Anwendungszweck optimiert ist, z. B. bestimmte Bilder klassifizieren kann. Eine starke KI dagegen kann auch in unvorhergesehenen Situationen erkennen, wie sie ihr Verhalten ändern muss, um auch diese Situation zu bewältigen. Es wäre damit das System, welches wir heute eigentlich gerne haben möchten. Also tatsächlich ein wirklich ‚intelligentes' System.

Das, was sich die meisten Menschen vorstellen, wenn sie von Künstlicher Intelligenz hören oder davon sprechen, ist meistens ein Roboter aus dem Kino. Diese haben dann ein Bewusstsein, sind tatsächlich intelligent wie ein Mensch, aber halt künstlich. Auch das wäre dann eine starke KI. Die meisten Forscher hingegen, die von KI sprechen, meinen die schwache KI.

Ihr Vortrag im Rahmen der Ringvorlesung trug den Titel „KI - Irren ist nicht nur menschlich". Es liegt also die Annahme zugrunde, dass sich der Mensch irren kann. Zugleich klingt es, als hätte man die Erwartung, dass dies für die KI nicht gelten würde. Können Sie erklären, was Sie mit einer „sich irrenden KI" genau meinen?

Unter einer „sich irrenden KI" verstehe ich erstmal nur eine KI, die Fehler macht. Das ist alles. Die implizite Annahme von vielen Mensch ist, dass eine KI eben keine Fehler macht. In dem „Irren ist menschlich" liegt auch eine Anspielung auf einen Minderwertigkeitskomplex. Darin ist eine gewisse Frustration erkennbar. Menschen machen halt Fehler und das kann man dann verschieden interpretieren: Entweder als ein „naja ist halt so, muss man damit leben" oder aber als ein „es wäre doch auch schön, wenn wir die Fehler nicht machen würden." Von den „KI-Göttern" erhofft man sich dann, dass diese keine Fehler machen. Was ich damit ausdrücken möchte ist, dass das selbstverständlich nicht stimmt. So funktioniert das nicht, denn auch die Künstliche Intelligenz besteht ja aus einer Vielzahl von Algorithmen, die in bestimmten Situationen extrem gut funktionieren und die uns auch in manchen Anwendungsbereichen einige Vorteile bieten. Auch wenn wir da einen großen Sprung gemacht haben, sind es dennoch Algorithmen, die eine gewisse Fehlerrate haben und die werden sie auch immer haben.

Haben Sie diesbezüglich ein anschauliches Beispiel? Inwiefern irrt die KI?

Ein einfaches Beispiel für eine sich irrende KI ist, z. B. dass Sie in den heutigen Warenketten häufig eine Vorhersage haben, was die Kunden kaufen möchten, damit Sie die nachgefragten Produkte auf Lager haben, jedoch nicht zu viel Lagerplatz verschwenden. Dazu muss man dann halt wissen, wie oft ein Produkt gekauft wird. Das funktioniert aber nicht immer. Ein gutes Beispiel dafür ist die Corona-Pandemie, in welcher die vielen Prognosen des menschlichen Kaufverhaltens von einem Tag auf den anderen falsch waren. Während man also die KI zunächst als gut funktionierend einstufen würde, war sie plötzlich nutzlos. Das lag daran, dass jene KI mit bestimmten Eingabedaten gefüttert wird und diese eben kein echtes Bewusstsein oder eine echte Intelligenz dafür hat, dass da draußen in der Welt jetzt etwas passiert, was wir so noch nicht erlebt haben. Da ist jetzt ein außerordentliches Ereignis eingetroffen und die KI hat keine Chance, dieses Ereignis auf irgendeine Art und Weise mit einzukalkulieren oder zu verstehen, dass die eigene Prognose aus der Vergangenheit ab sofort ungültig ist. Während also die KI weiterhin von der eigenen Prognose ausging, haben sich die Menschen hingegen schon gedacht, dass sich das Kaufverhalten ändern wird, wenn ein solches Ereignis eintrifft.

Vielleicht noch ein anderes Beispiel: Diesmal handelt es sich um ein Bilderkennungssystem. In China gibt es zum Beispiel ein System, welches erkennt, wenn jemand die Verkehrsregeln missachtet. Hierzu gibt es ein bekanntes Beispiel einer Managerin eines chinesischen Unternehmens, welche eine Verwarnung bekommen hat. Das war im Jahr 2018 und sie bekam diese, weil die Kamera erkannt hat, dass sie bei Rot über die Straße gelaufen ist. Später hat man dann allerdings herausgefunden, dass diese Managerin zu dem Zeitpunkt gar nicht in der Nähe gewesen ist. Bei der Untersuchung des Falls fand man heraus, dass die Kamera ein Bild auf einem vorbeifahrenden Bus erkannt hat, auf welchem sie die Person auf dem Bild als jene Managerin identifiziert hat. Die Bilderkennung und damit die KI hat im Wesentlichen super funktioniert. Die Problematik lag dann eher darin, dass das Wissen über den Kontext gefehlt hat. Die KI hat nicht erkannt, dass es sich nur um ein Bild handelt.

Nun erwarten wir Menschen ja, dass die KI eben nicht irrt. Das wäre in manchen Anwendungsfeldern auch fatal. Denken Sie, dass das Ziel einer irrtumslosen KI theoretisch möglich ist?

Da müsste man jetzt unterscheiden. Für spezifische Anwendungen, also wenn es jetzt zum Beispiel darum geht, dass die KI wirklich Personen auf Computern erkennen soll, dann glaube ich, dass das möglich ist. Ja, das können wir erreichen.

Ob eine starke KI keine Fehler begeht, ist eine philosophische Frage. Ich persönlich halte das für theoretisch nicht möglich. Ich denke, wir werden uns darauf einstellen müssen, dass die KI Fehler macht und machen wird. Von einem pragmatischen Standpunkt aus sind wir auch noch sehr weit weg von Systemen, bei denen sich diese Frage überhaupt stellen würde. Daher tun wir auch sehr gut daran, aktuell unser ganzes Verhalten darauf abzustimmen, dass eine KI Fehler macht.

Aus der Perspektive eines Informatikers: Welche Aspekte wären Ihnen für einen gesellschaftlich verantwortlichen Umgang mit KI besonders wichtig? Und warum?

Besonders wichtig wäre mir zunächst einmal, dass wir offen über das Thema „Künstliche Intelligenz" sprechen. Das bedeutet zum einen, dass wir die Menschen besser darüber aufklären, was eine KI wirklich ist und was dahintersteckt. Es ist nämlich nur ein ausgefeilter Algorithmus, ein Computerprogramm. Wir sollten daher etwas diesen in der Filmwelt produzierten Mythos und die Ehrfurcht vor der KI reduzieren, sodass die Menschen generell besser mit KI zusammenarbeiten können. Ich denke, dass wir in Zukunft sehr viele Fälle haben werden, wo wir die menschliche Intelligenz haben werden, die dann gemeinsam mit künstlich intelligenten Systemen operiert. Als Beispiel dient das autonome Fahren: Wir werden sicherlich nicht von einem auf den anderen Tag ausschließlich autonom fahrende Fahrzeuge haben, sondern zunächst einen Mischbetrieb. Viele menschliche Autofahrer, Fußgänger und Radfahrer, welche dann zusammen mit den autonom fahrenden Autos am Straßenverkehr teilnehmen. Die Menschen müssen die autonomen Fahrzeuge dann besser verstehen und die Grenzen der Künstlichen Intelligenz einschätzen können. Das halte ich für ein großes Problem, welches wir in Zukunft lösen müssen.

Ich bleibe bei dem Beispiel autonomes Fahren: Wenn Sie zum Beispiel mit dem Auto unterwegs sind, dann behaupte ich jetzt mal, dass, wenn Sie im Straßenverkehr unsicher sind, wie sich der andere Teilnehmer verhalten wird, Sie versuchen werden, den anderen Teilnehmer anzuschauen und Blickkontakt herstellen. Sie versuchen also als Mensch, den anderen Menschen anzuschauen, um zu kommunizieren. Sie versuchen abzuschätzen, was er tun wird. Ist dieser unsicher oder weiß er, was er tut? Wird er abbiegen? Aus meiner Sicht ist in Bezug auf KI aktuell völlig unklar, wie sowas funktionieren soll. Sie haben als menschlicher Fahrer keine Chance zu erkennen, ob die KI vielleicht was falsch machen könnte. Sie sehen dann ein autonom fahrendes Auto, das fährt und sie sehen ja keine Unsicherheiten. Das Auto fährt und wenn es einen Fehler macht, dann kommt dieser Fehler für Sie völlig unvorhergesehen. Das ist etwas, woran wir uns erstmal gewöhnen müssten.

Ich denke als Gesellschaft müssen wir uns auch viel mehr mit der Frage beschäftigen, wie wir erkennen, dass die KI einen Fehler gemacht hat. Ein verantwortungsvoller Umgang mit KI bedeutet für mich, dass wir überprüfen, ob die KI Fehler macht. Wenn wir annehmen, dass eine KI auch Fehler macht, dann müssen wir eine Möglichkeit haben, die von ihr verursachten Fehler einzusehen. Es ist wie im Rechtssystem: Falls Sie vor Gericht in Berufung gehen, dann sagen Sie im Wesentlichen ja auch, dass der Richter einen Fehler gemacht hat und sie das jetzt überprüfen möchten. Das Gleiche brauchen wir auch bei der KI. Wir brauchen eine Möglichkeit, zu überprüfen oder überprüfen zu lassen, ob die KI einen Fehler gemacht hat. Die Problematik liegt jetzt darin, dass Sie oft gar nicht verstehen, dass da eine KI involviert war, die einen Fehler gemacht haben könnte und dass Sie gar nicht wissen, dass Sie fälschlicherweise in einer bestimmten Art und Weise behandelt wurden. Insbesondere wenn wir KI in Bereichen einsetzen, die unser Zusammenleben betreffen. So gibt es diese Vorfälle bei Bewerbungen, wo Sie fälschlicherweise durch eine KI aussortiert werden könnten, ohne dass Sie es jemals erfahren werden. Das war jetzt nur ein Beispiel.

Grundsätzlich stellt dies für mich ein Problem dar, wenn da eine KI arbeitet und keiner überprüft, ob die KI möglicherweise einen Fehler gemacht oder wirklich korrekt gearbeitet hat.

Halten Sie es für möglich, dass Sie Ihren Vortrag in Zukunft in „KI - Irren ist nur menschlich" ändern müssten oder wäre ein solches Ziel in ferner Zukunft zu verorten?

Nein, das denke ich nicht. Das wird nicht passieren. Die Beispiele werden dann sicherlich ausgefeilter sein, aber den Titel müsste ich nicht ändern. Ich würde gerne etwas dazu sagen, was sich vielleicht ändern würde: Es würde sich ändern, dass wir – wie vorhin auch erwähnt – weniger von diesen zwei Gegensätzen „Künstliche Intelligenz" und „natürliche Intelligenz" sprechen, sondern uns viel stärker darüber unterhalten, wie jetzt diese zwei in der Interaktion miteinander am besten funktionieren. Oder sich zu fragen, welche Effekte auftreten würden, wenn sie miteinander in Interaktion treten. Wie wir diese Interaktionen gestalten, ist eine Variante aus diesem Dilemma „die KI macht Fehler" herauszukommen. Typischerweise wird noch ein Mensch mit eingeschaltet, sodass die KI einen Vorschlag produziert, dieser aber anschließend von einem Menschen überprüft werden muss. Hier geht es dann auch um rechtliche Fragen.

Ich denke, dass wir noch einige Überraschungen erleben werden, denn wir haben auch noch nicht wirklich verstanden, wie Menschen Entscheidungen treffen. Wir könnten daher irgendwann feststellen, dass diese Sicherungsmechanismen nicht funktionieren. Wir werden Fälle erleben, wo die Absicherung durch den Menschen nicht funktioniert hat und uns dann überlegen, wie wir die Interaktion zwischen Mensch und KI optimieren. Optimieren könnte dann bedeuten, dass die künstliche und natürliche Intelligenz zusammen zu einem System finden, das weniger Fehler macht.

Ihre Antworten beziehen sich unter anderem auf die menschliche Wahrnehmung von Künstlicher Intelligenz. Nehmen wir die KI eventuell verzerrt wahr?

Kennen Sie das Moravec'sche Paradoxon? Es geht im Wesentlichen darum, dass Menschen die Komplexität von Problemen falsch einschätzen beziehungsweise gänzlich falsch einschätzen, was für einen Computer einfach und was schwierig ist. Die Leistungsfähigkeit von KI wird deswegen tendenziell überschätzt. Das liegt auch daran, dass Ereignisse wie „KI schlägt Schachweltmeister" oder „KI schlägt GO-Champion" öffentlich sehr ausführlich diskutiert werden. Das sind auch technisch spannende Dinge. Das Problem ist jedoch, dass der Mensch dazu neigt, einem Computer, der eine intellektuelle Leistung erbringen kann, Intelligenz zu attestieren und davon auszugehen, dass dieser Computer dann auch alles andere kann, was der Mensch kann. Was die Menschen dabei typischerweise ignorieren, ist dass sie unglaublich gute kognitive Fähigkeiten haben. Wir sind großartig und viel besser als jede KI, wenn es um Kognitionsaufgaben geht. Es sind oft unbewusste Abläufe und weil wir diese nicht wahrnehmen, halten wir sie für einfach. Wir schauen uns zum Beispiel ein Bild einer Katze an und erkennen eine Katze, ohne dass wir diese Erkenntnisleistung als besonders bewerten. Erfahren wir aber von Schachweltmeistern, dass sie mehrere Züge vorausdenken, halten wir das für unheimlich kompliziert, vielleicht für uns persönlich sogar unmöglich. Für den Computer ist es genau umgekehrt. Computer sind viel besser in solchen berechenbaren und vorausdenkenden Dingen wie Schach. Das Erkennen der Katze auf dem Bild fällt einem Computer jedoch recht schwer. Für uns geschieht dies so schnell, dass wir den Prozess gar nicht wahrnehmen. Hierin liegt das Paradoxon. Ob etwas als schwirig bewertet wird, hängt nämlich davon ab, ob wir dabei Fehler machen und daher nehmen wir unsere Bilderkennung gar nicht wahr und denken, dass dies ganz normal sei.

Herr Schiele, ich danke Ihnen für das Gespräch.

Wie können wir autonomen KI-Systemen vertrauen?[1]

Eva Schmidt

1. Einleitung

In der aktuellen Debatte zur künstlichen Intelligenz (KI) in Philosophie, Informatik, Psychologie, Soziologie und verwandten Disziplinen wird häufig betont, dass es nur dann wünschenswert ist, immer komplexere und leistungsfähigere KI-Systeme einzusetzen, wenn wir ihnen vertrauen können (Lahijanian / Kwiatkowska 2016; Vellino / Alaieri 2016; Hoffman u. a. 2013; LaRosa / Danks 2018; Roff / Danks 2018; Holliday u. a. 2016). Solche Systeme sind häufig *opak*, wir können also nicht verstehen, warum sie einen bestimmten Output hervorbringen oder wie sie allgemein funktionieren (Holliday u. a. 2016; Roff / Danks 2018; Vellino / Alaieri 2016; Lahijanian / Kwiatkowsa 2016; Weller 2017). Entsprechend wird gefordert, dass KI *erklärbar* sein sollte – zukünftige KI-Systeme sollten so konstruiert werden, dass wir erklären und verstehen können, was sie tun oder wie sie entscheiden.

Zwei von mir mitverfasste Aufsätze haben die Idee eingeführt, KI-Systeme mittels rationalisierender bzw. Gründe-Erklärungen erklärbar zu machen (Baum u. a. 2017; Baum u. a. 2022), d. h. durch Erklärungen, die sich auf die Gründe des Systems beziehen und die deutlich machen, was aus der Akteur*innen-Perspektive für eine bestimmte Reaktion sprach (Anscombe 1963; Davidson 1963). Ein Alltagsbeispiel: Dass Brokkoli gesund ist, ist ein Grund, der dafür spricht, dass ich jetzt dieses Stück Brokkoli esse. Wenn ich nun den Brokkoli esse, weil er gesund ist, erklärt dieser Grund meine Handlung und macht sie zugleich rational.

In diesem Beitrag nun verbinde ich Gründe-Erklärungen mit dem Ziel der vertrauenswürdigen KI. Die Forderung nach wohlbegründetem Vertrauen in autonome KI-Systeme *impliziert* eine Forderung nach Erklärbarkeit dieser Systeme

---

[1] Danksagung: Ich habe diesen Beitrag auf dem Workshop Knowledge and the Management of Ignorance (Collegium Helveticum, Zürich 2018), an der TU Dortmund (2018), an der Universität des Saarlandes (2018), auf dem Workshop Ethics of Algorithmic Decision Making (Leverhulme Centre for the Future of Intelligence, Cambridge 2018), im Kolloquium für Theoretische Philosophie (Universität Zürich 2018), im Seminarkolloquium der Universität Neuchâtel (2018), auf der EuroCogSci (Bochum 2019) und im Rahmen des EIS-Kolloquiums (2021) präsentiert. Ich danke den Beteiligten für ihre Fragen und Kritiken, die wesentlich zur Verbesserung des Aufsatzes beigetragen haben.

durch Gründe-Erklärungen, so mein Argument. Um diesen Schritt zu motivieren, werde ich die folgenden Fragen näher beleuchten: Warum genau sollten wir autonomen KI-Systeme wohlbegründetes Vertrauen entgegenbringen können (Abschnitt 2)? Unter welchen Bedingungen können betroffene Akteur*innen solchen Systemen aus guten Gründen vertrauen (Abschnitt 3)? Und schließlich: Warum sollte wohlbegründetes Vertrauen Erklärbarkeit erforderlich machen, insbesondere Erklärbarkeit durch Gründe-Erklärungen (Abschnitt 4)? Ich beginne mit der ersten Frage.

2. Warum genau sollten wir autonomen KI-Systemen wohlbegründetes Vertrauen entgegenbringen können?

Ich beginne mit einigen Common-Sense-Beobachtungen. Wenn eine neue Technologie oder andere Innovation im Begriff ist, sich gesellschaftlich durchzusetzen, stellt sich die Frage, ob sie den Menschen nützt oder schadet. Ob Gasbeleuchtung oder die Pille, die positiven Auswirkungen einer Innovation können gegen die Risiken ihrer Anwendung abgewogen werden. Eine Innovation wird leichter angenommen, wenn Menschen entweder wissen, dass ihre Nutzung mit keinen oder minimalen negativen Auswirkungen verbunden ist oder dass zumindest der Nutzen den Schaden ausreichend überwiegt, oder wenn sie darauf vertrauen, dass dies der Fall ist. Jenseits der Frage, wie Menschen am besten dazu animiert werden können, eine neue Technologie anzunehmen, geht es hier auch um etwas *Normatives*: Es wäre unklug, eine neue Technologie zu verwenden, wenn wir nicht in der Lage wären, entweder ihren Nutzen und Schaden direkt abzuwägen (und zu wissen, dass der Nutzen den Schaden ausreichend überwiegt) oder zumindest aus guten Gründen auf sie zu vertrauen. Akteur*innen sollten neue Technologien nur dann einsetzen, wenn sie entweder über *Wissen* oder über *wohlbegründetes Vertrauen* dieser Art verfügen.

Was meine ich mit „Vertrauen aus guten Gründen" bzw. „wohlbegründetem Vertrauen" (McLeod 2021)? Nennen wir die Person, die vertraut, die vertrauensgebende Person und diejenige Person (bzw. das Objekt oder das System), der vertraut wird, die vertrauensnehmende Person (Objekt, System). Vertrauen aus guten Gründen hat dann zwei wesentliche Merkmale. Erstens: Die vertrauensnehmende Person muss tatsächlich vertrauenswürdig sein. Ich kann zum Beispiel meiner Ärztin nicht aus genuin guten Gründen vertrauen, wenn sie – ohne dass ich es weiß – eine Hochstaplerin ist.² Zweitens muss die vertrauensgebende Person epistemischen Zugang zur Vertrauenswürdigkeit der vertrauensnehmenden Person (bzw. des Systems oder Objekts) haben, d. h. sie muss in der Lage sein zu wissen, dass die vertrauensnehmende Person (System, Objekt) vertrauenswürdig ist. Nehmen wir an, meine Ärztin ist sehr vertrauenswürdig. Wenn ich dies aber nicht wissen kann oder wenn ich irreführende Informationen habe, die darauf hindeuten, dass sie nicht vertrauenswürdig ist, kann ich ihr nicht aus guten Gründen vertrauen. Ich kann ihr in dieser Situation *blind* vertrauen – das mag sogar das Beste oder moralisch geboten sein – aber das heißt ja gerade nicht, jemandem aus guten Gründen zu vertrauen.

Daraus ergibt sich:

Wohlbegründetes Vertrauen
Eine vertrauensgebende Person vertraut einer vertrauensnehmenden Person (Objekt, System) genau dann wohlbegründet, wenn (a) die vertrauensnehmende Person (Objekt, System) vertrauenswürdig ist und (b) die vertrauensgebende Person in der Lage ist zu wissen, dass die vertrauensnehmende Person (Objekt, System) vertrauenswürdig ist.³

Um diese allgemeinen Überlegungen auf neue KI-gestützte Technologien anzuwenden, ist es erstens relevant, dass solche Technologien in vielen Kontexten eine immer wichtigere Rolle spielen, z. B. in Suchmaschinen, als Chatbots, im Personalwesen, bei der Interpretation medizinischer Bilder, in autonomen Waffensystemen oder in autonomen Fahrzeugen. Ihr Einsatz in diesen Kontexten ist insofern nützlich, als Menschen dadurch von bestimmten Aufgaben entlastet werden und sich auf wichtigere Dinge konzentrieren können, und insofern die Systeme solche Aufgaben besser erfüllen als Menschen. Ihr Einsatz kann jedoch auch schädlich sein: KI-Systeme können Fehler machen, sie können Bias und Diskriminierung perpetuieren oder sie können missbraucht werden, um z. B. persönliche Daten ihrer Nutzer*innen für kommerzielle Zwecke abzugreifen (Garcia 2016; Cadwalladr / Graham-Harrison 2018). Der Schaden, den KI-Systeme anrichten können, ist umso bedrohlicher, als sie zunehmend in Kontexten eingesetzt werden, in denen ihre Outputs massiven Einfluss auf Akteur*innen haben – darauf, ob diese beschäftigt oder arbeitslos, krank oder gesund, tot oder lebendig sind. Ich beschränke mich in der folgenden Diskussion auf KI-Systeme, die in

---

2   Gleichwohl kann es verständlich und sogar rational sein, ihr zu vertrauen, solange ich nicht weiß, dass sie eine Hochstaplerin ist.
3   Warum drücke ich den relevanten epistemischen Zugang durch „ist in der Lage zu wissen" aus und nicht durch „weiß"? Wir müssen nicht tatsächlich herausgefunden haben, dass eine Vertrauensperson vertrauenswürdig ist, um ihr aus guten Gründen zu vertrauen; vielmehr scheint es ausreichend zu sein, dass wir dies herausfinden können, wenn sich die Frage stellt.

solchen sensiblen Kontexten eingesetzt, bei deren Einsatz für die betroffenen Menschen also etwas auf dem Spiel steht.

Nutzer*innen oder von KI-Entscheidungen Betroffene sind oft nicht in der Lage zu wissen, ob der Einsatz eines KI-Systems schädlich ist. So weiß eine Bewerberin mit Migrationshintergrund, die ihre Bewerbung an ein KI-Recruitment-System sendet, nicht, ob dieses vielleicht einen Bias gegenüber Menschen mit Migrationshintergrund oder Frauen hegt. Führer autonomer Fahrzeuge oder autonomer Waffensysteme sind in neuartigen Situationen womöglich nicht in der Lage zu unterscheiden, ob das System einen Fehler macht oder tut, wozu es programmiert wurde (Roff / Danks 2018). Dass dieses Problem bei der Nutzung von KI-Systemen auftritt, liegt an der *Autonomie* vieler solcher Systeme. Daher ist zunächst dieser Begriff in Anwendung auf KI-Systeme zu klären.

Sicherlich haben KI-Systeme (jetzt und in absehbarer Zukunft) keine Autonomie im kantischen Sinne. Sie sind weder in der Lage, aus Achtung vor einem selbst-gegebenen objektiven moralischen Gesetz zu handeln, noch können sie Handlungen unabhängig von den auf sie einwirkenden kausalen Kräften initiieren. Es scheint auch nicht angemessen, sie als autonom im Sinne des Kompatibilismus zu betrachten, wozu sie Kontrolle über ihr Handeln bräuchten und ihre Handlungen Ausdruck ihres authentischen Selbst sein müssten. Was heißt es aber dann, dass ein KI-System autonom ist? Roff und Danks (2018) treffen eine hilfreiche Unterscheidung zwischen Planungsautonomie und Lernautonomie. *Planungsautonomie* meint „the ability to independently construct plans to realize a user's orders" (Roff / Danks 2018, 3). Autonome Fahrzeuge verfügen über eine solche Fähigkeit. Passagiere geben lediglich ihr gewünschtes Ziel ein, dann befördert das Fahrzeug sie dorthin, indem es eine Route zum Ziel selbständig plant und ausführt. *Lernautonomie* hingegen besteht in der

> ability to adapt to novel environments; [...] the capability to learn underlying structures and relationships across multiple contexts, generalize from past experiences in various subtle ways, and adapt to rapidly changing, dynamic environments (Roff / Danks 2018, 4).

Lernautonomie zeigt sich in Machine-Learning-Systemen, die darauf trainiert werden, auf eine große Vielfalt unterschiedlicher Inputs angemessen zu reagieren. Dazu gehören künstliche neuronale Netze, die auf Basis einer großen Menge von Trainingsdaten lernen, korrekte Ausgaben zu machen. Systeme, die auch während ihres Einsatzes weiterlernen – z. B. Algorithmen, die Netflix-Nutzer*innen jeweils ganz unterschiedliche, da personalisierte Filmvorschläge machen – sind klar lernautonom.

Beide Arten von Fähigkeiten von KI-Systemen können wir als Formen der Autonomie verstehen, da sie die Nutzerkontrolle über die Systeme verringern. Nutzer*innen traditioneller Werkzeuge (z. B. eines Waschbretts) oder automatisierter Systeme (z. B. einer Waschmaschine) wissen, was sie – wenn alles gut geht – mit dem Werkzeug bzw. dem automatisierten System erreichen werden.

Sie können daher auch die Anzeichen erkennen, wenn etwas schiefgeht. Dies hilft ihnen, ihre Handlungen bezüglich des Werkzeugs oder des automatisierten Systems zu kontrollieren.[4] Im Gegensatz dazu geben Nutzer*innen beim Einsatz autonomer KI-Systeme ihre Kontrolle über das Geschehen (teilweise) auf, ähnlich wie bei der Zusammenarbeit mit anderen Menschen. Im Hinblick auf Planungsautonomie bedeutet dies, dass die Nutzenden nicht kontrollieren, welche Mittel eingesetzt werden, um ihre Ziele zu erreichen; im Hinblick auf Lernautonomie kontrollieren sie nicht, welche Strukturen oder Muster das eingesetzte System in einer bestimmten Situation genau herausgreift und wie es auf diese reagiert.

Neben diesen beiden Arten von Autonomie gibt es m. E. noch eine dritte, die *begriffliche Autonomie* von KI-Systemen. Akteur*innen können nicht immer sicher sein, dass ein autonomes System korrekt funktioniert, selbst wenn es die angeforderten Outputs ausgegeben hat, und verlieren in dieser Hinsicht (ein Stück weit) die Kontrolle. Reagiert z. B. ein Recruitment-System, das eine Frau mit Migrationshintergrund als schlechte Bewerberin einstuft, korrekt auf deren Qualifikationen – oder weist es einen problematischen Bias gegenüber Frauen bzw. Menschen mit Migrationshintergrund auf? Repräsentiert ein System, das vorhersagt, mit welcher Wahrscheinlichkeit Straftäter rückfällig werden, und das einem jungen Schwarzen Mann eine negative Prognose stellt, dessen tatsächliche Rückfallwahrscheinlichkeit – oder zeigt sich nur sein Bias gegenüber Schwarzen Männern (Yong 2018)? Das Problem in solchen Fällen besteht darin, dass Nutzer*innen oder betroffene Personen meist nur ein begrenztes Verständnis davon haben, wie korrektes Funktionieren und wie fehlerhaftes Funktionieren des Systems wirklich aussehen würden, oder was als erfolgreiches Erfüllen der Aufgabe durch das System zählt. Folglich können sie in manchen Fällen letztendlich nicht mit Sicherheit sagen, ob das Ziel erreicht wurde. Ein Personalverantwortlicher mag sich selbst nach Durchsicht der Bewerbungsunterlagen einer vom System negativ bewerteten Bewerberin nicht darüber im Klaren sein, ob diese *wirklich* für die ausgeschriebene Stelle ungeeignet ist; und für eine Richterin mag es nach intensiver Beschäftigung mit Lebensgeschichte und Persönlichkeit eines vom System negativ bewerteten Straftäters ungewiss sein, ob es *wirklich* hochwahrscheinlich ist, dass dieser weitere Verbrechen begehen wird.
Die Sorge, dass Nutzer*innen nicht in der Lage sein könnten, beim Funktionieren eines Systems Erfolg von Misserfolg zu unterscheiden, wird durch folgende Überlegung verstärkt: Es ist nicht unwahrscheinlich, dass KI-Systeme Inputs, die Welt im Allgemeinen und ihre einprogrammierten Ziele auf eine Weise kategorisieren, die sich stark von der Art und Weise unterscheidet, wie Menschen diese

---

4   Das ist damit vereinbar, dass sie vielleicht nicht wissen, wie ein Werkzeug oder System im Detail funktioniert. Sie brauchen nur ein oberflächliches Wissen davon, was die Funktion und der Zweck des Werkzeugs bzw. Systems ist – sie müssen in der Lage sein, ihm gegenüber die funktionale Einstellung einzunehmen (Dennett 1971).

Dinge begreifen; dass ihre Kategorisierungen gar für Menschen unbegreiflich sind (Armstrong u. a. 2012). Daraus ergibt sich die begriffliche Autonomie von KI-Systemen: Ihre Fähigkeit, eine Situation auf eine Weise zu begreifen, die über das menschliche Verständnis hinausgeht, und die sich daher der menschlichen Kontrolle entzieht. Aufgrund der begrifflichen Autonomie können wir aus dem Verhalten eines KI-Systems nicht einfach ablesen, welche Ziele es verfolgt oder auf Basis welcher Informationen es agiert. Dies unterscheidet unser Verständnis der Outputs von KI-Systemen von unserem Verständnis der Handlungen anderer menschlicher Akteur*innen – im letzteren Fall können wir uns sehr wohl auf Ähnlichkeiten zwischen uns und anderen verlassen, um zu verstehen, was sie tun und warum. Um diesen Punkt zu illustrieren, denke man an das Go-Spiel von Lee Sedol gegen AlphaGo: Einige von AlphaGos Zügen waren für die Beobachtenden unmöglich zu bewerten, da sie sich zu sehr von dem unterschieden, wie ein Mensch gespielt hätte. Gerade diese Züge waren es, die letztlich zum überlegenen Sieg von AlphaGo über Lee führten (Metz 2016).

Zwar habe ich diese Dimensionen der Autonomie von KI-Systemen als problematisch hingestellt, da sie die menschliche Kontrolle über das Ergebnis und die gewählten Mittel zum Erreichen eines Ziels verringern und damit die Fähigkeit menschlicher Akteur*innen untergraben, zu wissen, ob das System das gewünschte Ziel erreicht hat. Dennoch sind es genau diese Fähigkeiten, die solche Systeme attraktiv machen (Danks 2016). Gerade ihretwegen sind autonome KI-Systeme in der Lage, Probleme *besser* zu lösen als ihre Nutzer*innen (oder Menschen im Allgemeinen): Sie können Muster erkennen, die Menschen verborgen bleiben, und neue Wege zu einem Ziel finden, die ihren Nutzer*innen (und sogar ihren Entwickler*innen) nicht zugänglich sind. Der Einsatz von autonomen KI-Systemen verspricht also große Vorteile. So spielt AlphaGo Go nicht nur besser als seine Entwickler*innen, sondern sogar besser als die besten menschlichen Go-Spieler*innen.[5]

Angesichts der Autonomie hochentwickelter KI-Systeme und des begrenzten Verständnisses menschlicher Akteur*innen davon, was als korrektes Funktionieren oder als Erreichen ihres Ziels gilt, haben wir oft nur ein begrenztes Wissen darüber, ob unsere Nutzung solcher Systeme für uns oder andere schädlich ist; wir können nicht wissen, ob es insgesamt nützlich oder schädlich ist, uns auf diese Systeme zu verlassen. Angesichts dessen müssen Nutzer*innen den Systemen aus guten Gründen vertrauen können, denn sonst ist es – wie ich oben argumentiert habe – unklug, sie überhaupt zu benutzen. In Hinsicht auf Entwickler*innen und Hersteller*innen von KI-Systemen ergibt sich hieraus eine mora-

---

5 Nebenbei bemerkt versperrt dies eine mögliche Art und Weise, wie Nutzer*innen autonomen KI-Systemen wohlbegründet vertrauen könnten. Sofern selbst Programmierer*innen nicht sicher sagen können, ob in einer bestimmten Situation ein System gut funktioniert oder nicht, können Nutzer*innen einem solchen System nicht wohlbegründet vertrauen, indem sie seinen Programmierer*innen vertrauen.

lische Forderung. Sie sollten die Verwendung solcher Systeme nur dann vorantreiben, wenn Nutzer*innen und betroffene Akteur*innen diesen wohlbegründet vertrauen können. Autonome KI-Systeme sollten so konstruiert werden, dass ihre Nutzer*innen ihnen aus guten Gründen vertrauen können.

3. Unter welchen Bedingungen können Nutzer*innen autonomen KI-Systemen aus guten Gründen vertrauen?

Im vorangegangenen Abschnitt habe ich argumentiert, dass autonome KI-Systeme so konstruiert werden sollten, dass Nutzer*innen ihnen wohlbegründet vertrauen können. Ich habe festgestellt, dass wohlbegründetes Vertrauen in ein System bedeutet, dass dieses vertrauenswürdig ist und dass die vertrauensgebenden Personen in der Lage sind zu wissen, dass dem so ist. Herauf aufbauend können wir erstens fragen, unter welchen Umständen ein autonomes KI-System vertrauenswürdig ist, und zweitens, unter welchen Bedingungen Akteur*innen in der Lage sind zu wissen, dass es vertrauenswürdig ist. Um diese Fragen zu beantworten, wende ich mich zunächst dem Begriff des Vertrauens unabhängig vom Spezialfall autonomer KI-Systeme zu.

3.1 Unter welchen Bedingungen sind autonome KI-Systeme vertrauenswürdig?

Bei unserem zentralen Begriff des Vertrauens, dem des interpersonalen Vertrauens, geht es darum, dass wir uns auf andere Menschen verlassen. Durch das Vertrauen auf andere machen wir uns verletzlich gegenüber deren Handlungen. Das Sich-Verlassen, das mit „Vertrauen" gemeint ist, gründet in einer charakteristischen Einstellung, die wir gegenüber anderen haben – einer Einstellung, die wir *zu Recht* gegenüber *vertrauenswürdigen* Personen haben. Diese charakterisiere ich im Folgenden genauer.

Die Beziehung des *angemessenen Vertrauens* einer Person A gegenüber einer Person B, die *vertrauenswürdig* ist, ist eine Beziehung zwischen einer Einstellung des Wertschätzens, die jemand zu Recht gegenüber einer anderen Person hat, und dieser anderen Person, die den entsprechenden Wert hat. Weitere Beispiele dafür sind die Einstellungen der Bewunderung (die sich zu Recht auf bewundernswerte Personen richtet) oder der Liebe (die sich zu Recht auf liebenswerte Personen richtet) (Jacobson 2011). Vertrauenswürdigkeit ist eine Charaktereigenschaft, die objektiv wertvoll ist für uns Menschen als soziale Wesen, die in der Lage sein müssen, sich auf andere zu verlassen, um ihre Ziele zu erreichen – eine Tugend. Aufgrund dieser Interdependenz zwischen Vertrauenswürdigkeit und angemessenem Vertrauen lässt sich die Frage „Unter welchen Bedingungen ist ein autonomes KI-System vertrauenswürdig?" ersetzen durch die leichter zu beantwortende Frage „Was ist erforderlich, damit ein*e Akteur*in einem autonomen KI-System angemessen bzw. zu Recht vertraut?".

Angemessenes Vertrauen ↔ Vertrauenswürdigkeit
Die Einstellung des Vertrauens gegenüber einer vertrauensnehmenden Person (Objekt, System) ist angemessen genau dann, wenn diese vertrauenswürdig ist.

Die Einstellung des Vertrauens wird häufig mit einer Überzeugung gleichgesetzt, dass die vertrauensnehmende Person (bzw. das System oder Objekt) *kompetent* darin ist, die ihr anvertraute Handlung auszuführen, sowie mit der Überzeugung, dass sie diese aus *den richtigen Gründen* ausführt, etwa aufgrund ihres Wohlwollens gegenüber der vertrauensgebenden Person (Objekt, System) oder aufgrund ihrer moralischen Integrität (Lahijanian / Kwiatkowska 2016; Falcone / Castelfranchi 2001). In Anlehnung an Baier (1986) ist für vollwertiges Vertrauen wesentlich, dass es *gebrochen* oder *betrogen* werden kann und nicht bloß enttäuscht. Diese Besonderheit des Vertrauens nutzt Baier, um Vertrauen von bloßem Sich-Verlassen zu unterscheiden: „Kant's neighbors who counted on his regular habits as a clock for their own less automatically regular ones might be disappointed with him if he slept in one day, but not let down by him, let alone had their trust betrayed" (Baier 1986, 235). Baiers Punkt ist, dass wir es im Beispiel nicht eigentlich mit Vertrauen zu tun haben, sondern dass sich Kants Nachbarn lediglich auf die Regelmäßigkeit seines Verhaltens verlassen wie auf einen Wecker. Die entsprechende Einstellung des Sich-Verlassens ist z. B. auch gegenüber einem Artefakt wie einem Toaster angemessen, auf den wir uns beim Toasten unseres Brotes verlassen. Wenn der Toaster nicht funktioniert, z. B. das Brot verbrennt, erweist es sich als unangebracht, sich auf ihn zu verlassen. Sich dabei vom Toaster betrogen zu fühlen – anstatt einfach nur enttäuscht zu sein, dass die Dinge nicht wie geplant gelaufen sind – wäre jedoch unangemessen.

Im Gegensatz dazu fühlt sich eine Person, die einer vertrauensnehmenden Person vollwertiges Vertrauen entgegenbringt, zurecht betrogen, wenn dieses Vertrauen enttäuscht (gebrochen) wird. Nehmen wir an, Yuki vertraut darauf, dass ihr Partner ihr treu ist, aber dieser hat eine Affäre. In diesem Fall glaubt Yuki nicht nur zu Recht, dass ihr Vertrauen unangebracht war, und fühlt sich von ihrem Partner enttäuscht; sie fühlt sich darüber hinaus zu Recht betrogen, da er einen Vertrauensbruch begangen hat. Das Gefühl, betrogen worden zu sein, sowie die entsprechende Art von Vertrauen, hat eine moralische Dimension.

In Reaktion auf Baiers Beispiele möchte ich zwei Stufen von Vertrauen unterscheiden, nämlich vollwertiges Vertrauen und Vertrauen als Sich-Verlassen. Warum befürworte ich zwei Stufen des Vertrauens anstatt eines Kontrastes zwischen Vertrauen und Verlassen? Mir scheint es unproblematisch, davon zu sprechen, dass jemand darauf vertraut, dass z. B. sein Toaster oder sein Auto funktioniert. Wir sprechen hier zwar von Vertrauen auf oder in den Toaster und sagen nicht, wie bei Personen, dass wir dem Toaster vertrauen. Dennoch ist die Redeweise von Vertrauen (in einem weiteren Sinne) mit Bezug auf Artefakte völlig gewöhnlich und ihre Ablehnung wäre nicht gut motiviert.[6]

Vertrauen als Sich-Verlassen und vollwertiges Vertrauen unterscheiden sich nicht nur durch die Reaktionen, die angemessen sind, wenn sich Vertrauen als unangebracht herausstellt (bloß enttäuscht sein bzw. sich betrogen fühlen) und durch das Vorhandensein bzw. die Abwesenheit einer moralischen Dimension, sondern auch durch ihre Robustheit im Angesicht von Irregularität (Roff / Danks 2018). Es ist angemessen, mich in geringerem Maße auf meinen Toaster zu verlassen, wenn er sich auch nur einmal unregelmäßig verhält – z. B. plötzlich einen seltsamen Geruch verströmt oder Funken schlägt, wenn ich ihn einschalte. In diesem Falle glaube ich zurecht, dass der Toaster nicht mehr verlässlich ist, und es ist richtig, nicht mehr auf ihn zu vertrauen oder zumindest mein Vertrauen deutlich zu verringern.[7] Dies steht im Gegensatz zu vollwertigem Vertrauen. Nehmen wir an, dass Yukis Partner, der normalerweise jeden Abend um Punkt sechs nach Hause kommt, mehrere Abende hintereinander zu spät von der Arbeit kommt. Trotzdem wäre es unangemessen von Yuki, sich betrogen zu fühlen oder zu glauben, dass ihr Partner einen Vertrauensbruch begeht. Wir würden sie für übertrieben eifersüchtig halten. Zwar kann sein unregelmäßiges Verhalten irgendwann extrem genug sein, um einen Vertrauensverlust von Seiten Yukis zu rechtfertigen, aber noch nicht nach ein oder zwei Malen. Wir können diesen Punkt so formulieren, dass angemessenes vollwertiges Vertrauen angesichts unregelmäßigen Verhaltens *robuster* ist als angemessenes Vertrauen als Sich-Verlassen.[8]

Auf Basis dieser Unterscheidungsmerkmale von vollwertigem Vertrauen und Sich-Verlassen – moralische Dimension und Robustheit – können wir uns nun autonomen KI-Systemen zuwenden und die Frage beantworten: Welche Stufe des Vertrauens ist solchen Systemen gegenüber angemessen? Nehmen wir

---

[6] Damit wende ich mich gegen Autoren die es für falsch halten, von Vertrauen oder Vertrauenswürdigkeit bezüglich Artefakten zu sprechen (Metzinger 2019; Lauer 2019).

[7] Vertrauen als Sich-Verlassen ist m. E. die gegenüber automatisierten, aber nicht autonomen Systemen wie einem Toaster die richtige Stufe des Vertrauens (Lee / See 2004).

[8] Die unterschiedliche Robustheit des Vertrauens lässt sich m. E. darauf zurückführen, dass vollwertiges Vertrauen (auch) mit normativen Erwartungen einhergeht – Erwartungen *an* eine andere Person – Vertrauen als Sich-Verlassen jedoch allein mit prädiktiven Erwartungen – Erwartungen, *dass* sich jemand oder etwas so-und-so verhalten wird (Dormandy 2020). Aus Platzgründen kann ich darauf nicht weiter eingehen.

z. B. an, dass Dagmar ein autonomes Fahrzeug besitzt und sich darauf verlässt, dass dieses sie unter unterschiedlichen Fahrbedingungen sicher zu verschiedenen Zielen bringt. Wäre es für Dagmar angemessen, dem Fahrzeug vollwertiges Vertrauen entgegenzubringen? Stellen wir uns vor, dass das Auto eines Tages einen Unfall verursacht, bei dem sie schwer verletzt wird. In dieser Situation ist ihr Vertrauen in das Auto enttäuscht – sie glaubt zu Recht, dass ihr Vertrauen unangebracht war. Dennoch wäre es falsch, sich von ihrem Auto betrogen zu fühlen, dem Auto moralische Vorwürfe zu machen oder davon zu sprechen, dass das Auto einen Vertrauensbruch begangen hat. Es ist nicht angemessen, solche moralisch aufgeladenen Reaktionen gegenüber einem System zu haben, das weder Verständnis für moralische Normen noch wohlwollende Gefühle gegenüber seinen Mitgeschöpfen hat. Dies zeigt, dass wir autonomen KI-Systemen nicht zu Recht vollwertiges Vertrauen entgegenbringen können.

Bleibt also Vertrauen als Sich-Verlassen. Das Problem hierbei ist, dass angemessenes Vertrauen in autonome KI-Systeme robust ist. Stellen wir uns vor, Dagmar ist in ihrem autonomen Fahrzeug auf dem Weg zum Haus ihrer Eltern. Plötzlich fährt das Auto nicht wie gewohnt geradeaus, sondern biegt nach rechts ab. Trotz dieses irregulären Verhaltens ist es für Dagmar angemessen, dem Auto zu vertrauen – das Auto umfährt bloß eine Baustelle, von der Dagmar nichts weiß. Oder nehmen wir noch einmal AlphaGo als Beispiel. Obwohl einige der Spielzüge des Systems völlig überraschend waren, war es nicht angemessen, das Vertrauen in das System zu reduzieren. Vielmehr waren diese Spielzüge Teil einer höchst erfolgreichen, wenn auch für menschliche Beobachtende unvorhersehbaren Strategie. Mein Punkt ist hier nicht bloß, dass angemessenes Vertrauen in autonome KI-Systeme robuster ist als ein bloßes Sich-Verlassen. Mein Punkt ist, dass angemessenes Vertrauen in solche Systeme keinesfalls an regelmäßiges oder erwartbares Verhalten gekoppelt werden kann – denn der Witz ihres Einsatzes ist ja gerade, dass sie Muster erkennen können, die Menschen verborgen bleiben, und dass sie neuartige Lösungen für Probleme finden können, die menschlichen Akteur*innen nicht eingefallen wären. Der Erfolg autonomer KI-Systeme beruht nachgerade darauf, dass sie sich auf unregelmäßige und unvorhersehbare Weise verhalten (Danks 2016).

Ich plädiere daher dafür, eine Zwischenstufe des angemessenen Vertrauens einzuführen: die des zielbezogenen Vertrauens. Betrachten wir noch einmal das Vertrauen in andere Menschen. Es gibt Fälle, in denen wir einer Person wegen ihrer moralischen Charakterlosigkeit oder ihres mangelnden Wohlwollens jedenfalls auf dieser Basis kein Vertrauen entgegenbringen können. Dennoch kann Vertrauen in die Person angemessen sein, weil sie die gleichen Ziele verfolgt wie wir, und zwar auf kompetente Weise. Nehmen wir z. B. eine Gruppe von Mafiosi, die gemeinsam eine Bank ausrauben. Jede*r von ihnen mag wissen, dass seine Kompliz*innen unmoralisch sind und auch kein Wohlwollen für ihn hegen; dennoch vertrauen die Mafiosi im Rahmen ihrer Zusammenarbeit einander zu Recht. Denn sie verfolgen alle dasselbe Ziel (den Bankraub) und tun dies kompetent.

Ein weiteres Beispiel ist das Vertrauen, das John Watson in der Fernsehserie Sherlock dem von Benedict Cumberbatch dargestellten Sherlock Holmes (zu Beginn der Serie) zu Recht entgegenbringen kann. Holmes hegt weder freundschaftliche Gefühle noch Wohlwollen für Watson und ist nach eigener Aussage ein Soziopath, der keine moralische Rücksicht auf andere nimmt. Da Holmes und Watson in ihren gemeinsamen Fällen jedoch das Ziel teilen, ein bestimmtes Verbrechen aufzuklären, und da Holmes ein äußerst kompetenter Ermittler ist, ist es dennoch angemessen, dass Watson Holmes in Hinsicht auf das geteilte Ziel vertraut. Selbst die Tatsache, dass Holmes oft ein höchst unregelmäßiges und unberechenbares Verhalten an den Tag legt, ist kein Grund für Watson, sein Vertrauen in Holmes zu reduzieren. Denn gerade Holmes' unkonventionelle Methoden und seine herausragende Fähigkeit, anderen unzugängliche Muster zu erkennen und unerwartete Schlüsse zu ziehen, machen ihn zu einem exzellenten Ermittler. Stellen wir uns nun einen Kriminalfall vor, in dem Holmes anders als sonst nicht versucht, das Verbrechen aufzuklären, sondern stattdessen ein anderes Ziel verfolgt, so dass er Watsons Vertrauen enttäuscht. In einem solchen Fall wäre es nicht angemessen von Watson, sich betrogen zu fühlen. Denn Holmes verfügt nicht über die richtige Art von moralischem Charakter oder Wohlwollen, um vollwertiges Vertrauen in ihn zu rechtfertigen. Wir haben es hier also weder mit Vertrauen als Sich-Verlassen noch mit vollwertigem Vertrauen zu tun.

Stattdessen ist das in diesen Beispielen angemessene Vertrauen zielbezogenes Vertrauen. Für dieses bedarf es der Kompetenz der vertrauensnehmenden Person (bzw. des Systems oder Objekts) in Bezug auf das jeweilige Ziel und eines geteilten Ziels von vertrauensgebender und vertrauensnehmender Person – zumindest müssen beider Ziele miteinander in Einklang stehen.[9] Diese Art von Vertrauen ist robust. Denn gemeinsame Ziele und Kompetenz schließen nicht aus, dass die vertrauensnehmende Person (System, Objekt) über Informationen verfügt, die für die Verfolgung des Ziels relevant sind und der vertrauensgebenden Person fehlen, oder dass die vertrauensnehmende Person (System, Objekt) einen besseren Weg zum Ziel kennt, sodass ihr Verhalten hochgradig überraschend sein kann. Daher ist angemessenes zielbezogenes Vertrauen damit vereinbar, dass die vertrauensnehmende Person (System, Objekt) auf unregelmäßige und unvorhersehbare Weise handelt. Zugleich ist es bei dieser Art von Vertrauen,

---

9   Um diese Modifikation zu begründen, nehmen wir erneut den Fall des Recruitment-Systems. Sagen wir, das Ziel des Systems ist es, den*die beste Bewerber*in für eine Stelle zu finden. Das Ziel der Bewerberin mag es dagegen sein, die Stelle zu bekommen. In diesem Fall haben beide Parteien kein geteiltes Ziel, aber ich möchte sagen, zumindest sind ihre Ziele miteinander in Einklang, sofern die Bewerberin zumindest fair bewertet werden möchte und das System das Ziel hat, die Bewerbungen nach objektiven Maßstäben zu evaluieren.

wenn es denn enttäuscht wird, nicht angemessen, sich betrogen zu fühlen – es fehlt die moralische Dimension.[10]

Genau auf diese zielbezogene Art und Weise, so meine ich, können menschliche Akteur*innen autonomen KI-Systemen angemessen vertrauen. Oder anders gesagt: Auf diese Weise können solche Systeme vertrauenswürdig sein. Sie sind vertrauenswürdig, wenn sie die Ziele ihrer Nutzer*innen oder betroffener Akteur*innen teilen oder die Ziele beider Parteien zumindest miteinander in Einklang sind – z. B. wenn die Systeme darauf trainiert wurden, diese Ziele zu verfolgen, oder wenn diese ihnen explizit einprogrammiert wurden – und wenn die Systeme die Ziele kompetent verfolgen. Es ist angemessen, zielbezogenes Vertrauen im Angesicht von irregulärem Verhalten aufrechtzuerhalten, so dass die Beispiele des autonomen Fahrzeugs, das überraschenderweise seine Route ändert, und von AlphaGo keine Gegenbeispiele darstellen. Wenn zielbezogenes Vertrauen enttäuscht wird, so hat dies keine moralische Dimension, so dass auch das Gegenbeispiel des durch ein autonomes Fahrzeug verursachten Unfalls nicht einschlägig ist.

Damit hätten wir die Antwort auf die erste Frage, die ich in diesem Abschnitt aufgeworfen habe (unter welchen Bedingungen sind autonome KI-Systeme vertrauenswürdig?). Bleibt die zweite Frage: Unter welchen Bedingungen sind Nutzer*innen in der Lage zu wissen, dass ein System vertrauenswürdig ist – oder anders gesagt, dass sie dem System zu Recht vertrauen können?

3.2 Unter welchen Bedingungen sind Akteur*innen in der Lage zu wissen, dass autonome KI-Systeme vertrauenswürdig sind?

Ich nehme im Folgenden an, dass für uns zielbezogenes Vertrauen relevant ist. Nehmen wir als Beispiel den durch ein selbstfahrendes Fahrzeug verursachten Unfall in Arizona, USA, im Jahr 2018 (Pavia 2018). Bei diesem wurde eine Frau,

---

10 Ich bin damit nicht darauf festgelegt, dass die Robustheit von zielbezogenem Vertrauen und vollwertigem Vertrauen durch *dieselben* Mechanismen erklärbar ist. Vielmehr meine ich, dass die Robustheit von vollwertigem Vertrauen auf die mit ihm verbundenen *normativen* Erwartungen zurückführbar ist (vgl. FN 6), während die Robustheit von zielbezogenem Vertrauen auf die flexiblen prädiktiven Erwartungen zurückgeht, die gegenüber autonomen Akteur*innen angemessen sind, die situationsbedingt kompetent Ziele verfolgen können. Wichtig ist, dass das Verhalten der vertrauensnehmenden Person (System, Objekt) in Bezug auf ihr Ziel hier vielleicht objektiv als regelmäßig beschrieben werden kann, dass es aus der Perspektive der vertrauensgebenden Person dennoch völlig unregelmäßig erscheint. Diese (bloß subjektive) Unregelmäßigkeit ist es, der gegenüber angemessenes zielbezogenes Vertrauen robust ist. Als letztes möchte ich darauf hinweisen, dass an dieser Stelle meine Analyse von der von Danks (2016), Roff und Danks (2018) sowie LaRosa und Danks (2017) abweicht, denen zufolge auch interpersonales Vertrauen bloß zielbezogenes Vertrauen ist.

die – ihr Fahrrad schiebend – die Straße vor einem Uber-Auto überquerte, von diesem überfahren und getötet. Es handelte sich um eine Übungsfahrt eines von Uber betriebenen autonomen Fahrzeugs. Dieses befand sich nicht im vollständig autonomen Modus, sondern war mit einer Übungsfahrerin besetzt, deren Aufgabe es war, im Notfall das Steuer zu übernehmen. Die Fahrerin achtete jedoch offenbar nicht auf die Straße, sondern schaute eine Fernsehsendung auf ihrem Handy. In Anbetracht dessen ist es plausibel – und ich gehe im Folgenden davon aus – dass die Fahrerin darauf vertraute, dass das Fahrzeug sie autonom und sicher durch die Stadt bringen würde (nehmen wir an, dies ist das *Ziel* des Fahrzeugs).[11] Hier ist eine Beschreibung der letzten Sekunden vor dem Unfall aus einem Bericht des *US National Transportation Safety Board*.

> As the vehicle and pedestrian paths converged, the self-driving system software classified the pedestrian as an unknown object, as a vehicle, and then as a bicycle with varying expectations of future travel path. At 1.3 seconds before impact, the self-driving system determined that an emergency braking maneuver was needed to mitigate a collision [...] According to Uber, emergency braking maneuvers are not enabled while the vehicle is under computer control, to reduce the potential for erratic vehicle behavior. The vehicle operator is relied on to intervene and take action. The system is not designed to alert the operator (National Transportation Safety Board 2018).

Wie ist dieser Fall im Hinblick auf die Frage zu bewerten, ob die Fahrerin zu Recht darauf vertraute, das Auto werde sie sicher durch die Stadt bringen? Das Uber-Auto war nicht *kompetent* darin, seine Aufgabe zu erfüllen. Das lag zum einen daran, dass ihm einige wichtige Informationen bezüglich des Objekts fehlten, auf das es zuhielt – es war ihm nicht zugänglich, was für eine Art von Objekt es war. Daher war das Uber-Fahrzeug nicht in der Lage, das richtige Mittel zu wählen, um auf die Situation so zu reagieren, dass es sein Ziel erreichen konnte. Wäre das unbekannte Objekt beispielsweise eine Plastiktüte gewesen, wäre es richtig gewesen, weiterzufahren; da es sich aber um einen Menschen handelte, war dies die falsche Entscheidung. Außerdem war das Fahrzeug nicht in der Lage, auf das Fehlen relevanter Informationen richtig zu reagieren: Weder konnte es eine Notbremsung einleiten, noch konnte es die Fahrerin im Notfall warnen. Folglich war das Auto in Bezug auf seine Aufgabe *nicht vertrauenswürdig*. Das Vertrauen der Fahrerin war unangemessen – sie vertraute dem Auto zu sehr.[12]

Die Fahrerin des Uber-Fahrzeugs vertraute dem Fahrzeug also nicht zu Recht. Kommen wir nun zur zentralen Frage dieses Abschnitts: War sie in der Lage zu *wissen*, ob das Fahrzeug vertrauenswürdig war? Offenbar war ihr *de facto* nicht klar, dass das Fahrzeug im Hinblick auf das Ziel, sie autonom und sicher durch die Stadt zu bringen, nicht vertrauenswürdig war. Sie wusste nicht, dass sie dem Auto nicht vollständig vertrauen konnte – im Gegenteil glaubte sie, dass

---

11 Es spielte wohl auch der übliche Vigilanzabfall beim Betrieb teilautonomer Fahrzeuge eine Rolle (Greenlee u. a. 2018). Darauf kann ich nicht weiter eingehen.
12 Vgl. Lee / See (2004) zum Phänomen des „overtrust".

sie dies könne. Dieser Fall erhellt die Bedingungen, unter denen Akteur*innen in der Lage sind zu wissen, ob ein autonomes KI-System vertrauenswürdig ist: Dazu müssen sie in der Lage sein zu wissen, ob das System *das geteilte Ziel kompetent verfolgt*.

Ich verdeutliche dies anhand des (fiktiven) Beispiels eines autonomen Recruitment-Systems. Wie vorangehend beschrieben, wurde die Bewerberin mit Migrationshintergrund vom System im Vergleich zu den anderen Bewerber*innen schlecht bewertet. Angenommen, die Bewerberin hat gute Gründe zu glauben, dass sie hervorragend für die Stelle qualifiziert ist. Sie hat jedoch keine Ahnung, wie das System funktioniert; insbesondere weiß sie nicht, ob es einen Bias gegenüber Frauen oder Menschen mit Migrationshintergrund hat. Wir könnten ein Recruitment-System mit Bias einerseits so beschreiben, dass es falsche *Informationen* darüber hat, was einen Bewerber qualifiziert, dass es „glaubt", eine Frau zu sein oder einen Migrationshintergrund zu haben, mindere die Qualifikation eine*r Bewerber*in. Da das Ziel des Systems darin besteht, die Bewerbung ausschließlich nach ihrer Qualität einzustufen, führt diese „Überzeugung" dazu, dass es Frauen bzw. Personen mit Migrationshintergrund schlechter bewertet. Andererseits können wir ein Recruitment-System mit Bias so beschreiben, dass sein Ziel nicht ist, Bewerbungen nur anhand ihrer Qualifikation zu bewerten, sondern dass es anstrebt, Männern und Menschen ohne Migrationshintergrund einen Vorteil zu verschaffen.[13] Im Beispiel hat die Bewerberin guten Grund, dem autonomen Recruitment-System *nicht* zu vertrauen. Warum? Einerseits kann sie nicht wissen, ob das System über korrekte Informationen darüber verfügt, unter welchen Bedingungen jemand für die ausgeschriebene Stelle qualifiziert ist, und somit kompetent sein Ziel verfolgt. („Glaubt" es vielleicht fälschlicherweise, das Geschlecht mache einen Unterschied für die Qualität einer Bewerbung?) Sie kann andererseits nicht wissen, ob das System das Ziel verfolgt, die Bewerber*innen allein nach ihrer Qualifikation einzustufen, oder ob es das Ziel verfolgt, Männer und Menschen ohne Migrationshintergrund zu bevorzugen. Sie kann also nicht wissen, ob ihr eigenes Ziel, fair nach ihrer Qualifikation bewertet zu werden, im Einklang mit dem Ziel des Systems steht.

---

13 Meine Überlegungen hier weisen auf eine Schwierigkeit hin: Wie lassen sich Ziele und Informationen eines KI-Systems nicht-arbiträr individuieren? Wenn wir Dennetts (1971) intentionale Einstellung gegenüber einem System einnehmen, erklären wir sein Verhalten mit Hilfe von Wünschen (Zielen) und Überzeugungen (Informationen), die wir ihm zuschreiben. In Fällen wie dem hier skizzierten ist es dann eventuell unmöglich, sich zwischen mehreren möglichen Erklärungen zu entscheiden. Aus Platzgründen kann ich die Schwierigkeit hier nicht auflösen. Nur zwei Hinweise: (1) Wenn wir mehr Informationen über das System haben, stellt sich das Problem oft nicht, wie z. B. im Fall des Uber-Autos. Hier ist klar, dass der Unfall u. a. auf mangelnde Informationen über das Objekt auf der Fahrbahn zurückführbar ist, nicht z. B. auf das Ziel des Systems, einen Unfall zu verursachen. (2) Zumindest bei *Belief Desire Intention* (BDI)-Systemen stellt sich das Problem nicht. Diese sind von Vorneherein so programmiert, dass sie auf Basis ihrer Überzeugungen Ziele anstreben (Broekens u. a. 2010).

Diese Beispiele machen klar, dass Nutzer*innen wissen müssen, ob die Bedingungen für angemessenes Vertrauen erfüllt sind, um wissen zu können, ob ein autonomes KI-System vertrauenswürdig ist. D. h. sie müssen wissen, ob erstens ihre Ziele wirklich mit den Zielen des Systems im Einklang stehen bzw. von diesem geteilt werden und ob zweitens das System kompetent darin ist, sein Ziel zu verfolgen, wozu es über relevante Informationen verfügen muss.

Hier kurz zusammengefasst die Ergebnisse des Abschnitts.

Vertrauenswürdigkeit
Ein autonomes KI-System ist für Akteur*innen nur dann vertrauenswürdig, wenn das System (1) das Ziel der Akteur*innen teilt und es (2) das Ziel kompetent verfolgt, was voraussetzt, dass es (a) über ausreichend Informationen verfügt, die für die Verfolgung des Ziels relevant sind, und (b) diese Informationen bei der Verfolgung des Ziels nutzt.

Wissen
Akteur*innen sind in der Lage zu wissen, dass ein autonomes KI-System für sie vertrauenswürdig ist, nur dann, wenn sie in der Lage sind zu wissen, dass (1) das System ihr Ziel teilt und es (2) das Ziel kompetent verfolgt, was das Wissen beinhaltet, dass das System (a) über ausreichend Informationen verfügt, die für die Verfolgung des Ziels relevant sind, und (b) diese Informationen bei der Verfolgung des Ziels nutzt.[14]

Zusammenfassend lässt sich sagen, dass Akteur*innen einem autonomen KI-Systems nur dann wohlbegründet vertrauen, wenn das System vertrauenswürdig ist – d. h. wenn sie dem System zu Recht vertrauen – und sie in der Lage sind, dies zu wissen. Ein System ist für die Akteur*innen nur dann vertrauenswürdig, wenn es ihr Ziel teilt (bzw. beider Ziele in Einklang stehen) und es das Ziel auf Basis relevanter Informationen kompetent verfolgt. Akteur*innen sind also nur in der Lage zu wissen, dass das System zielbezogen vertrauenswürdig ist, wenn sie wissen können, dass es ihr Ziel kompetent und unter Verwendung der relevanten Informationen verfolgt.

---

14 Zwei Anmerkungen zu diesen Thesen. (1) Ich schreibe „nur dann wenn" (nicht „genau dann wenn"), da es weitere Bedingungen für (Wissen um) zielbezogene Vertrauenswürdigkeit geben mag, z. B. dass das Verhalten des KI-Systems keine moralischen Normen verletzt. (2) Oft reicht es für zielbezogene Vertrauenswürdigkeit (bzw. das Wissen darum), dass ein System *in der Lage ist*, ein Ziel kompetent zu verfolgen und dabei relevante Informationen zu nutzen (und dass Akteur*innen dies wissen können). Dies hängt von der zeitlichen Perspektive der handelnden Person ab – geht es um Vertrauen ins KI-System bezüglich einer vergangenen, gegenwärtigen oder zukünftigen Handlung? Der Kürze halber habe ich diese zusätzliche Variante weggelassen – Leser*innen dürfen sie für ein differenzierteres Bild gerne im Geiste ergänzen.

4. Warum sollte wohlbegründetes Vertrauen es erforderlich machen, dass autonome KI-Systeme durch Gründe-Erklärungen erklärbar sind?

Kommen wir schließlich zu der Frage, die dieser Aufsatz beantworten soll: Warum sollten Akteur*innen einem autonomen KI-System nur dann aus guten Gründen vertrauen können, wenn das System Erklärungen – und zwar Gründe-Erklärungen – für seine Outputs liefern kann? *Prima facie* mag es so aussehen, als bräuchte es einen großen Schritt von wohlbegründetem Vertrauen auf Seiten der Akteur*innen zu Erklärbarkeit des Systems mittels Gründen. Die Diskussion bis hierher hat jedoch gezeigt, dass dem nicht so ist. Einem autonomen KI-System aus guten Gründen zu vertrauen, setzt voraus, dass wir in der Lage sind zu wissen, dass wir dem System zu Recht zielbezogen vertrauen können. Das bedeutet, dass wir in der Lage sein müssen zu wissen, dass das System unser Ziel teilt und dass es über die für die Verfolgung dieses Ziels relevanten Informationen verfügt und diese Informationen bei der Verfolgung des Ziels nutzt.

Daraus ergibt sich automatisch, dass den Akteur*innen Gründe-Erklärungen der Outputs des autonomen KI-Systems zur Verfügung stehen müssen, damit sie ihm aus guten Gründen vertrauen kann. Gründe-Erklärungen, wie sie einflussreich von Davidson (1963) charakterisiert wurden, sind Erklärungen für die Handlungen von Akteur*innen, die sich auf die Gründe beziehen, die diese Handlungen verursacht haben. Nach Davidson handelt es sich bei Gründen um Wunsch-Überzeugungs-Paare, z. B. den Wunsch einer Person, ihren Hunger zu stillen, und ihre Überzeugung, dass der Verzehr des Brötchens ihren Hunger stillen wird, die zusammen zur Handlung führen, dem Verzehr des Brötchens. Diese Gründe verursachen die Handlung und stellen zugleich eine Erklärung für die Handlung dar, die das positive Licht zeigt, in dem die handelnde Person ihre Handlung sah. Die Gründe stellen damit heraus, was die Handlung rational macht. In einer teleologischen Interpretation von Gründe-Erklärungen (Perner / Roessler 2010; Glock / Schmidt 2021) ist das, was eine Handlung erklärt, das *Ziel*, das die handelnde Person verfolgt, zusammen mit ihren *Informationen* darüber, wie sie das Ziel am besten erreichen kann; beide zusammen ergeben das positive Licht, in dem die Person ihre Handlung sieht.

Dies beantwortet meine Frage und beschließt mein Argument für die These, dass Akteur*innen autonomen KI-Systemen nur dann wohlbegründet vertrauen können, wenn sie über Gründe-Erklärungen für deren Outputs verfügen. Zielbezogenes Vertrauen aus guten Gründen erfordert, dass den Akteur*innen Wissen über die Ziele und Informationen der Systeme zur Verfügung steht; und dies sind genau die Bausteine der relevanten Gründe-Erklärungen. Vertrauen aus guten

Gründen erfordert also die Verfügbarkeit von Gründe-Erklärungen für die Outputs von autonomen KI-Systemen. Entsprechend sollten diese Systeme so konstruiert werden, dass wir Gründe-Erklärungen für ihr Verhalten parat haben.

Wie überzeugend sind meine Ergebnisse? An dieser Stelle könnte sich eine ausführliche Erörterung verschiedener Einwände und Erwiderungen anschließen. Stattdessen möchte ich zum Abschluss dieses Beitrags nur eine wichtige Einschränkung meines Arguments hervorheben. Ich habe meine Argumentation auf die Thesen zugespitzt, dass wir autonomen KI-Systemen nur dann aus guten Gründen zielbezogen vertrauen können, wenn wir Gründe-Erklärungen für ihre Outputs erhalten können, und dass diese Systeme daher so konstruiert werden sollten, dass sie mit Gründen erklärt werden können. Man kann allerdings an vielen Stellen aus meiner Argumentation aussteigen. So lässt sich mit bestimmten informatischen Methoden vielleicht doch *Wissen* darüber erlangen, dass der Nutzen eines autonomen KI-Systems den Schaden, den es in einem Kontext verursachen könnte, ausreichend überwiegt. Dann wäre kein Ausweichen auf wohlbegründetes Vertrauen erforderlich. Weiterhin mag es in bestimmten Kontexten doch möglich sein, einem autonomen KI-System zu Recht Vertrauen entgegenzubringen, im Sinne von bloßen Sich-Verlassen. Dann bräuchten wir keine Einsicht in die Kompetenz und Ziele des Systems. Schließlich ist vorstellbar, dass wir in manchen Kontexten aufgrund von hohem Zeitdruck, weil bei einer Entscheidung nicht viel auf dem Spiel steht oder weil wir auf Institutionen wie z. B. einen Algorithmen-TÜV zurückgreifen können, alles in allem auf das von mir geforderte wohlbegründete Vertrauen verzichten dürfen. Auch in solchen Fällen wäre die Forderung nach Gründe-Erklärbarkeit hinfällig.

All diese Einschränkungen scheinen mir völlig richtig. Eine angemessene Darstellung der Verknüpfung von vertrauenswürdiger und erklärbarer KI erfordert einen differenzierten Blick, um den Besonderheiten des jeweiligen Kontexts und der betroffenen Akteur*innen gerecht zu werden. Davon unbenommen möchte ich daran festhalten, dass Akteur*innen in manchen Kontexten in der Lage sein müssen, autonomen KI-Systemen aus guten Gründen zielbezogen zu vertrauen; und daran, dass sie dies nur können, wenn ihnen Gründe-Erklärungen für die Outputs der Systeme zur Verfügung stehen.

Literatur

ALAIERI, FAHAD / VELLINO, ANDRÉ (2016), Ethical Decision Making in Robots: Autonomy, Trust and Responsbility, in: Agah, Arvin u. a. (Hg.), Social Robotics. 8th International Conference, ICSR 2016. Kansas City, MO, USA, November 1–3, 2016. Proceedings. (Lecture Notes in Computer Science 9979), Cham, 159–169.

ANSCOMBE, G. E. M. (1963), Intention, Cambridge.

ARMSTRONG, STUART u. a. (2012). Thinking inside the box: controlling and using an oracle AI, in: Minds and Machines 22(4), 299–324.

BAIER, ANNETTE (1986). Trust and antitrust, in: Ethics 96(2), 231–260.

BAUM, KEVIN u. a. (2017), Two Challenges for CI Trustworthiness and How to Address Them, in: ACL Anthology, 1–5.

BAUM, KEVIN u. a. (2022), From Responsibility to Reason-Giving Explainable Artificial Intelligence, in: Philosophy & Technology 35, 1–30.

BROEKENS, JOOST u. a. (2010), Do You Get It? User-Evaluated Explainable BDI Agents, in: Dix, Jürgen / Witteveen, Cees (Hg.), Multiagent System Technologies. 8th German Conference, Mates 2010. Leipzig, Germany, September 2010. Proceedings. Lecture Notes in Computer Science 6251), Berlin, 28–39.

CADWALLADR, CAROLE / GRAHAM-HARRISON, EMMA (2018), Revealed: 50 million Facebook profiles harvested for Cambridge Analytica in major data breach, in: The Guardian, 17.03.2018.

DANKS, DAVID (2016), Finding Trust and Understanding in Autonomous Technologies, in: The Conversation, 30.12.2016.

DAVIDSON, DONALD (1963), Actions, reasons, and causes, in: Journal of Philosophy 60, 685–700.

DENNETT, DANIEL (1971), Intentional systems, in: Journal of Philosophy 68, 87–106.

DORMANDY, KATHERINE (2020), Introduction: An Overview of Trust and Some Key Epistemological Applications, in: Dormandy, K. (Hg.), Trust in Epistemology, New York, 1–40.

FALCONE, RINO / CASTELFRANCHI, CRISTIANO (2001), Social trust: A cognitive approach, in: Castelfranchi, Cristiano / Tan, Yao-Hua (Hg.), Trust and Deception in Virtual Societies, Dordrecht, 55–90.

GARCIA, MEGAN (2016), Racist in the Machine: The Disturbing Implications of Algorithmic Bias, in: World Policy Journal, 33(4), 111–117.

GLOCK, HANS-JOHANN / SCHMIDT, EVA (2021). Pluralism about practical reasons and reason explanations, in: Philosophical Explorations 24, 119–136.

GREENLEE, ERIC u. a. (2018), Driver Vigilance in Automated Vehicles: Hazard Detection Failures Are a Matter of Time, in: Human Factors 60, 465–476.

HOFFMAN, ROBERT u. a. (2013), Trust in automation, in: IEEE: Intelligent Systems, 84–88.

HOLLIDAY, DANIEL u. a. (2016), User trust in intelligent systems: A journey over time, in: Proceedings of the 21st International Conference on Intelligent User Interfaces, 164–168.

JACOBSON, DANIEL (2011), Fitting Attitude Theories of Value, in: Zalta, Edward N. (Hg.), The Stanford Encyclopedia of Philosophy. (Spring 2011 Edition). Online unter: https://plato.stanford.edu/archives/spr2011/entries/fitting-attitude-theories [12.04.2022].

LAHIJANIAN, MORTEZA / KWIATKOWSKA, MARTA (2016), Social Trust: A Major Challenge for the Future of Autonomous Systems, in: The 2016 AAAI Fall Symposium Series: Cross-Disciplinary Challenges for Autonomous Systems Technical Report FS-16-03, 189–194.

LAROSA, EMILY / DANKS, DAVID (2018), Impacts on trust of healthcare AI, in: Proceedings of the 2018 AAAI/ACM Conference on Artificial Intelligence, Ethics, and Society, 210–215.

LAUER, DAVID (2019), Nur liebende Roboter wären vertrauenswürdig, Deutschlandfunk Kultur, 14.04.2019. Online unter: https://www.deutschlandfunkkultur.de/kommentar-zu-eu-ethik-leitlinien-fuer-kis-nur-liebende-100.html [12.04.2022].

LEE, JOHN D. / SEE, KATRINA A. (2004), Trust in automation: Designing for appropriate reliance, in: Human Factors: The Journal of the Human Factors and Ergonomics Society 46(1), 50–80.

MCLEOD, CAROLYN (2021), Trust, in: Zalta, Edward N. (Hg.), The Stanford Encyclopedia of Philosophy. (Fall 2021 Edition). Online unter: https://plato.stanford.edu/archives/fall2021/entries/trust/ [12.04.2022].

METZ, CADE (2016), The Sadness and Beauty of Watching Google's AI Play Go, in: Wired, 03.11.2016. Online unter: https://www.wired.com/2016/03/sadness-beauty-watching-googles-ai-play-go [12.04.2022].

METZINGER, THOMAS (2019), Ethik-Waschmaschinen made in Europe, in: Tagesspiegel, 08.04.2019. Online unter: https://background.tagesspiegel.de/ethik-waschmaschinen-made-in-europe [12.04.2022].

NATIONAL TRANSPORTATION SAFETY BOARD (2018), Preliminary Report Highway: HWY18MH010. Online unter: https://www.ntsb.gov/investigations/AccidentReports/Pages/HWY18MH010-prelim.aspx [10.03.2018]

PAVIA, WILL (2018), Driverless Uber car 'not to blame' for woman's death, in: The Times, 21.03.2018. Online unter: https://www.thetimes.co.uk/article/driverless-uber-car-not-to-blame-for-woman-s-death-klkbt7vf0 [12.04.2022].

PERNER, JOSEF / ROESSLER, JOHANNES (2010), Teleology and causal reasoning in children's theory of mind, in: Aguilar, J. / Buckareff, A. (Hg.), Causing human action: New perspectives on the causal theory of action, 199–228.

ROFF, HEATHER / DANKS, DAVID (2018), 'Trust but Verify': The Difficulty of Trusting Autonomous Weapons Systems, in: Journal of Military Ethics 17, 2–20.

WELLER, ADRIAN (2017), Challenges for transparency.

YONG, ED (2018), A Popular Algorithm Is No Better at Predicting Crimes Than Random People, in: The Atlantic. 17.01.2018. Online unter: https://www.theatlantic.com/technology/archive/2018/01/equivant-compas-algorithm/550646 [12.04.2022].

KI hautnah – Hybride Systeme und Extended Mind

Christian Klaes

1. Einleitung

Der seit Anfang der 2010er Jahre beginnende neue Aufwind in der KI Forschung basiert in großen Teilen auf Methoden des sogenannten Deep Learning (DL). Für bis dato ungelöste Probleme in den Bereichen der Bild- und Spracherkennung wurden innerhalb kurzer Zeit neue Lösungen entwickelt, die, wenn auch noch nicht perfekt, einen klaren Trend erkennen lassen und sich immer stärker dem goldenen Standard Mensch annähern. Viele der Probleme sind alt und wurden schon bei Einführung des Begriffs Künstliche Intelligenz (KI) in den 1950er Jahren formuliert. Jedoch lagen die Ansätze bisher weit hinter den Erwartungen zurück, die euphorisch an KI Systeme gestellt wurden. In der frühen Entwicklungsphase wurden aus heutiger Sicht sehr ambitionierte Vorhersagen über die Fähigkeiten von KI gemacht, die sich nicht erfüllen ließen. So kam es mehrmals zu sogenannten „KI Wintern" – mehrjährige Phasen, in denen das Interesse und die finanzielle Förderung von KI fast zum Stillstand kamen, bis eine neue Entwicklung kurzzeitig neue Hoffnung aufflammen ließ. Relativ schnell stellte sich heraus, dass die Probleme, welche wir oft mit sehr hohem intellektuellem Vermögen in Verbindung bringen, wie das Lösen von formalen Gleichungen, die Berechnung komplexer Funktion oder das Schachspielen, mit relativ einfachen Methoden und ausreichender Rechenleistung lösbar sind. Aufgaben, die für Menschen jedoch intuitiv und schnell lösbar sind, wie das Verstehen von Sprache, die Erkennung von Objekten und das Übertragen von Prinzipien von einem Bereich in einen anderen (transfer learning), können nur sehr schwer in die formellen Regeln eines Computerprogramms übersetzt werden. Ein Beispiel für dieses Dilemma ist der Sieg des IBM Supercomputers Deep Blue über den damaligen Schachweltmeister Garry Kasparov im Jahr 1997. Obwohl dieses Ereignis einen Meilenstein in der KI Forschung darstellt, gab und gibt es viel Kritik an der verwendeten Brute-Force-Methode und es ist klar, dass Deep Blue ein sehr spezialisiertes Expertensystem war, welches nur in der kleinen Nische des Schachspiels so etwas wie intelligentes Verhalten zeigte. Im Gegensatz dazu hat die seit ca. 2012 andauernde Deep Learning Revolution Systeme hervorgebracht, deren Verhalten dem menschlichen viel ähnlicher ist. Das von Google entwickelte AlphaGoZero (Silver u. a. 2017) z. B. spielt besser Go (ein dem Schach ähnliches

Spiel, dass in Asien weit verbreitet ist) als die besten menschlichen Spielenden, benötigt aber keine Datenbank von gespielten Partien – anders als Deep Blue –, sondern spielt gegen sich selbst und lernt dabei. Die nur wenige Jahre später entwickelte Variante MuZero (Schrittwieser u. a. 2020) kann, ohne den grundlegenden Code zu ändern, verschiedene Spiele (Schach, Go, Shogi und verschiedene Konsolenspiele) auf menschlichem oder übermenschlichem Niveau spielen. Die Regeln für diese Spiele lernt es selbstständig während des Spielens. Sprachmodelle, wie z. B. das von OpenAI entwickelte GPT-3, die mit riesigen Datenmengen trainiert werden, können real wirkende Dialoge führen und verfügen über ein breites Spektrum an Allgemeinwissen. Multimodale Systeme, wie DALL-E (Ramesh 2021), sind in der Lage, realistische Bilder anhand einer sprachlichen Beschreibung zu erzeugen, bzw. ein Bild in Worte zu fassen. Auch wenn die aktuellen Entwicklungen spektakuläre Fortschritte gegenüber früheren Versuchen zeigen, scheinen wir von einer Artificial General Intelligence (AGI), die menschenähnliche Intelligenz über ein breites Spektrum zeigt, immer noch ein Stück weit entfernt zu sein. Umso interessanter könnte sich daher die Möglichkeit darstellen, menschliche Intelligenz mit vorhandenen künstlichen Systemen zu verbinden, um so neue Synergien zu schaffen. Einige prominente Denker, wie z. B. Elon Musk, Ray Kurzweil und Nick Bostrom, sehen in einer solchen Symbiose die Zukunft der menschlichen Entwicklung und die einzig valide Möglichkeit der Koexistenz zwischen den Menschen und den – noch nicht existierenden, aber von Vielen antizipierten – Superintelligenzen.

Sollen künstlich intelligente Systeme und der Mensch verbunden werden, ergeben sich jedoch verschiedene Überlegungen: Wo befinden sich die Grenzen des menschlichen Körpers, und wo die Grenzen des Geistes (2)? Inwiefern sind Symbiosen zwischen menschlichen und künstlich intelligenten Systemen möglich (3)? In welchem Verhältnis stehen hierbei die Realität und das Gehirn (4)?

2. Grenzen des Körpers und des Geistes bei KI

Wo genau hört eigentlich unser Körper auf? Für viele Menschen scheint klar zu sein, dass die Haut die Außengrenze unseres Körpers darstellt. Bei genauerer Betrachtung stellt man jedoch fest, dass diese Begrenzung unscharf ist und dass das, was wir als integralen Teil von uns empfinden, verschiedensten Änderungen unterliegen kann.

Ein sehr bekanntes und einfaches Beispiel hierfür ist die sogenannte Rubber Hand Illusion (Botvinick 1998). Um diese Illusion hervorzurufen, wird eine Gummihand so vor der Versuchsperson platziert, dass sie die Stelle der natürlichen Hand einnimmt, welche gleichzeitig unter einem Tisch platziert wird. Der*die

Experimentator*in streicht nun gleichzeitig mit einem Pinsel über die Hand unter dem Tisch und die Gummihand, die die Versuchsperson sehen kann. Nach kurzer Zeit kommt es zu der Illusion, dass die Gummihand von der Versuchsperson als „die eigene" wahrgenommen wird und Schutzhandlungen ausgeführt werden, falls der Gummihand Schaden droht.

Neben solchen experimentellen Manipulationen gibt es auch Krankheitsbilder, bei denen die eigenen Körpergrenzen auf ungewöhnliche Weise verändert sind. Ein Beispiel hierfür ist die Somatoparaphrenie, bei der die betroffenen Patient*innen ein eigenes Körperteil als nicht zu sich gehörig empfinden. Die Dissoziation mit dem Körperteil kann so stark werden, dass in seltenen Fällen eine Amputation des gesunden Körperteils gewünscht wird.

Wenn es gar nicht so einfach ist, die Grenzen des eigenen Körpers auszumachen, trifft dies dann auch auf den eigenen Geist zu?

Wo endet die eigene Person und wo beginnt die Umwelt oder eine andere Person? Auch hier scheint die Antwort auf den ersten Blick leicht zu sein. Aus neurobiologischer Sicht ist das Gehirn das Organ, welches alle Aspekte unserer Persönlichkeit erzeugt. Aus einer systemtheoretischen Sichtweise ist es auch hier nicht ganz einfach, die Trennung zwischen Umwelt (inklusive anderer Menschen) und der eigenen Person zu machen. In der Extended Mind Theorie von Clark und Chalmers (Clark 1998) wird postuliert, dass sehr wohl auch externe, kognitive Artefakte als Teil einer Person angesehen werden können. Denn genau betrachtet sind wir als denkende Wesen Teil verschiedener Netzwerke, die über unsere eigene Person hinaus bestehen. In verschiedenen anderen Kontexten sind einzelne Menschen Teil von Gruppen, Unternehmen oder Staaten, die wiederum selbst als Individuen auftreten können. Auf das Individuum bezogen, wird dies häufig nicht betrachtet. Einige Forscher untersuchen aber z. B. sogenannte Transactive Memory (Wegner 1985), worunter ein Gruppengedächtnis verstanden wird, auf das die einzelnen Gruppenteilnehmenden wie selbstverständlich zugreifen und das Teil ihrer eigenen Persönlichkeit geworden ist.

Dass wir auch technische Erweiterungen als Teil unserer Persönlichkeit implizit wahrnehmen, zeigt z. B. auch eine Studie von Fisher (Fisher 2015) in der festgestellt wurde, dass Menschen ihr eigenes Wissen überschätzen, wenn sie Zugriff auf das Internet haben. In diesem Fall kann die ständige Verfügbarkeit von Internetwissen als Teil des eigenen Wissens wahrgenommen werden, ganz im Sinne von Clark und Chalmers. Wenn die Nutzung bestimmter Technologien immer selbstverständlicher und regelmäßiger wird, ist der Schritt zu einer hybriden Gesamtpersönlichkeit nicht mehr fern. Für einige Leser*innen mag sich dies vielleicht noch nicht greifbar genug anhören, doch wenn wir damit beginnen, bestimmte Technologien als Prothesen in unseren Körper zu integrieren, wird die Bedeutung solcher hybriden Cyborgs vielleicht einfacher verständlich.

Grundsätzlich ist es für die Argumentation jedoch nicht notwendig, diese körperliche Integration vorzunehmen, um von einer hybriden Gesamtpersönlichkeit zu sprechen. Abgesehen von der Machbarkeit ist eine weitere Frage zu klären, nämlich ob hierdurch ein Vorteil entsteht oder ob es sich letztlich nur um eine Krücke – oder eben Prothese handelt, die eine Einschränkung ausgleichen soll. Es gibt viele Beispiele, in denen Mensch-Maschine Hybride einen Vorteil gegenüber Menschen oder Maschinen haben. Z. B. führten über einen längeren Zeitraum hinweg die Kombination aus Mensch und Maschine im Schachspiel – sogenanntes Centaur Chess – die internationalen Elo Rankings an. Suchmaschinen und viele andere digitale Technologien, die wir täglich verwenden, kann man ebenfalls als Augmentierung des Menschen oder eben als Hybridsystem betrachten. Da die Kopplung aber meist nur von begrenzter Dauer ist oder nur für einen bestimmten Zweck besteht, wird dies oft nicht so betrachtet und erfüllt nicht das Kriterium der ständigen Verfügbarkeit. Wie in der Extended Mind Theorie beschrieben, kommt es aber entscheidend darauf an, ob es sich um eine ständige, wechselseitige Beziehung handelt. Vieles deutet meiner Meinung nach darauf hin, dass wir mehr und mehr in diese Richtung tendieren und dass es bereits einzelne Individuen gibt, die sich z. B. krankheitsbedingt vollständig auf derartige Technologie verlassen und ohne diese nicht dieselbe Person wären. Man kann dies skeptisch sehen und von einer Art Abhängigkeit sprechen. Jedoch wäre dies zu einfach gedacht. Bei der Betrachtung anderer Lebewesen, wird schnell klar, dass dieses negative Label ungerechtfertigt ist. Z. B. gibt es sehr viele Spezies, die in Symbiose mit anderen Lebewesen sind und die ohne ihren symbiotischen Partner nicht lebensfähig wären. Wir Menschen selbst sind hiervon nicht ausgenommen, leben wir doch z. B. in einer symbiotischen Partnerschaft mit unseren Darmbakterien, ohne die wir ebenfalls nicht leben könnten. Wenn es um rein körperliche Zweckehen geht, wird diese Erkenntnis meist akzeptiert. Wenn es jedoch um unsere individuelle Persönlichkeit geht, werden wir skeptisch. Neue KI-Methoden haben allerdings das Potenzial, weit intimere Verbindungen mit uns einzugehen, als dies bisher der Fall war. Einen Taschenrechner sehen wir möglicherweise als kognitives Artefakt an, aber vermutlich nicht als Teil unserer Persönlichkeit. Moderne Recommender Systeme, die uns, basierend aus erlernten Vorlieben, eine Vorauswahl von Inhalten präsentieren sind wesentlich näher an uns herangerückt. DL basierte Systeme, die unsere individuellen Vorlieben erlernen, können unser Verhalten in bestimmten Fällen besser vorhersagen als langjährige Lebenspartner*innen oder manchmal wir selbst (Youyou 2015). DL Systeme simulieren in gewisser Weise Teile unseres Gehirns und sind damit auch Teile oder Erweiterungen von uns.

Es ist nicht schwer, sich eine Zukunft vorzustellen, in der z. B. DL basierende Übersetzungsprogramme uns in jeder Sprache der Welt in Echtzeit kommunizieren lassen. Es gibt bereits Systeme, die unsere individuelle Tonalität erlernen können und dann Sprache mit unserer Tonalität erzeugen können, so dass es sich für unser Gegenüber so anhört, als sprächen wir die Sprache selbst. Zusätzlich ist leicht denkbar, dass unsere sprachlichen Idiosynkrasien von einem DL System gelernt werden, so dass auch die individuelle Note mitübersetzt wird. Von anderen würde das Hybrid-System Mensch + Übersetzungsmaschine auch als eine Einheit wahrgenommen (vergleiche hierzu das „Chinese Room" Argument von John Searle).

Auf ähnliche Weise könnten andere digitale Gehilfen langfristig mit unserer Persönlichkeit verschmelzen. Individualisierte Datenbanken und Notiz/Erinnerungs-Anwendungen könnten uns in Kombination mit DL Systemen einen extrakorporealen Erinnerungs-Speicher liefern, der uns an Ereignisse erinnert und wichtige Ereignisse automatisch speichert (insbesondere mit Hilfe von Augmented Reality Anwendungen). Weiter in die Zukunft projiziert, könnte so mehr und mehr eine Form von Exo-Self – ein extrakorporeales neuronales Netzwerk, welches in symbiotischer Beziehung mit uns steht – entstehen, das einen großen Teil unserer Persönlichkeit ausmacht und den Teil unserer Erinnerungen in unserem biologischen Gehirn weit überschattet.

Beim Schreiben dieser Zeilen verlasse ich mich z. B. oft darauf, dass Microsoft Word verschiedene einfache Schreibfehler automatisch korrigiert und mich auf möglicherweise problematische Phrasen hinweist. Noch weiter sind Systeme, die auf GPT-3 (Brown 2020) basieren und nach Vorgabe weniger Zeilen (siehe auch „prompt engineering") automatisch ganze Paragraphen ausformuliert (was ich für dieses Dokument nicht verwendet habe). Zukünftige Autor*innen können so möglicherweise mehr und mehr dazu übergehen, Texte zu redigieren, die zu einem Großteil von einem KI-System erzeugt wurden.

Es gibt sogar Fortschritte in der automatischen Generation von Computercode. Wir streben einer Zukunft entgegen, in der jeder einfache Computerprogramme schreiben können wird, die er oder sie in natürlicher Sprache formuliert. Hierzu gibt es eine Variante von GPT-3 – Codex – welche in der Lage ist, aus einer in natürlicher Sprache verfassten Beschreibung dessen, was das Programm tun soll, den entsprechenden Code zu erzeugen. Neben einer Demokratisierung des Programmierens ist dies auch eine Erleichterung für Berufsprogrammierende die auf diese Weise bestimmte Probleme schneller lösen können oder zwischen verschiedenen Programmiersprachen übersetzen müssen. Ebenso wird es hierdurch einfacher sein, Daten und Modelle zu visualisieren, was einen wichtigen Teil unseres Erkenntnis- und Kreativitiätsprozesses ausmacht.

Wenn es um Kreativität geht, sind wir oft besonders davon überzeugt, dass dies eine sehr individuelle und dem Menschen vorbehaltene Eigenschaft ist. Aber auch hier gibt es in den letzten Jahren viele neue Entwicklungen, die auf DL Algorithmen basieren. Einige generative Netzwerke können so z. B. aus einem gegebenen Text Bilder erzeugen. Auch hier könnte das AI-System durch Training und Finetuning an eine bestimmte Person angepasst werden. Da in der Vergangenheit Werkzeuge generell eher passiv waren, wurde ihnen meist kein Anteil an einem Kunstwerk oder generell am Schaffungsprozess zugebilligt (obwohl Kunstschaffende ohne Pinsel und Leinwand auch kein Gemälde erschaffen können). Bei den neuen KI-Werkzeugen ist die Trennung jedoch deutlich schwieriger, da sie viel stärker in den kreativen Schaffungsprozess integriert sind und meist mit Daten vieler Akteur*innen trainiert wurden. Natürlich könnte man Kunstschaffenden, die in ihren Werken KI-Algorithmen verwenden, die eigene Kreativität absprechen, aber das halte ich für falsch. Ich denke, dass es unvermeidbar sein wird, in Zukunft die hybride Schaffung von Kunstwerken und anderen kreativen Schaffungsprozessen anzuerkennen. Und auch hier können Werkzeug und Kunstschaffende verschmelzen.

3. Neue Sinne, neue Muskeln – Symbiosen, die unter die Haut gehen

Wie im vorangegangenen Abschnitt bereits erwähnt, wird die Symbiose meist umso klarer, je näher sie unserem Körper kommt – bis zu dem Punkt, an dem beide Teile nicht mehr einfach separierbar sind. Dies ist vor allem bei Prothesen und Implantaten der Fall. In der Vergangenheit waren Prothesen meist einfache, passive Mechanismen, die allenfalls rudimentär das beschädigte Körperteil ersetzen konnten. Zukünftige Prothesen, die zum Teil im experimentellen und klinischen Rahmen bereits erprobt sind, werden jedoch deutlich mehr Funktionen wiederherstellen können als es bisher möglich war. Das Cochlea-Implantat ist eine der erfolgreichsten sensorischen Prothesen der Welt (Peterson 2010). Bei einem Cochlea-Implantat werden die peripheren Nerven, die im Innenohr normalerweise durch Schallwellen angeregt werden, künstlich elektrisch stimuliert. Die Impulse werden hierbei von einem Encoder erzeugt, welcher mit einem Mikrofon aufgenommene Schallwellen in kleine, elektrische Spannungen übersetzt. Für unser Gehirn macht es keinen Unterschied, auf welche Art und Weise die Nervenzellen angeregt wurden, ob künstlich mittels Elektrizität oder durch Druckschwankungen. Sämtlicher Input, der unser Gehirn erreicht, besteht lediglich aus kleinen, elektrischen Impulsen, die von den peripheren Nerven an das Gehirn geleitet werden. Die Impulse, die vom Cochlea-Implantat erzeugt werden, sind viel gröber und weniger nuanciert als die natürlichen. Aber bis auf den Unterschied in der Detailliertheit – im perzeptuellen Muster – der durch die niedrigere Auflösung (meist nur 16 Elektroden) geschuldet ist, ist für das Gehirn kein prinzipieller Unterschied erkennbar. Das Cochlea-Implantat eignet sich daher insbesondere für Kinder, die von Geburt an gehörlos sind, da ihre Gehirne zuvor keine natürliche Erfahrung mit akustischen Reizen gemacht haben. Innerhalb kürzester Zeit können die meisten von ihnen mit einem Cochlea-Implantat fast so gut hören, wie gesunde Kinder (Quelle: Deutsche Cochlea Implantat Gesellschaft e. V.). Das Implantat wird nach kurzer Zeit Teil des Körpers.

Bei einer hohen Querschnittslähmung (Tetraplegie) können Patient*innen weder Arme noch Beine bewegen. Das Gehirn dieser Patient*innen ist völlig intakt und kann im motorischen Cortex immer noch Signale erzeugen, die bei einem Gesunden über das Rückenmark an die Muskeln geleitet würden. Da das Rückenmark jedoch geschädigt ist, kommen diese Signale nicht an. Eine Möglichkeit diesen Patient*innen zu helfen, ist es, Elektroden-Arrays direkt in die Bereiche des Cortex zu implantieren, die für die Bewegungsausführung zuständig sind (z. B. motorischer Cortex, premotor Cortex oder auch der parietale Cortex). Diese Elektroden nehmen die neuronale Aktivität auf und ein Decoder verarbeitet diese Information. Der Decoder hat die Aufgabe zu lernen, wie die Signale der Neurone zu Bewegungsintentionen in Beziehung stehen (Aflalo 2015). Hierzu werden Algorithmen des maschinellen Lernens, und in jüngster Zeit auch besonders DL Methoden, verwendet. Die dekodierten Signale dienen zur Steuerung eines Effektors, z. B. eines Roboterarms oder eines Exoskeletts, welcher die Bewegungen ausführt, die bei gesunden Menschen die Muskeln, z. B. der gelähmte Arm, der zu behandelnden Person ausführen würden (Collinger 2013). Ein solches System wird auch als Brain-Computer Interface (BCI) bezeichnet, weil es eine direkte Kopplung des Gehirns mit einem Computer realisiert. Da hier Signale aus dem Gehirn ausgelesen werden, um ein externes Gerät zu steuern, handelt es sich praktisch um das Gegenstück zu einer sensorischen Prothese, wie dem Cochlea-Implantat. Beide Systeme können aber auch kombiniert werden, so dass Patient*innen, die gelähmt sind und zusätzlich auch keine somatosensorischen Signale aus ihren Armen und Beinen erhalten (kompletter Querschnitt) wieder etwas spüren können (Flesher 2016). Bei einem solchen bidirektionalen BCI ist z. B. der gesteuerte Roboterarm zusätzlich mit berührungsempfindlichen Sensoren ausgestattet. Wird Berührung registriert, so stimulieren Elektroden im somatosensorischen Cortex und der*die Patient*in hat den Eindruck, als würde er*sie an der entsprechenden Stelle berührt. Durch diese Technologie wird auch ein „Gehirn im Tank" Szenario denkbar, welches unten genauer beschrieben wird.

In der Neurowissenschaft ist seit längerem bekannt, dass auch verschiedene Werkzeuge in das Body Schema – also unsere innere Repräsentation des eigenen Körpers – eingegliedert werden können (Maravita 2004), wenn sie über lange Zeit und kontinuierlich gebraucht werden. Da in den meisten Fällen diese Werkzeuge kein fester Bestandteil des Körpers sind, ist uns dies oft nicht bewusst. Implantate und Prothesen jedoch sind permanent mit dem Körper verbunden und haben so das Potential, vollständig in unser Body Schema integriert zu werden.

In der Body Hacking Szene gibt es Bestrebungen, durch die Verwendung von Implantaten und Prothesen über die angeborenen Fähigkeiten des Menschen hinauszugehen. Es wird versucht, neue Sinnesorgane, wie z. B. einen Magnetsinn, in unserem Körper zu integrieren. Die Forschung zum Body Schema zeigt, dass es tatsächlich möglich ist, solche neuen Sinne zu integrieren, wenn sie regelmäßig genutzt werden. Unser Gehirn ist ein extrem anpassungsfähiges Informationsverarbeitungssystem, welches sowohl mit Ausfällen, z. B. durch Verletzungen oder Alter, als eben auch mit geänderten oder neuen Reizen umgehen kann.

Wie verhält es sich mit unserer Person, unserem Bewusstsein und unserem „Ich"? Über unser gesamtes Leben hinweg lernen wir kontinuierlich und dieser Prozess, neues Wissen zu integrieren, verändert uns dabei permanent. Die Person, die ich heute bin, ist nicht dieselbe wie vor zehn Jahren und sie wird in zehn Jahren erneut eine andere sein. Neue Erkenntnisse oder Erfahrungen können fundamentale Änderungen auch in grundsätzlichen Einstellungen einer Person hervorrufen. Es gibt zwar bestimmte Persönlichkeitseigenschaften, die als relativ stabil gelten, doch auch diese können sich durch das Lernen, Training, neurochemische Änderungen oder auch Verletzungen im Gehirn ändern. Gut dokumentiert sind z. B. Persönlichkeitsveränderungen nach Schlaganfällen, Demenz und Traumata (Macmillan 2000).

Während Training und Lernen meist von einem selbst initiiert werden und Veränderungen erst über längere Zeit erfolgen, gibt es einige Methoden der direkten Stimulation des Gehirns, die auf kürzeren Zeitskalen operieren. Die Tiefenhirnstimulation wird z. B. dazu verwendet, Symptome der Parkinson-Krankheit zu behandeln, wenn die medikamentöse Intervention nicht mehr wirkt. Hierbei werden lange Elektroden in tiefere Hirnstrukturen (häufig Internal Globus Pallidus und Subthalamic Nucleus) geschoben und stimulieren dort das Nervengewebe. Je nach Stimulationsstärke und genauer Position kann es durch die Stimulation in wenigen Fällen auch zu Persönlichkeitsänderungen kommen (Pham 2015). Diese treten in der Regel nur dann auf, wenn das Gerät angeschaltet ist. Hier ist die Wechselwirkung zwischen einem externen System und der eigenen Persönlichkeit besonders intim. Die sogenannte Neuromodulation, zu der auch die Tiefenhirnstimulation zählt, umfasst Stimulationstechnologien, die durch eine elektrische Anregung des Gehirns Einfluss auf verschiedene kognitive Eigenschaften nehmen, wie z. B. Aufmerksamkeit oder Aggressivität. Ein Pionier auf diesem Gebiet war José Delgado, der in einem spektakulären Auftritt einem Stier gegenübertrat, welchem er zuvor Elektroden in einem Bereich des Gehirns (Caudate Nucleus) implantiert hatte. Als der Stier auf ihn zu rannte, stimulierte Delgado das Gehirn mit einer Fernsteuerung, was dazu führte, dass das Tier den Angriff abbrach. Delgado war ein Vertreter der Idee, dass wir als Menschheit neurotechnologische Mittel einsetzen sollten, um die Gesellschaft positiv zu beeinflussen, was er in einem späteren Buch vertiefte (Delgado 1969). Dass wir durch künstliche elektrische Stimulation sensorische Wahrnehmungen erzeugen, aber auch z. B. Gefühle und Erinnerungen an die Oberfläche bringen können, ist sogar noch länger bekannt. Der Neurochirurg Wilder Penfield, der sich auf die Behandlung von Epilepsie spezialisierte, stellte bei sogenannten Wachoperationen, bei denen die Patienten zeitweise nicht unter Vollnarkose stehen, fest, dass die Stimulation bestimmter Hirnregionen bestimmte sensorische Wahrnehmungen (aber auch Erinnerungen und Gefühle) auslösen können.

Wir können davon ausgehen, dass in naher Zukunft weitere ähnliche Neuroprothesen entwickelt werden, die bestimmten Ausfällen unseres Gehirns entgegenwirken. Ein Beispiel hierfür ist der künstliche Hippocampus (Hampson 2012). Dieses Implantat soll den Ausfall oder eine Schädigung des Hippocampus kompensieren. Der Hippocampus ist ein Teil des Gehirns, der speziell für die Bildung neuer Gedächtnisinhalte wichtig ist. Durch verschiedene Demenzerkrankungen, wie z. B. Alzheimer, kann die Funktion des Hippocampus eingeschränkt sein. Der künstliche Hippocampus besteht aus Elektroden, die sowohl an den Eingängen des Hippocampus neuronale Aktivität messen als auch an den Ausgängen des Hippocampus stimulieren können. Ein Machine Learning Algorithmus, welcher selbst die Aktivitätsmuster, die bei den Eingängen auftauchen und zu einem Output-Muster gehören, erlernt, kann nun künstlich die Antworten des Hippocampus replizieren. In einem Mausmodell wurde bereits gezeigt, dass bestimmte Erinnerungsprozesse mit dem künstlichen Hippocampus verbessert werden können (Berger 2011). Auch hier ist es denkbar, dass derartige Implantate in der Zukunft Erinnerungsfähigkeiten beim Menschen erlauben, die über das normale Maß hinausgehen.

Neuronale Implantate könnten es in der Zukunft auch ermöglichen, neuartige Formen der Kooperation nicht nur zwischen Mensch und Maschine, sondern auch zwischen mehreren Menschen zu verwirklichen. In einem BCI Experiment mit zwei Affen konnte gezeigt werden, dass diese gemeinsam Aufgaben lösen können (Ramakrishnan 2015). Nicolelis spricht in diesem Zusammenhang von einem Brainnet, also einem Netzwerk von kooperierenden Gehirnen. Es ist auch möglich, direkt aus den Teilen des Gehirns, welche für die Sprachverarbeitung zuständig sind, Sprache auszulesen (Kellis 2010). Vermutlich ist es ebenso möglich, gesprochene Sprache so direkt wieder in das Gehirn zu schreiben, wozu es bisher aber noch keine Beispiele gibt. Wäre diese Möglichkeit gegeben, könnte die Kommunikation zwischen Menschen ganz ohne direkte Lautäußerung möglich sein – eine Art von elektronischer Telepathie.

4. Gehirn und Realität

In der Neurowissenschaft ist es schon lange bekannt, dass das Gehirn nur auf Nervenimpulse reagiert, egal ob diese natürlichen oder künstlichen Ursprungs sind, wie bereits weiter oben beschrieben. Unser Seheindruck z. B. entsteht dadurch, dass die Nervenzellen in unserem Auge Impulse (Aktionspotentiale) an das Gehirn senden. Es ist aber irrelevant, ob die Nervenzellen im Auge durch Licht angeregt werden oder anders stimuliert werden. Dies kann man selbst sehr leicht ausprobieren, indem man (vorsichtig!) von der Seite mit dem Finger auf sein geschlossenes Auge Druck ausübt. Hierdurch entsteht ein Lichteindruck (meist ein unförmiges buntes Muster). Viele Experimente mit Elektrostimulation zeigen, dass dies auch für andere Sinne der Fall ist. Umgekehrt werden die Muskeln in unserem Körper durch elektrische Impulse vom Gehirn angeregt und erzeugen so unser sichtbares Verhalten. Hieraus kann man allgemein folgern, dass es prinzipiell möglich sein sollte, mit entsprechend weit entwickelter BCI Technologie eine künstliche Realität (Virtual Reality) zu erzeugen. Anstatt dass sensorische Reize von außen auf unsere Sinnesorgane treffen, würden Sinneseindrücke direkt durch elektrische Stimulation der entsprechenden Hirnareale erzeugt. Gegenteilig würde nun ein virtueller Körper direkt durch ausgelesene Signale aus dem Gehirn (z. B. aus dem Motor Cortex) gesteuert. So wäre hypothetisch nur noch ein Gehirn in einem Tank notwendig, während die restliche Realität in einem Computer simuliert würde (brain in a vat Theorie). Diese könnte möglicherweise so realistisch wirken, dass sie für eine Person nicht von der „echten" Realität unterscheidbar wäre. Weiterhin könnte man nun argumentieren, dass somit nicht ausgeschlossen werden kann, dass dies gerade jetzt schon der Fall ist. Ein Szenario welches in der Science-Fiction-Literatur (z. B. Frederik Pohl, Greg Egan) und in Filmen wie z. B. „Matrix" oder „13. Floor" bereits ausgiebig behandelt wurde. Die Idee ist sehr ähnlich zum Simulation Argument, welches von Nick Bostrom aufgestellt wurde (Bostrom 2003). In Bostroms Argument wird auch das Gehirn selbst, als informationsverarbeitendes System simuliert und die Frage gestellt, wie wahrscheinlich es ist, dass die Realität in der wir leben eine Simulation ist. Ob ein Gehirn komplett digital simuliert werden kann, ist eine umstrittene Frage, die bisher nicht gänzlich geklärt werden konnte. Es gibt verschiedene Forschungsprojekte, in denen versucht wird, Teile oder sogar das ganze Gehirn zu simulieren (siehe z. B. Blue Brain Projekt). Aus neurowissenschaftlicher Sicht kenne ich kein gutes Argument, warum dies nicht prinzipiell möglich sein sollte. Aufgrund der Subjektivität, die hier zum Tragen kommt, wird sich die Frage vermutlich nie vollständig zufriedenstellend beantworten lassen. Die Entwicklung von starker KI (AGI, siehe weiter oben), die über menschenartiges Verhalten verfügt, könnte diese Annahme aber zumindest wahrscheinlicher machen.

Literatur

BERGER, THEODORE W. u. a. (2011), A cortical neural prosthesis for restoring and enhancing memory, in: Journal of Neural Engineering 8(4), o. S.
BOSTROM, NICK (2003), Are you living in a computer simulation?, in: The philosophical quarterly 53(211), 243–255.
BOTVINICK, MATTHEW / COHEN, JONATHAN (1998), Rubber hands 'feel'touch that eyes see, in: Nature 391, 756.
BROWN, TOM B. u. a. (2020): Language models are few-shot learners. Online unter: https://arxiv.org/pdf/2005.14165.pdf [12.04.2022].

CLARK, ANDY / CHALMERS, DAVID (1998), The extended mind, in: Analysis 58(1), 7–19.
COLLINGER, JENNIFER L. u. a. (2013), High-performance neuroprosthetic control by an individual with tetraplegia, in: The Lancet 381(9866), 557–564.
DELGADO, JOSÉ M. R. (1969), Physical control of the mind: Toward a psychocivilized society. New York.
FLESHER, SHARLENE N. u. a. (2016), Intracortical microstimulation of human somatosensory cortex, in: Science Translational Medicine 8(361), 141.
HAMPSON, ROBERT E. u. a. (2012), Facilitation and restoration of cognitive function in primate prefrontal cortex by a neuroprosthesis that utilizes minicolumn-specific neural firing, in: Journal of Neural Engineering 9(5), o. S.
KELLIS, SPENCER u. a. (2010), Decoding spoken words using local field potentials recorded from the cortical surface, in: Journal of Neural Engineering 7(5), o. S.
MACMILLAN, MALCOM (2000), Restoring phineas gage: a 150th retrospective, in: Journal of the History of the Neurosciences 9(1), 46–66.
MARAVITA, ANGELO / ATSUSHI, IRIKI (2004), Tools for the body (schema), in: Trends in Cognitive Sciences 8(2), 79–86.
MATTHEW, FISHER u. a. (2015), Searching for explanations: How the Internet inflates estimates of internal knowledge, in: Journal of Experimental Psychology: General 144, 674–687.
PETERSON, NATHANIEL R. u. a. (2010), Cochlear implants and spoken language processing abilities: Review and assessment of the literature, in: Restorative neurology and neuroscience 28(2), 237–250.
PHAM, UYEN, u. a. (2015), Personality changes after deep brain stimulation in Parkinson's disease, in: Parkinson's Disease 29, o. S.
RAMAKRISHNAN, ARJUN u. a. (2015), Computing arm movements with a monkey brained, in: Scientific Reports 5(1), 1–5.
RAMESH, ADITYA (2021), Zero-shot text-to-image generation, in: PMLR 139, 8821–8831.
SCHRITTWIESER, JULIAN u. a. (2020), Mastering atari, go, chess and shogi by planning with a learned model, in: Nature 588, 604–609.
SILVER, DAVID u. a. (2017), Mastering the game of go without human knowledge, in: Nature 550, 354–359.
TYSON, AFLALO u. a. (2015), Decoding motor imagery from the posterior parietal cortex of a tetraplegic human, in: Science 348(6237), 906–910.
WEGNER, DANIEL M. u. a. (1985), Cognitive interdependence in close relationships, in: Ickes, William (Hg.), Compatible and incompatible relationships, New York, 253–276.
YOUYOU, WU u. a. (2015): Computer-based personality judgments are more accurate than those made by humans, in: Proceedings of the National Academy of Sciences 112(4), 1036–1040.

Vermenschlichung der Technik?
Die Interaktion von Menschen und künstlicher Intelligenz in alltäglichen Kontexten

Johannes Weyer

1. Soziologische Zugänge zu intelligenter Technik

Die Frage, welche Rolle Technik in modernen Gesellschaften spielen wird bzw. spielen soll, stellt sich mit jeder neuen Technikgeneration erneut. Die Dampfmaschine, das Telefon, das Automobil und der Computer haben die Gesellschaft geprägt und massive Veränderungen ausgelöst, die sich in Wirtschaft und Gesellschaft, aber auch im privaten Alltag manifestiert haben.

Künstliche Intelligenz schickt sich nunmehr an, das Verhältnis von Mensch und Technik erneut zu revolutionieren. Denn mit diesem neuen Typus von Technik geht das Versprechen einher, intelligente Maschinen zu entwickeln, die nicht nur eigenständig Probleme lösen, sondern darüber hinaus in der Lage sind, aus Erfahrungen zu lernen und auf diese Weise ihre Fähigkeiten weiterzuentwickeln. Was dem einen als Verheißung gilt, erscheint dem anderen als eine gespenstische Vorstellung, geht damit doch das Versprechen – bzw. die Bedrohung – einher, dass Maschinen dem Menschen immer ähnlicher werden und zunehmend Verhaltensweisen entwickeln, die nicht bzw. nur schwer vorhersehbar sind.

1.1 Die Perspektive der Soziologie

Der soziologische Zugang zu dieser Thematik unterscheidet sich von dem der Ingenieur*innen und Informatiker*innen wie auch dem der Philosoph*innen und Theolog*innen insofern, als er den Blick auf das „handelnde Zusammenwirken" (Schimank 2010) richtet. Soziolog*innen interessieren sich nicht (bzw. nur am Rande) dafür, was in den Köpfen der einzelnen Menschen vorgeht; dies ist Thema der Psychologie. Sie interessieren sich ebenfalls nicht (bzw. nur am Rande) dafür, wie Menschen vernünftigerweise entscheiden sollten; damit beschäftigt sich unter anderem die Ökonomie. Und Fragen der Moral delegieren Soziolog*innen gerne an die Philosophie oder die Theologie.

Denn ihr Interesse gilt vor allem den sozialen Interaktionen der Menschen sowie den daraus resultierenden sozialen Dynamiken. Soziolog*innen schauen darauf, wie unterschiedliche Menschen in ihren Handlungen wechselseitig Bezug aufeinander nehmen und so soziale Strukturen schaffen – in der Familie, in der Schule, im Unternehmen, im Sportverein, in einer sozialen Bewegung – und wie umgekehrt die einmal geschaffenen sozialen Strukturen das Handeln der Menschen prägen (Berger / Luckmann 1980; Esser 1993).

1.2 Mensch und Technik

Der soziologische Blick richtet sich seit geraumer Zeit auch auf die Technik und das Zusammenwirken von Mensch und Technik. Wer telefoniert, wenn wir ein Telefonat führen statt von Angesicht zu Angesicht miteinander zu sprechen? Das Telefon alleine? Gewiss nicht. Der Mensch alleine? Ebenfalls nicht, denn sie*er wäre aus eigener Kraft nicht in der Lage, ein Telefonat zu führen. Soziolog*innen, die sich in der Subdisziplin der Techniksoziologie mit derartigen Themen befassen, haben sich daher angewöhnt, von soziotechnischen oder verteilten oder hybriden Systemen zu sprechen (Weyer 2008). Mit diesen Formulierungen tragen sie der Tatsache Rechnung, dass die Menschen – eigentlich bereits seit Beginn der menschlichen Zivilisation – nicht allein auf dieser Welt sind, sondern ihren privaten und beruflichen Alltag wie auch ihr gesellschaftliches Leben im Zusammenwirken von Menschen und technischen Geräten organisieren und bewältigen.

Deshalb plädiert der folgende Beitrag für einen Perspektivwechsel auch in der KI-Debatte. Aus Sicht der Soziologie ist es weniger interessant, ontologische Fragen zu diskutieren, etwa *ob Roboter denken* können, *ob* sie eine dem Menschen vergleichbare Intelligenz besitzen und *ob* sie den Menschen eventuell eines Tages überflügeln werden. In soziologischer Perspektive ist es weitaus spannender zu untersuchen, *wie Roboter handeln*, vor allem aber *wie* sie in soziotechnischen Systemen mit Menschen, aber auch mit anderen technischen Geräten interagieren. Der Blick geht also weg von Ob-Fragen und hin zu Wie-Fragen.

1.3 Grenzverschiebungen

Das unaufhaltsame Vordringen intelligenter Technik wirft die Frage nach der Rollenverteilung und einem möglichen Kontrollverlust auf (Weyer 2019a). Schon in den vergangenen Jahrzehnten konnte man eine Grenzverschiebung derart beobachten, dass immer mehr praktische Handlungen, die ursprünglich von Menschen ausgeführt wurden, von technischen Systemen übernommen wurden, z. B. von Automaten wie der Waschmaschine (vgl. Abbildung 1). Autonome bzw. teilautonome Systeme wie der Spamfilter oder der Bremsassistent im

Vermenschlichung der Technik?

Auto treffen sogar Entscheidungen, wie sie bislang ausschließlich dem Menschen vorbehalten waren. Künstliche Intelligenz steht in dieser Tradition, verschiebt die Grenze jedoch noch ein Stück weiter; denn sie beinhaltet die Verheißung, dass technische Systeme eines Tages ganz ohne menschliches Zutun operieren könnten, der Mensch also die Kontrolle vollständig abgeben und als Mitspieler überflüssig werden würde.

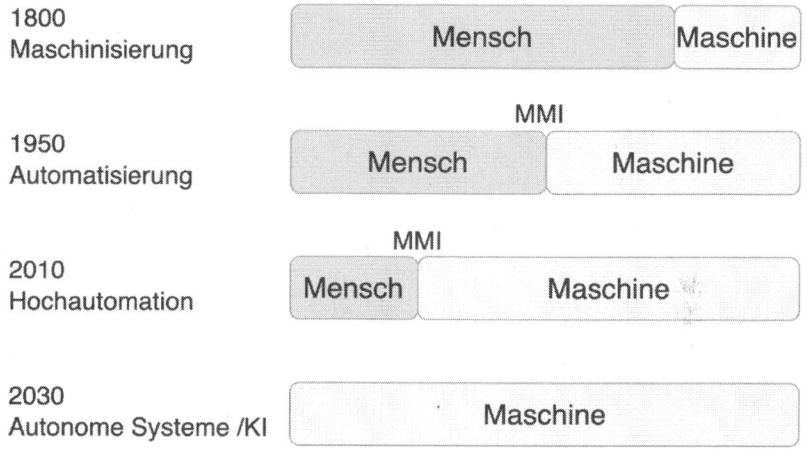

Abbildung 1: Stadien der Automatisierung (eigene Darstellung)

In der Frühphase der Maschinisierung um 1800 war die Maschine ein Hilfsmittel für Arbeiten, die von Mensch und Maschine ausgeführt, aber ausschließlich vom Menschen gesteuert und überwacht wurden (z. B. im Fall der Dampfmaschine). Diese Grenze, an der eine Mensch-Maschine-Interaktion (MMI) stattfindet, verschiebt sich mit der Automatisierung Mitte des 20. Jahrhunderts in dem Maße, in dem die Maschine immer stärker auch an der Prozesssteuerung beteiligt ist (z. B. im Fall der Waschmaschine).

Im Zeitalter der Hochautomation um die Jahrtausendwende ist der Mensch in vielen Fällen nur noch für die Überwachung zuständig (z. B. im Fall des Autopiloten im Flugzeug); und KI-Systeme der Zukunft versprechen eine vollständige Übernahme sämtlicher Funktionen durch die Maschine.

1.4 Grenzen künstlicher Intelligenz

Definiert man künstliche Intelligenz im engeren Sinne, dann meint dies maschinelles Lernen, also lernende bzw. lernfähige Systeme, die durch fortgesetztes Training zu intelligenten Problemlösungen fähig werden (Kersting / Natarajan 2015; Morik 2018; Molina / Garip 2019). In den Bereichen der Luftfahrt bzw. des

Straßenverkehrs, die im Folgenden im Mittelpunkt stehen werden, sind derartige Systeme meines Wissens noch nicht im praktischen Einsatz. Es gibt zudem berechtigte Zweifel, ob derartige Technik in sicherheitskritischen Systemen, in denen es auf nahezu hundertprozentige Zuverlässigkeit ankommt, jemals zum Einsatz kommen wird. Die spezifischen Eigenschaften von KI, unvorhergesehene Lösungen zu generieren, stehen bislang einer Anwendung in der Luftfahrt entgegen, da es hier auf Verlässlichkeit im Sinne verlässlich reproduzierbarer Wenn-dann-Verknüpfungen ankommt. Ob es jemals möglich sein wird, in diesem Bereich Technologien einzusetzen, die noch lernen, also noch nicht „ausgelernt" haben, erscheint zweifelhaft.

Eine Vielzahl von Studien zeigt, wie unzuverlässig KI-Systeme gerade in ihrer Paradedisziplin, der Bildverarbeitung und Mustererkennung, bislang sind, wenn es beispielsweise um die Unterscheidung von Hunden und Katzen geht.[1] Offenkundig ist die KI noch weit von der Einlösung ihrer vollmundigen Versprechen entfernt. Da KI-Systeme nach dem Black-Box-Prinzip operieren, ist es oftmals auch kaum möglich herauszufinden, warum das KI-System ein fehlerhaftes Ergebnis generiert hat. Jürgen Beyerer plädiert daher dafür, KI-Systeme als Grey Box zu konzipieren, die nicht ausschließlich datengetrieben sind, sondern mit Expert*innen-Vorwissen bestückt werden, um offenkundig Unsinniges auszufiltern, die Systeme zu normieren und die Plausibilität von Entscheidungen zu überprüfen (Beyerer / Niggemann 2018).

Da KI-basierte Anwendungen in den Feldern Luftfahrt und Straßenverkehr noch rar sind, geht der folgende Abschnitt zunächst einen Schritt zurück in das Zeitalter der Hochautomation, das in den 1980er Jahren eingeläutet wurde und aktuell noch andauert, und wirft von dort einen Blick in eine mögliche Zukunft.

2. Hochautomatisierte Systeme

Die Luftfahrtbranche ist ein Pionierbranche, in der bereits in den 1980er Jahren Strategien der Hochautomation verfolgt wurden. Der Airbus A320, der 1988 in Dienst gestellt wurde, war der erste Vertreter einer neuen Generation des computergestützten Fliegens, bei der der Bordcomputer die Arbeit der Pilot*innen ganz oder teilweise übernehmen konnte (Weyer 1997). Die Pilot*innen fiel damit die Aufgabe der Überwachung eines hochautomatisierten Systems zu, das die meisten Situationen eigenständig bewältigte und nur im Störfall menschliche Eingriffe erforderte.

---

1   Vgl. die Beiträge von Prof. Dr. Gregor Schiele und Prof. Dr. Eva Schmidt in diesem Band.

2.1 Airbus A320

Die Firma Airbus hat – auch um sich vom Konkurrenten Boeing abzuheben – diese technophile Automationsphilosophie mit besonderem Nachdruck verfolgt und Kontrollmechanismen in die Steuerung des Flugzeugs eingebaut, die verhindern sollten, dass ein Flugzeug aufgrund eines menschlichen Bedienfehlers in eine kritische Situation gerät oder sogar abstürzt. Die revolutionäre Fly-by-wire-Technik übermittelt die Steuerkommandos der Pilot*innen nicht mehr wie zuvor bei hydraulischer Steuerung direkt an die Turbinen, Stellflächen etc., sondern zunächst an den Bordcomputer, der die passenden Werte errechnet, übermittelt und zugleich verhindert, dass gesetzte Limits überschritten werden. In einem Airbus ist es nahezu unmöglich, dass eine Pilot*in das Flugzeug mutwillig zum Absturz bringt.

Die menschliche Bediener*in wurde damit auf die Rolle einer Lückenbüßer*in reduziert – zugleich aber verbunden mit der Erwartung, im Fall der Fälle einzugreifen und mögliche Fehler des Autopiloten zu korrigieren.

Eine Absturzserie von Flugzeugen des Typs A320 in den 1990er Jahren hat jedoch Zweifel aufkommen lassen, ob das computergestützte Fliegen in der von Airbus konzipierten radikalen Form sicher und zuverlässig ist. Manche Flugzeuge wurden vollautomatisch in die Katastrophe gesteuert, ohne dass den Pilot*innen dies bewusst war – so geschehen beim Landeanflug eines A320 auf Straßburg im Januar 1992. Andere Flugzeuge konnten, nachdem sie in eine kritische Situation geraten waren, nicht gerettet werden, weil den Pilot*innen die Eingriffe verwehrt waren, mit denen sie normalerweise derartige Situationen souverän bewältigt hätten – so geschehen beim Landeanflug eines A320 auf Warschau im September 1993.

In anderen Fällen konnte eine Katastrophe nur knapp verhindert werden, weil es den Pilot*innen mittlerweile gestattet war, den Autopiloten kurzfristig abzuschalten und auf manuellen Betrieb umzuschalten – so beim Anflug eines A320 im März 2008 in Hamburg während des Orkans Emma.

In der Rückschau betrachtet, hat Airbus – wie auch die Branche insgesamt – einen Lernprozess vollzogen, der eine vorsichtige Abkehr von überzogenen Automationsstrategien beinhaltete. Zweifellos hat der Bordcomputer das Fliegen sicherer gemacht und dazu beigetragen, etliche kritische Situationen zu bewältigen bzw. zu verhindern. Aber er hat auch neue Probleme an der Mensch-Maschine-Schnittstelle geschaffen, auf die niemand so recht vorbereitet war und für die es bis heute kaum Lösungen gibt.

Zu nennen sind etwa das Vigilanzproblem, also die mangelnde Wachsamkeit der Pilot*innen beispielsweise auf einem Langstreckenflug über den Atlantik, wenn stundenlang nichts passiert und praktisch nicht zu tun ist (zumindest im traditionellen Sinn der manuellen Steuerung eines Flugzeugs). Damit geht oftmals ein überzogenes Vertrauen in Automation einher, also eine zu geringe Kontrolle der automatischen Systeme und eine zu geringe Wachsamkeit.

Auch das Problem der Mode Confusion spielt bis heute bei etlichen Flugzeugunglücken eine fatale Rolle. Die Pilot*innen wissen oftmals nicht, in welchem Betriebsmodus sich das System befindet – auch weil es so programmiert ist, dass es in bestimmten Situationen automatisch von einem Modus in den anderen umschaltet. Dies ist beispielsweise bei einer Landung der Fall, wenn das Flugzeug nach Bodenkontakt vom Flight Mode in den Ground Mode wechselt.

Spätestens als der Chef-Testpilot von Airbus bei einem Flugzeugunglück im Juni 1994 ums Leben kam, war allen Beteiligten klar, dass die technophile Automationsstrategie gescheitert war.

2.2 Boeing und das MCAS

Lange Zeit galt Boeing als das leuchtende Gegenbeispiel eines Flugzeugbauers, bei dem die menschliche Bediener*in immer das letzte Wort hat und die Automation vor allem dazu dient, die Pilot*innen zu unterstützen, nicht aber zu ersetzen. Im persönlichen Gespräch haben Pilot*innen immer hervorgehoben, dass sie eine Boeing-Maschine noch aktiv selbst fliegen (und dies gerne tun), während sie im Airbus eher das Gefühl haben, vom Bordcomputer geflogen zu werden (und dies als wenig befriedigend empfinden).

Zwei Flugzeugabstürze in den Jahren 2018 und 2019 mit dem neuen Modell der Boeing 737 MAX brachten jedoch zum Vorschein, dass auch Boeing dazu übergegangen war, Systeme wie das MCAS in ihren Flugzeugen zu installieren, die unlösbare Konflikte zwischen Pilot*innen und Autopiloten produzierten. Die Boeing 737 war ein niedrig gebautes, gedrungenes Flugzeugmodell aus den 1960er Jahren, dessen technische Grundlage veraltet war und das längst durch ein moderneres Modell hätte ersetzt werden müssen. Man entschied sich aber für eine Weiterentwicklung und stattete die 737 mit modernen, kerosinsparenden Triebwerken aus, die jedoch deutlich größer als die Vorgängermodelle waren. Da der Platz unterhalb der Tragflächen zu knapp war, wurde die Triebwerke leicht versetzt weiter vorne montiert. Der dadurch entstehende Auftrieb wurde durch ein System namens MCAS kompensiert, das im Hintergrund agiert und in die Trimmung des Flugzeugs eingreift. Aufgrund fehlerhafter Input-Signale hat MCAS die damit ausgerüsteten Boeing-Flugzeuge immer wieder in instabile Lagen gebracht und auch die Eingriffe der Pilot*innen „korrigiert" bzw. konterkariert, die versuchten der Automation entgegenzusteuern.

Dabei hat Boeing den Fehler wiederholt, den schon Airbus in den 1980er und 1990er Jahren gemacht hatte, nämlich nicht zu kommunizieren, dass ein derartiges System an Bord ist, wie genau es funktioniert und wie man es im Notfall deaktivieren kann. Indem man die Boeing 737 MAX als praktisch identisch mit dem Vorgängermodell darstellte, hoffte man, auf Akzeptanz bei den Pilot*innen zu stoßen und den Schulungsaufwand zu verringern.

2.3 Fazit

Beide Beispiele – sowohl Airbus als auch Boeing – verweisen auf die Notwendigkeit einer gut funktionierenden Mensch-Maschine-Interaktion (MMI) selbst und gerade in hochautomatisierten Systemen. Dahinter muss zudem eine gut funktionierende Unternehmenskultur stehen, die Wert auf Fragen der Sicherheit legt und die Kommunikation im Unternehmen, aber auch innerhalb der Crews fördert (vgl. Weyer 2019b).

Folgt man den Verheißungen der künstlichen Intelligenz, so könnte all dies bald überflüssig sein, wenn nämlich KI-Systeme unsere Flugzeuge, Autos, Bahnen etc. steuern und damit Eingriffe des Menschen gänzlich überflüssig werden. Es klingt ein bisschen nach Déjà-vu, und die Automationsdebatten der 1980er und 1990er Jahre scheinen sich zu wiederholen.

3. Ein Blick in die Zukunft

KI-Systeme, die lernfähig sind und zu unvorhersehbarem Verhalten in der Lage sind, werden auf absehbare Zeit in sicherheitskritischen Bereichen wie der Luftfahrt nicht zum Einsatz kommen, zu sehr ist die Sicherheitsphilosophie dieser Branche auf Zuverlässigkeit im Sinne von Reproduzierbarkeit von Ereignissen fixiert. Ein Flugzeug, das in eine kritische Situation gerät, welche die Bordsysteme nicht beherrschen, kann sich nicht in einen risikominimalen Zustand begeben, wie es bei SAE-Level 4 der Fall ist, dem zweithöchsten Automationsgrad im Straßenverkehr. Das hochautomatisierte Auto der Zukunft, das nicht weiter weiß, fährt rechts an den Straßenrand und schaltet die Warnblinkanlage an. Dies ist in der Luftfahrt unmöglich.

3.1 Luftfahrt

In der Luftfahrt wird es voraussichtlich weitere Schritte der Automation geben, wie sie sich im militärischen Bereich bereits andeuten. Autonome Kampfdrohnen, die im Irak oder in Afghanistan im Einsatz sind, suchen ihre Ziele selbsttätig und werden aus Leitständen in den USA bzw. Deutschland fernüberwacht.

In zivilen Flugzeugen ist ein Ein-Mensch-Cockpit mit nur noch einer Pilot*in an Bord denkbar, deren Copilot*in in einer Luftverkehrszentrale am Boden sitzt und sich von dort bei Bedarf in mehrere Cockpits zuschalten kann (Borchers / Borchers 2008). Im Notfall könnte die Copilot*in sogar die Fernsteuerung des Flugzeugs übernehmen und damit katastrophale Ereignisse wie den Absturz der Helios-Maschine im Jahr 2005 über Griechenland (mit zwei bewusstlosen Piloten an Bord) oder den Absturz der Germanwings-Maschine 2015 verhindern. Ferngesteuerte Passagierflugzeuge ganz ohne Pilot*innen an Bord wird es vermutlich aus Akzeptanzgründen in absehbarer Zukunft nicht geben.

3.2 Straßenverkehr

Im Straßenverkehr ist die Situation insofern anders, als es die Option des risikominimalen Zustands gibt, also der temporären Außerbetriebnahme des Fahrzeugs. Der Straßenverkehr stellt jedoch ein wesentlich komplexeres Geschehen dar als der Luftverkehr, weil es hier zu einer Vielzahl von ungeplanten und teils schwer vorhersehbaren Interaktionen kommen kann.

Auch wenn das Flugzeug an sich zweifellos ein komplexes System ist, so stellt der Luftverkehr insgesamt ein relativ einfaches, lineares System dar. Die Flugzeuge fliegen auf fest definierten Luftstraßen in sicheren Abständen hintereinander her und werden nicht nur da, wo es enger wird (z. B. in der Nähe von Flughäfen), von Fluglots*innen engmaschig überwacht und geleitet. Unvorhergesehene Ereignisse bzw. plötzliche Begegnungen mit anderen Verkehrsteilnehmer*innen sind eher die Ausnahme. Wenn sie dennoch eintreten, kann der Schaden groß sein.

Der Straßenverkehr hingegen ist ein komplexes System, dessen Zustand sich permanent dynamisch verändert. Autos, Busse, Fahrräder und Fußgänger*innen begegnen sich mit minimalen Abständen, die in der Luftfahrt tabu wären; ständig wechselt die Szene, weil sich das Wetter ändert, die Fahrspuren unterschiedlich markiert sind, ein Auto falsch parkt, die Ampel defekt ist, vor allem aber weil andere Verkehrsteilnehmer*innen im Spiel sind, die das Geschehen auf unterschiedliche Weise mitgestalten. Zudem können im fließenden Verkehr jederzeit unerwartete Ereignisse eintreten.

KI-Systeme kommen hier insofern ins Spiel, als sie in der Lage sind, Bilder zu analysieren und in ihnen Muster zu erkennen, also blitzschnell zu entscheiden, ob es sich um eine*n Radfahrer*in handelt, die trotz Annäherung des eigenen Fahrzeugs die Straße unachtsam überquert, oder lediglich um eine aufgewirbelte Plastiktüte. Auch können KI-Systeme durch „Beobachtung" menschlichen Verhaltens lernen, wie ein*e menschliche Autofahrer*in in bestimmten Situationen reagiert. Derartige Systeme der Mustererkennung sind bereits in der Entwicklung und im Einsatz, und sie werden zweifellos dazu beitragen, den Straßen-, aber auch den Schienenverkehr sicherer zu machen.

Bis all dies zuverlässig funktioniert, ist es jedoch noch ein weiter Weg, wie das Beispiel eines Stop-Schilds zeigt, das mit einem Post-it-Aufkleber teilweise überklebt wurde (vgl. BSI 2022). Schon diese kleine Manipulation, die den meisten Menschen sofort auffällt, führt dazu, dass die KI ein Stoppschild für ein Verkehrsschild hält, das die zulässige Höchstgeschwindigkeit (Tempo 50) anzeigt, und so möglicherweise eine gefährliche Situation provoziert.[2] KI trifft hier offenkundig eine Fehlentscheidung; eine Warnung an die Nutzer*in unterbleibt, und es ist in derartigen Fällen nahezu unmöglich nachzuvollziehen, warum die KI versagt hat. Das Bundesamt für Sicherheit in der Informationstechnik (BSI), von dem das Beispiel stammt, warnt daher vor den Schwachstellen von KI und fordert, dass Technik, die in sicherheitskritischen Bereichen eingesetzt wird, stets ein verlässliches, vorhersehbares Verhalten zeigen muss.

4. Schöne neue Welt?

Selbst wenn es eines Tages gelingen sollte, die Sicherheitsprobleme von KI verlässlich zu lösen, wird dies nicht dazu führen, dass jegliche Mensch-Maschine-Interaktion entfällt, wie es Abbildung 1 (weiter oben) suggerieren mag. Noch befinden wir uns in der Phase der Hochautomation bzw. – im Fall des Automobils – auf SAE-Level 3, auf dem noch eine Interaktion zwischen Fahrer*in und Assistenzsystemen stattfindet.

Sollten autonome Autos eines Tages SAE-Level 5 erreichen, dann könnten etwa Robotaxis flexible On-demand-Dienste anbieten und so dem öffentlichen Personennahverkehr (ÖPNV) neuen Schub verleihen. In dieser höchsten Automationsstufe wird das Fahrzeug zu eigenständigen Problemlösungen in der Lage sein und sämtliche Situationen, auch unvorhergesehene, souverän meistern. Menschliche Eingriffe sind dann nicht mehr nötig – und auch nicht mehr möglich. Der Mensch wird zum*zur Passagier*in, und Mobilität wird auch für die Bevölkerungsschichten möglich, die bislang mit Mobilitätsangeboten schlecht versorgt sind, z. B. weil sie sich kein (Elektro-)Auto leisten können oder weil sie in ländlichen Regionen leben.

Die Mobilität der Zukunft kommt auf den ersten Blick ohne den Menschen aus, der nunmehr an der Steuerung des Fahrzeugs nicht mehr beteiligt ist. Es wäre allerdings ein Trugschluss zu glauben, dass damit keinerlei Mensch-Maschine-Interaktion mehr stattfindet; denn autonome Autos werden anderen Menschen und Maschinen in alltäglichen Kontexten begegnen. Damit verschärft sich Situation in gewisser Weise, weil die Probleme, die man an einer Stelle erfolgreich bewältigt zu haben glaubt, sich nunmehr an anderen Stellen umso deutlich bemerkbar machen. Die Mensch-Maschine-Interaktion verlagert sich in zwei Bereiche, die bislang nur wenig erforscht sind, nämlich in die Interaktion

---

2 Quelle: Bundesamt für Sicherheit in der Informationstechnik (www.bsi.bund.de/DE/Themen/Verbraucherinnen-und-Verbraucher/Informationen-und-Empfehlungen/Wie-geht-Internet/KI-Autonomes-Fahren/ki-autonomes-fahren.html)

zwischen dem autonomen Fahrzeug und seinen Passagier*innen (interne Interaktion) sowie die Interaktion mit anderen Verkehrsteilnehmer*innen (externe Interaktion), z. B. Radfahrer*innen oder Fußgänger*innen (vgl. Abbildung 2).

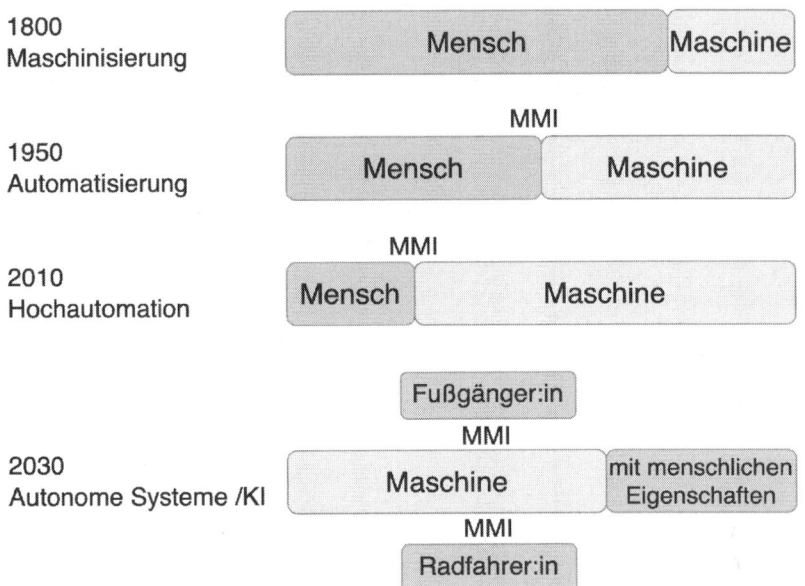

Abbildung 2: Mensch-Maschine-Interaktion im Fall autonomer Systeme (eigene Darstellung)

4.1 Interaktion mit anderen Verkehrsteilnehmer*innen

Man stelle sich folgende Alltagssituation vor: Ein*e Fußgänger*in steht am Straßenrand an einem Fußgängerüberweg („Zebrastreifen") oder an einer Fußgängerinsel, und es nähert sich ein Auto mit Fahrer*in an Bord. Typischerweise wird eine Interaktion stattfinden, die durch Blickkontakt in Gang gesetzt. Danach folgt typischerweise ein Handzeichen („ich winke sie durch") oder ein Blinkzeichen („bitte schön") oder ein lautes Hupen („Platz da, ich komme"). Eine Situation wechselseitiger Unsicherheit wird durch Blickkontakt und nonverbale Interaktion gelöst. Dabei wird auf gewisse Konventionen, aber auch generalisierte Erwartungen zurückgegriffen wie etwa die Erwartungen, dass Autofahrer*innen typischerweise an einem Fußgängerüberweg anhalten und Fußgänger*innen typischerweise die Reaktion ihres Gegenübers abwarten sollten, bevor sie die Straße überqueren.

Noch ist unklar, wie sich diese alltägliche – und nicht einmal sonderlich komplexe – Situation in Zukunft abspielen würde, wenn ein autonomes Auto daran beteiligt wäre. Daimler hat im Rahmen der Arbeiten an seinem Versuchsfahrzeug Mercedes F015 zwei Vorschläge unterbreitet, wie das autonome Fahrzeug mit der Fußgänger*in interagieren könnte: zum einem durch Leuchtsymbole auf einem großen LED-Display an der Fahrzeugfront, die das Durchwinken mit der Hand imitieren, zum anderen durch einen Zebrastreifen, den das autonome Auto vor sich auf die Straße projiziert (vgl. Mercedes 2022 und die dort abgebildeten Straßenszenen).

Beide Varianten setzen voraus, dass zuvor eine Interaktion zwischen Fußgänger*in und Fahrzeug stattgefunden hat, und zwar in beide Richtungen: Die Fußgänger*in muss erkannt haben, dass sich erstens ein Fahrzeug nähert, dass sie zweitens diesem ihren Wunsch signalisieren muss, die Straße zu überqueren, und dass sie schließlich dessen Reaktion abwarten muss, bevor sie es tut. Das Fahrzeug muss seinerseits nicht nur erkannt haben, dass es sich bei dem Objekt am Straßenrand um ein*e Fußgänger*in handelt, sondern auch dass diese die Absicht hat, die Straße zu überqueren, aber bereit ist, ihre Entscheidung davon abhängig zu machen, ob ein Signal gesendet wird, dass die Straße gefahrlos passiert werden kann.

Ein alltäglicher Vorgang, den die meisten Menschen routinehaft und ohne große Vorüberlegungen meistern, muss also in recht aufwändige technische Prozeduren übersetzt werden, die das Problem der wechselseitigen Erwartungserwartungen bewältigen: Ego erwartet von Alter, dass dieser etwas von Ego erwartet, und richtet seine eigenen Aktionen daran aus.

4.2 Erkennen, Verstehen, Vorhersehen

Die Fähigkeit, in Konstellation einer Mensch-Mensch-Interaktion erfolgreich zu handeln, basiert grundsätzlich auf drei Komponenten: dem Erkennen, dem Verstehen und dem Vorhersehen (Endsley / Kiris 1995). Der*die Fußgänger*in muss erkennen, also sinnlich wahrnehmen können, was in der aktuellen Situation passiert (eine Handbewegung), er*sie muss verstehen, was dies bedeutet, also welche Intention das Gegenüber damit verfolgt (ihm*ihr die Straße freigeben), und er*sie muss vorhersehen können, was daraus als nächstes folgt (er*sie hält an und fährt erst wieder los, wenn er*sie die Straße passiert hat). Umgekehrt gilt dies für den*die Autofahrer*in.

Das Ganze funktioniert auf Grundlage des Sinnhorizonts, den die Menschen eines Kulturraums miteinander teilen (Esser 2000; Zange 2018). Wir unterstellen jedem Handeln – und sei es noch so unvernünftig – eine gewisse Sinnhaftigkeit, also auch dem Raser, der mit Tempo 100 durch das Wohnviertel braust. Wir vermuten, dass er*sie es entweder eilig hatte oder seinen*ihren Spaß auf Kosten anderer ausleben wollte oder soziale Anerkennung bei Gleichgesinnten sucht – also Intentionen, die sein Handeln als subjektiv „sinnvoll" erscheinen lassen, auch wenn wir die Motive, die sein Handeln prägen, nicht teilen. Nur so gewinnen wir Orientierung in der Welt, die ansonsten chaotisch und sinnlos wäre; nur so verstehen wir unsere Mitmenschen und deren Handlungen.

Das autonome Auto der Zukunft wird im *Erkennen* von Objekten wahrscheinlich besser sein als der Mensch. Es wird auch niemals ermüden, unaufmerksam sein oder seine Aufgaben vernachlässigen. Vielleicht gibt es auch eines Tages Lösungen für einen virtuellen Blickkontakt. Eine smarte Armbanduhr könnte dem Auto signalisieren, dass sich ein*e Fußgänger*in (ein spielendes Kind, eine sehbehinderte Person) am Straßenrand aufhält und in Richtung Straße bewegt; die Uhr könnte ihre*r Träger*in per Vibration signalisieren, dass sich ein Auto nähert, und über farbige Codes (Ampel-System) anzeigen, ob ein virtueller „Blickkontakt" stattgefunden hat.

Aber schon bei der zweiten Stufe, dem *Verstehen*, also der Interpretation der wahrgenommenen Ereignisse, wird es kompliziert, da die Vielfalt der Möglichkeiten sozialen Handelns und sozialer Interaktion nur schwer in Algorithmen abgelegt werden kann. Wie verhält sich ein autonomes Auto, wenn sich ein*e Fußgänger*in zwar in der Nähe eines Fußgängerüberwegs aufhält, aber keine Absicht erkennen lässt, die Straße überqueren zu wollen? Oder per Handzeichen signalisiert, dass er*sie die Straße nicht passieren, sondern dem Auto den Vortritt gewähren will?[3]

Sicherlich gibt es technische Lösungen auch für derartige Situationen, z. B. einen weitgehend risikominimalen und defensiven Fahrstil autonomer Autos (mit der Konsequenz gelegentlicher Selbstblockade) oder eine Programmierung einer großen Zahl von Handlungsoptionen, die sämtliche nur erdenklichen Varianten antizipieren.

Um Situationen wie am Fußgängerüberweg zuverlässig und erfolgreich zu meistern, müsste ein autonomes Auto jedoch in der Lage sein, das Verhalten menschlicher Personen nicht nur zu interpretieren, sondern auch zu prognostizieren, also *vorherzusehen*, was als nächstes passieren könnte – immer vor dem Hintergrund eines geteilten Sinnhorizonts. Letztlich müssten autonome Autos zu sozialer Interaktion in der Lage sein, also etwas leisten, wozu bislang nur Menschen imstande sind.

4.3   Komplexes Verkehrsgeschehen

Die beschriebene Situation am Fußgängerüberweg ist eine vergleichsweise einfache Konstellation mit nur zwei Teilnehmer*innen in nahezu ruhendem Ver-

---

3   Bei der erster Versuchsfahrt eines autonomen Mercedes, der im Jahr 2013 die historische Strecke von Mannheim nach Pforzheim gefahren ist, trat diese Situation ein, die ein Eingreifen des Begleitfahrers erforderlich machte.

kehr. Und dennoch zeigt sie, wie viele soziale Voraussetzungen erfüllt sein müssen, damit eine Interaktion zustandekommt, die letztlich zu einer erfolgreichen Koordination der Handlungen von Mensch und autonomer Technik führt. Das reale Verkehrsgeschehen auf einer belebten Kreuzung in der Innenstadt mit Fuß- und Radverkehr, Bussen und Bahnen, autonomen und nicht-autonomen Fahrzeugen ist erheblich komplexer und dürfte weitaus schwieriger zu bewältigen sein.

Eine denkbare Option wäre es, die beiden Systeme zu trennen, also autonome Robotaxis auf eigenen Trassen verkehren zu lassen, wo sie nur ihresgleichen begegnen. Oder man könnte die anderen Verkehrsteilnehmer*innen ebenfalls mit smarter Technik ausrüsten, also Fußgänger*innen und Radfahrer*innen mit Geräten ausstatten, die automatisch mit anderen Verkehrsteilnehmer*innen interagieren und Konfliktsituationen wie die Vorfahrt an Kreuzungen entweder interaktiv aushandeln oder dies einer zentralen Leitstelle überlassen (ähnlich wie in der Luftfahrt).

4.4 Interne Interaktion

Alle genannten Zukunftsoptionen – auch die eher futuristischen – sind von der Idee geprägt, den Menschen möglichst weit aus dem Regelkreis herauszunehmen. Sie zeigen jedoch nicht nur, wie schwierig dies ist, sondern dass man die Technik auch immer stärker vermenschlichen muss, ihr also menschliche Züge und Verhaltensweisen antrainieren muss, um dieses Ziel zu erreichen. Der (autonom agierende) Mensch wird zunehmend durch eine (autonom agierende) Maschine ersetzt, die aber ihre Funktionen nur erfüllen kann, wenn sie immer menschlicher wird – im Sinne der Fähigkeit zu sozialer Interaktion und Koordination (sowie zu intelligentem, nicht vorhersehbarem Verhalten).

Diese Vermenschlichung der Technik betrifft auch die Interaktion mit den Passagier*innen im Fahrzeug. Eigentlich könnte man denken, dass dies überflüssig ist, wenn man gefahren wird, also am Prozess der Steuerung des Fahrzeugs – ähnlich wie in Bus oder Straßenbahn – nicht aktiv teilhat. Die Fahrzeuge der Google-Tochter Waymo, die durch Versuchsfahrten und kommerzielle Dienste mit autonomen Fahrzeugen in den USA den größten Erfahrungsschatz hat, sind jedoch gänzlich anders konzipiert (Waymo LLC 2020). Waymo's Fahrzeuge interagieren mit ihren Fahrgästen und erklären, wie sie die aktuelle Situation wahrnehmen und wie sie darauf reagieren werden (S. 35). Diese Form der Transparenz schafft Vertrauen, indem sie dem Menschen die „Sichtweise" der Maschine zugänglich gemacht wird, und macht für die Passagier*innen nachvollziehbar, was gerade passiert und warum dies geschieht. Zudem haben die Fahrgäste vielfältige Möglichkeiten, mit dem Fahrzeug zu interagieren.
Auf diese Weise wird die Maschine menschlicher, denn sie agiert nicht wie ein stoisch-sturer Roboter, der sein Programm unbeirrt abspult, sondern sie tritt

wie ein Mitmensch auf, der das, was er tut, erklärt und begründen kann. Philosophen haben immer wieder darauf verwiesen, dass das Argumentieren im „Raum der Gründe", also die Fähigkeit, die eigenen Aktionen zu begründen und zu rechtfertigen, eine zutiefst menschliche Eigenschaft ist (Sturma 2001; Habermas 1981).

5. Konfliktsituationen

Wenn autonome Autos zunehmend zu sozialen Wesen werden und die Regeln des gesellschaftlichen Zusammenlebens beherrschen, stellt sich die Frage, wie sie in Konfliktsituationen agieren werden, in denen unterschiedliche Regeln und Erwartungen miteinander kollidieren. Man denke beispielsweise an eine schmale Landstraße mit durchgezogener Mittellinie, auf der eine Radfahrer*in unterwegs ist. Dies meisten Menschen wissen, wie sie mit dieser Situation umgehen; ein autonomes Auto, das auf regelkonformes Verhalten programmiert ist, wird hier zwangsläufig scheitern.

5.1 Ethische Dilemmata

Auch wird öfters die Frage gestellt, wie sich ein autonomes Auto angesichts eines unabwendbaren Unfalls verhalten sollte, wenn sich die Alternative eröffnet, entweder mit einer älteren Frau oder mit einer jüngeren Frau mit Kinderwagen zu kollidieren und möglicherweise Personenschäden zu verursachen. Dieses als Trolley-Problem bekannte ethische Dilemma (Hevelke / Nida-Rümelin 2015) geht davon aus, dass autonome Maschinen eines Tages moralische Entscheidungen werden treffen müssen, die von Programmierer*innen insofern antizipiert (und gedanklich gelöst) werden müssen, als sie die Algorithmen entsprechend programmieren müssen: Wenn Alter_Frau$_1$ größer Alter_Frau$_2$, dann entscheide dich für Frau$_1$, ansonsten Frau$_2$ (oder umgekehrt, je nach moralischer Prämisse).

Diese Gedankengänge sind insofern wenig zielführend, als autonome Autos in viel stärkerem Maße als fahrerbetriebene Fahrzeuge in der Lage sein werden, Unfälle zu vermeiden oder wenigstens deren Folgen durch rechtzeitiges Reagieren zu mindern. Dabei sind sowohl eine junge als auch eine alte Frau in erster Linie „Objekte", die es zu schützen gilt. Wie genau das autonome Auto in der spezifischen Situation reagieren wird und in welche Richtung es ausweichen wird, lässt sich genauso wenig vorhersagen wie bei einer menschlichen Fahrer*in. Keine Programmierer*in der Welt wird die oben skizzierte Regel in dieser

Form codieren – auch weil die Sensorik autonomer Autos nicht darauf ausgerichtet ist, das Alter von Fußgänger*innen zu bestimmen.[4]

Zweifellos werden auch autonome Autos Unfälle verursachen, auch solche, deren genauen Verlauf man nicht erklären kann. In der Boulevard-Zeitung wird dann stehen: „Mutter mit Kleinkind von Killer-Auto getötet". Dass die bedauerlichen beiden Toten lediglich zwei von dreißig Menschen sein werden, die im Straßenverkehr der Zukunft – statt momentan ca. 3.000 pro Jahr – getötet werden, wird die Boulevard-Zeitung vermutlich verschweigen. Autonome Technik im Straßenverkehr wird uns der Vision (almost) zero ein ganzes Stück näherbringen – vor allem wenn sich neue Mobilitätsmuster etablieren, die eine Abkehr vom motorisierten Individualverkehr beinhalten.

5.2 Regelkonformität und Regelverstöße

Und dennoch wird es Konfliktsituationen geben, die nur schwer zu lösen sind, weil jede Lösung neue Konflikte produziert, deren Folgewirkungen nur schwer abzuschätzen sind. Andreas Reschka (2015, 508) hat folgende Situation beschrieben, die im Straßenverkehr der Zukunft jederzeit auftreten könnte: An einer zweispurigen Straße mit durchgezogener Mittellinie taucht zwischen zwei am Straßenrand parkenden Fahrzeugen plötzlich ein Fußgänger auf, der so spät zu erkennen ist, dass das autonome Auto nicht rechtzeitig zum Stillstand kommen kann. Es könnte die Situation entschärfen, indem es über die durchgezogene Mittellinie auf die Gegenfahrbahn ausweicht (Option 2), müsste dazu aber eine Regel verletzen. Es stellt sich somit die Frage, ob man dies dem autonomen Auto gestatten sollte, auch weil dies eine schwierig – und moralisch problematische – Güterabwägung beinhalten könnte, die eine Programmierer*in zudem in Software-Code ablegen müsste.

Noch komplizierter wird die Situation im Fall von Gegenverkehr. Das autonome Auto kann Konflikt 1 (mit dem Fußgänger) lösen, indem es eine Regelverletzung begeht und einen weiteren Konflikt 2, nämlich eine Kollision mit dem entgegenkommenden Fahrzeug, provoziert (Option 3). Alternativ könnte es sich für eine kontrollierte Kollision mit parkenden Fahrzeugen (Option 4) entscheiden oder das entgegenkommende Fahrzeug – falls es technisch entsprechend ausgestattet ist – in die Konfliktlösung mit einbeziehen, z. B. durch kooperatives Ausweichen (Option 5).

Diese – weitgehend moralfreie – Dilemma-Situation unterscheidet sich erheblich von dem künstlich aufgebauschten Trolley-Problem; und es ist derzeit unklar, wie Lösungen für derartige Situationen aussehen könnten, in denen einem autonomen Auto das Recht eingeräumt werden müsste, bestehende Regeln

---

4 Anhand typischer Verhaltens- und Bewegungsmuster wäre es sicher möglich, ein Kind von einem*einer Greis*in zu unterscheiden.

zu verletzen und/oder eine Entscheidung zwischen mehreren Handlungsoptionen vorzunehmen, die allesamt schwer abschätzbare Folgen für Dritte mit sich ziehen.

6. Fazit

Wie man es auch dreht und wendet – der Faktor „Mensch" lässt sich nicht so einfach eliminieren, wie es die Verheißungen autonomer bzw. intelligenter Technik gelegentlich glauben machen. Im Gegenteil scheinen die Probleme an der Mensch-Maschine-Schnittstelle nicht einfacher, sondern mit jeder Grenzverschiebung komplizierter zu werden, je mehr die Technik sich anschickt, den Menschen zu substituieren. Denn damit wird sie in einer bislang ungewohnten Weise Teil unseres Alltags.

Damit smarte, intelligente Technik in Zukunft am Alltagsleben teilnehmen kann, muss sie zunehmend menschenähnlicher werden, d. h. immer mehr Aspekte sozialer Interaktion und Kommunikation beherrschen, wie sie bislang nur den Menschen eigen sind. Das heißt nicht zwangsläufig, dass soziale Maschinen in ihrem Aussehen auch menschenähnlicher werden müssen; aber sie müssen in der Lage sein zu verstehen, was wir meinen, wenn wir uns ihnen gegenüber verhalten und/oder mit ihnen in zeichenhafter Sprache kommunizieren (z. B. „einen Vogel zeigen"). Zudem muss autonome Technik einen Weg finden, sich verständlich zu machen, also das, was sie tut, den Menschen gegenüber nicht nur zu präsentieren, sondern auch zu erklären. Ohne dieses Zusammenspiel von Verstehen und Verstanden-Werden (Drewitz 2021 u. a. 2021) werden sich autonome Autos und andere Formen intelligenter Technik in der Gesellschaft nicht zurechtfinden.

Die (Technik-)Soziologie wird nicht umhinkommen, sich mit Wie-Fragen statt mit Ob-Fragen zu beschäftigen. Ob Maschinen denken können, ist weniger relevant als die Frage, wie Maschinen handeln, wie sie sich mit Menschen verständigen und wie sie mit ihnen bei der Lösung praktischer Probleme interagieren, vor allem aber wie sie Konfliktsituationen lösen.

Damit stellt sich abschließend die Frage, wie sinnvoll es ist, diese Entwicklungen voranzutreiben und gesellschaftliche Ressourcen in ein Projekt zu investieren, das letztlich eine paradoxe Situation produziert: Um den Menschen aus dem Loop zu nehmen, vermenschlichen wir die Technik, erreichen aber nie einen Zustand, in dem wir einander Adieu sagen können, in dem also die Technik ohne den Menschen und den Mensch ohne die Technik auskommt.

Es ist also nicht (nur) die Qualität der Sensorik oder der Mustererkennung in Bildern, die darüber entscheidet, ob autonome Technik eines Tages in alltäglichen Situationen und im Zusammenspiel mit Menschen funktionieren wird.

Auch ethische Dilemmata stellen eher ein zu vernachlässigendes Phänomen dar, das wenig Praxisrelevanz besitzt. Entscheidend wird sein, ob autonome Technik zu sozialer Interaktion in der Lage sein wird, und vor allem, ob die Gesellschaft es wünscht, mit Maschinen zusammenzuleben, die menschliche Eigenschaften besitzen.

Literatur

BERGER, PETER L. / LUCKMANN, THOMAS (1980), Die gesellschaftliche Konstruktion der Wirklichkeit. Eine Theorie der Wissenssoziologie, Frankfurt/M.

BEYERER, JÜRGEN / NIGGEMANN, OLIVER (2018), Machine Learning in Automation. in: at-Automatisierungstechnik 66(4), 281–282.

BORCHERS, CARSTEN / BORCHERS, MARTIN (2008), Akteure im Cockpit der Zukunft. Die 4. Jetgeneration der Verkehrsflugzeuge – zunehmende Automatisierung, 11. FHP-Symposium vom 7. – 9. April 2008, St. Märgen.

BSI (BUNDESMINISTERIUM FÜR SICHERHEIT IN DER INFORMATIONSTECHNIK) (2022), Künstliche Intelligenz – das unheimlich autonome Fahrzeug. Welche Risiken bringt autonomes Fahren mit sich?. Online unter: www.bsi.bund.de/DE/Themen/Verbraucherinnen-und-Verbraucher/Informationen-und-Empfehlungen/Wie-geht-Internet/KI-Autonomes-Fahren/ki-autonomes-fahren_node.html [15.02.2022].

DREWITZ, UWE u. a. (2021), Subjektive Sicherheit zur Steigerung der Akzeptanz des automatisierten und vernetzten Fahrens, in: Forschung Im Ingenieurwesen 85(4), 997–1012.

ENDSLEY, MICA R. / KIRIS, ESIN O. (1995), The Out-of-the-Loop Performance Problem and Level of Control in Automation, in: Human Factors 37, 381–394.

ESSER, HARTMUT (1993), Soziologie. Allgemeine Grundlagen. Frankfurt/M.

ESSER, HARTMUT (2000), Soziologie. Spezielle Grundlagen, Bd. 3: Soziales Handeln. Frankfurt/M.

HABERMAS, JÜRGEN (1981), Theorie des kommunikativen Handelns. Bd. 1: Handlungsrationalität und gesellschaftliche Rationalisierung, Frankfurt/M.

HEVELKE, ALEXANDER / NIDA-RÜMELIN, JULIAN (2015), Ethische Fragen zum Verhalten selbstfahrender Autos, in: Zeitschrift für Philosophische Forschung 69(2), 217–224. Online unter: http://dx.doi.org/10.3196/004433015815493721 [12.04.2022].

KERSTING, KRISTIAN / NATARAJAN, SRIRAAM (2015), Statistical Relational Artificial Intelligence: From Distributions through Actions to Optimization, in: KI-Künstliche Intelligenz 29(4), 363–368.

MERCEDES (2022), Der F015 Luxury in Motion. Online unter: www.mercedes-benz.com/de/innovation/autonomous/forschungsfahrzeug-f-015-luxury-in-motion [15.02.2022].

MOLINA, MARIO / GARIP, FILIZ (2019), Machine learning for sociology, in: Annual Review of Sociology 45: 27–45. Online unter: https://doi.org/10.1146/annurev-soc-073117-041106 [12.04.2022].

MORIK, KATHARINA (2018), Schlüsseltechnologie Maschinelles Lernen, in: Digitale Welt 2(4), 22–27.

RESCHKA, ANDREAS (2015), Sicherheitskonzept für autonome Fahrzeuge, in: Maurer, Markus u. a. (Hg.), Autonomes Fahren. Technische, rechtliche und gesellschaftliche Aspekte, Berlin, 489–513.

SCHIMANK, UWE (2010), Handeln und Strukturen. Einführung in eine akteurtheoretische Soziologie, 3. Aufl., München.

STURMA, DIETER (2001), Robotik und menschliches Handeln, in: Christaller, Thomas (Hg.), Robotik. Perspektiven für menschliches Handeln in der zukünftigen Gesellschaft, Berlin, 111–134.
WAYMO LLC (2020) Waymo Safety Report. Online unter: https://storage.googleapis.com/sdc-prod/v1/safety-report/2020-09-waymo-safety-report.pdf [12.04.2022].
WEYER, JOHANNES (1997), Die Risiken der Automationsarbeit. Mensch-Maschine-Interaktion und Störfallmanagement in hochautomatisierten Verkehrsflugzeugen, in: Zeitschrift für Soziologie 26, 239–257.
WEYER, JOHANNES (2008), Techniksoziologie. Genese, Gestaltung und Steuerung sozio-technischer Systeme (Grundlagentexte Soziologie), Weinheim.
WEYER, JOHANNES (2019a), Autonome Technik außer Kontrolle? Möglichkeiten und Grenzen der Steuerung komplexer Systeme in der Echtzeitgesellschaft, in: Christiane Woopen / Marc Jannes (Hg.), Roboter in der Gesellschaft. Technische Möglichkeiten und menschliche Verantwortung, Berlin, 87–109.
WEYER, JOHANNES (2019b), Die Echtzeitgesellschaft. Wie smarte Technik unser Leben steuert, Frankfurt/M.
ZANGE, VOLKER (2018), Soziale Interaktion und Kommunikation mit autonomen Fahrzeugen im Straßenverkehr (Masterarbeit). Dortmund: TU Dortmund.

„Fight at Machine Speed" – Können wir die Gefahren von KI-Krieg eindämmen?[1]

Jürgen Altmann

Wenn moderne Streitkräfte für die Zukunft planen, spielt seit einigen Jahren künstliche Intelligenz (KI) eine wichtige Rolle. Das Ziel ist vor allem, Entscheidungen und Handlungen im Krieg zu beschleunigen, um den Feind durch höhere Geschwindigkeit besiegen zu können. Dabei können auch autonome Waffensysteme (AWS) eine Rolle spielen, die Ziele ohne menschliche Steuerung angreifen würden, d. h. ohne Verzögerungen durch menschliche Reaktionszeiten und langsame Funkverbindungen – Stichworte sind „Kampf mit Maschinengeschwindigkeit" und „Hyperwar" (Heer 2019). KI soll aber auch allgemeine Informationsüberlegenheit bringen, z. B. in der Erfassung der Lage – im Krieg wie in dessen Vorfeld.

Dieser Text widmet sich der folgenden Frage: Wenn Streitkräfte KI für wirksameren und schnelleren Kampf nutzen würden – wäre das gut oder schlecht für die internationale Sicherheit und den Weltfrieden? Die Beurteilung wird negativ ausfallen, daher ist die zweite Frage: Was sollte getan werden, um Gefahren zu vermeiden?[2]

Wer sich fundiert mit der Frage militärischer KI-Nutzung beschäftigen will, braucht einerseits Wissen über Fakten, andererseits Orientierung, d. h. Werte (Altmann 2013a). Im Folgenden werden zunächst in Abschnitt 1 einige Fakten zum Verhältnis von Technik und Krieg und über militärische Forschung und Entwicklung genannt, dann werden in Abschnitt 2 grundlegende Werte in Bezug auf Krieg und Frieden dargestellt. Abschnitt 3 behandelt Fakten und Werte zum internationalen System und zur Friedenssicherung mittels Rüstungskontrolle. Künstliche Intelligenz und ihre mögliche militärische Nutzung werden in Abschnitt 4 dargestellt. Als Beispiel aktueller Entwicklungen geht es in Abschnitt 5 um unbemannte und autonome Waffensysteme. Die möglichen Auswirkungen, auch von sonstigen KI-Anwendungen, sind Gegenstand von Militär-Technikfolgenabschätzung in Abschnitt 6. Abschnitt 7 erläutert, wie ein Verbot autonomer Waffensysteme gestaltet werden könnte. Der Schlussabschnitt 8 wirft einen Blick auf den Weltfrieden.

---

1 Der Text wurde vor der russischen Invasion in die Ukraine verfasst.
2 Der Text ist eine überarbeitete Version von (Altmann 2022). Wiedergabe mit freundlicher Genehmigung der Herausgeber*innen.

1. Neue Technik und Krieg, militärische Forschung und Entwicklung (Fakten)

In der Geschichte wurde jeweils neue Technik auch für den Krieg benutzt (Brodie / Brodie 1973; Scheffran 1983). Beispiele der Antike sind Belagerungsgeräte und Steinschleudern, im Mittelalter hat Leonardo da Vinci Ideen für neue Kriegstechnik entwickelt. Mit dem Schießpulver kamen Kanonen und Gewehre. Der Erste Weltkrieg wurde mit Maschinengewehren und Schlachtschiffen ausgetragen, Telegraphen traten an die Stelle von reitenden Boten und Brieftauben; es gab erste Flugzeuge und Panzer; ein deutscher Chemiker, Fritz Haber, entwickelte Giftgasapparate und überwachte den Einsatz (Stoltzenberg 1994). Im Zweiten Weltkrieg wurden Forschung und Entwicklung deutlich stärker einbezogen, Stichworte sind hier Raketen, Radar, Atombomben und Ver- bzw. Entschlüsselung. Der Krieg hinterließ zerstörte Städte – v. a. in Deutschland, aber der Bombenkrieg war durch Nazideutschland begonnen worden, unter seinen Zielen waren Guernica, Coventry und Antwerpen.

Eine besondere Rolle spielte das deutsche Raketenprogramm (Eisfeld 1996), in dem unter Leitung von Wernher von Braun zwischen 1933 und 1945 mehrere Typen entwickelt wurden (A1 bis A4, letzterer wurde unter dem Namen Vergeltungswaffe 2 (V2) bekannt). Die Rakete war 14 m lang und konnte eine Nutzlast von 1000 kg über 250 bis 300 km transportieren. Die Raketen wurden von insgesamt 40.000 Zwangsarbeitenden bei Nordhausen gefertigt, insgesamt starben dabei 6.000 Menschen. 1945 holten die USA viele der Forscher/Entwickler in die USA, wo sie auf der Basis der V2 die Redstone-Rakete entwickelten. Einige wurden auch in die Sowjetunion geholt, wo sie die Scud-Rakete entwickelten, die dann später in viele Länder exportiert wurde und als Basis für eigene Weiterentwicklungen diente.

In den USA und der Sowjetunion wurden dann Langstreckenraketen entwickelt, die Nuklearsprengköpfe tragen konnten, zunächst von festen Positionen auf Land gestartet, dann auch von Unterseebooten aus. Damit verbunden war die Entwicklung von Weltraumraketen, zunächst für Satelliten, die von Anfang an auch militärische Aufgaben hatten.

Auch die Atombombe hat Bezüge zu Deutschland. Ende 1938 entdeckten Otto Hahn und Fritz Straßmann in Berlin die Kernspaltung. Sie wurde durch Lise Meitner und Otto Frisch als solche gedeutet, und bald zeichnete sich die Möglichkeit einer Kettenreaktion mit Freisetzung von Energie ab, die hunderttausendfach über der herkömmlicher Sprengwaffen liegt. Aus Furcht vor einer Atombombe in der Hand von Nazideutschland starteten die USA 1942 ein eigenes Forschungs- und Entwicklungsprogramm (das „Manhattan Project" (Reed 2014)), in dem die Elite der Kernphysiker (einige waren vor den Nazis geflohen) intensiv an der Bombe arbeitete. Das führte zu drei Bomben, von denen die eine im Juli 1945 in New Mexico getestet wurde, die anderen beiden wurden am 6. August 1945 auf Hiroshima bzw. am 9. August 1945 auf Nagasaki abgeworfen. Das Manhattan Project umfasste 150.000 Personen. Es gilt als das erste Großforschungsprogramm und diente in den Grundzügen als Vorbild für spätere – auch zivile – Großforschungszentren.

In der Geschichte brachte technischer Vorsprung einer Seite in vielen Fällen militärische Vorteile, aber es gab und gibt keine Garantie für den Sieg. Erst seit dem Zweiten Weltkrieg wurde Wissenschaft systematisch und in großem Stil für den Krieg eingesetzt. Im Kalten Krieg wurde das erheblich ausgeweitet, Wissenschaft und Technik wurden zu zentralen Faktoren im strategischen Rüstungswettlauf zwischen USA und UdSSR.

In diesem Wettlauf gaben diese Hauptmächte, aber auch andere Industrie- und Schwellenstaaten, erhebliche Mittel für ihre Streitkräfte aus. Das ist auch heute noch der Fall; darin führen die USA bei Weitem, sie trugen 2020 mit 778 Mrd. $ 39 % der weltweiten Militärausgaben (SIPRI 2021). Bei militärischer Forschung und Entwicklung ist der Anteil der USA mit 85 Mrd. $ (2020) sogar etwa zwei Drittel.[3] Die Nuklearwaffenstaaten Frankreich und Großbritannien liegen zehn- bis zwanzig Mal darunter. Deutschland liegt zwischen diesen beiden.[4] Ein Hauptgrund für die hohen US-Aufwendungen ist, dass die USA militärtechnische Überlegenheit anstreben:

> DOD Research and Engineering (R&E) programs need to create, demonstrate, and partner in the transition to operational use of affordable technologies that can provide a decisive military superiority to defeat any adversary on any battlefield. Just as the past superior technologies have enabled an operational advantage for U.S. forces, continued technology development should enable future military superiority (US Department of Defense (DoD) 2012a, Section 8.3).

2. Vom Recht auf Krieg zum Gewaltverbot (Werte)

Über Jahrhunderte gehörte es zum souveränen Recht der Staaten, Kriege zu führen. Die militärische Macht war zentraler Teil des Staatsverständnisses. Allerdings gab es später auch Friedensbestrebungen, das Konzept des Völkerrechts wurde entwickelt, das Rote Kreuz wurde gegründet. Nach dem Erlebnis des Ersten Weltkriegs gründeten die Staaten den Völkerbund in der Absicht, in Zukunft Kriege zu vermeiden. Das war nur begrenzt erfolgreich, insbesondere wurde der

---

3   Berechnet aus Tab. 57, 58 in (OECD 2021).
4   Der zeitliche Verlauf der Gesamtmilitärausgaben wichtiger Länder (bis 2019) und derer für militärische Forschung und Entwicklung (bis 2014) wird in (Altmann 2022) gezeigt, s. auch (Altmann 2017).

Zweite Weltkrieg nicht verhindert. Nach diesem wurde mit den Vereinten Nationen (VN, englisch United Nations, UN) ein neuer Anlauf genommen.

Die Charta der Vereinten Nationen (VN 1945) nennt in Artikel 1 als Ziel, den Weltfrieden und die internationale Sicherheit zu wahren. Artikel 2 schreibt vor, dass die Mitglieder Streitigkeiten durch friedliche Mittel beilegen und die Androhung oder Anwendung von Gewalt unterlassen.

Zur Wahrung des Friedens richteten sie den Sicherheitsrat ein, der nach Artikeln 39–50 bei einer Bedrohung oder einem Bruch des Friedens oder bei einer Angriffshandlung friedliche oder militärische Sanktionsmaßnahmen empfiehlt oder beschließt. Artikel 51 legt fest, dass im Falle eines bewaffneten Angriffs ein Staat das Recht zur individuellen oder kollektiven Selbstverteidigung hat, bis der Sicherheitsrat die erforderlichen Maßnahmen getroffen hat.

Die Generalversammlung der VN soll Grundsätze für Abrüstung und Rüstungsregelung beschließen, und ihr 1. Ausschuss ist der für Abrüstung. Die VN sind das Musterbeispiel eines Systems kollektiver Sicherheit. Allerdings ist der Sicherheitsrat leider auf Grund grundlegender politischer Differenzen und durch das Vetorecht der ständigen Mitglieder oft blockiert, und viele Chartamechanismen zur Friedenswahrung sind nie umgesetzt worden.

Das Grundgesetz für die Bundesrepublik Deutschland (GG 1949/2020) enthält dazu passende Regelungen. Der Bund kann sich zur Wahrung des Friedens einem System gegenseitiger kollektiver Sicherheit einordnen (Art. 24). Die allgemeinen Regeln des Völkerrechtes sind Bestandteil des Bundesrechtes (Art. 25). Handlungen, die geeignet sind und in der Absicht vorgenommen werden, das friedliche Zusammenleben der Völker zu stören, insbesondere die Führung eines Angriffskrieges vorzubereiten, sind verfassungswidrig (Art. 26). Art. 87a legt fest, dass der Bund Streitkräfte zur Verteidigung aufstellt. Als VN-Mitglied ist Deutschland also Mitglied eines Systems gegenseitiger kollektiver Sicherheit. Sehr problematisch ist allerdings, dass das Bundesverfassungsgericht 1994, für die Erlaubnis von Auslandskampfeinsätzen der Bundeswehr, beschlossen hat, die NATO sei ein System gegenseitiger kollektiver Sicherheit. Das stimmt jedoch nicht, denn die NATO ist ein nach außen gerichtetes Verteidigungsbündnis. Sie ist nicht für alle Staaten offen, sie hat keine Sanktionsmechanismen für Angriffe unter den Mitgliedern, sie hat kein überparteiliches Rechtsorgan (Deiseroth 2009).

Diese Betrachtungen behandelten die rechtliche Situation. Moral, Werte, Ethik gehen jedoch über das Recht hinaus. Die rechtliche Lage kann widersprüchlich sein, sie kann hinter ethischen Anforderungen zurückbleiben. Als moralische Grundorientierung kann zunächst gelten: Krieg soll nicht sein; insbesondere Atomkrieg muss verhindert werden. Daran schließt sich sofort die Frage an: Wie kann das erreicht werden? Dafür sind politische Entscheidungen und Handlungen nötig, die in einem demokratischen Prozess debattiert und entwickelt werden müssen. Einige Bausteine zu Politik und Verantwortung werden in den folgenden Abschnitten gegeben.

3. Grundlegende Fragen des internationalen Systems

Im Inneren von (vielen demokratischen) Staaten gibt es eine übergeordnete Autorität, die für die Sicherheit der Bürger*innen sorgt, etwa durch ein Verbot von Waffen für die Allgemeinheit. Das staatliche Monopol legitimer Gewaltausübung stellt sicher, dass die Bürger*innen sich nicht selbst für ihren Schutz bewaffnen müssen und sich weitgehend frei von illegaler Gewaltanwendung fühlen können.[5] Das wird von den Meisten verstanden und für sinnvoll gehalten. Für die Wenigen, die die Regeln brechen, hat der Staat Mechanismen, sie zu verfolgen, vor Gericht zu stellen und nach einem Urteil ggf. in Haft zu bringen.

Das ist im internationalen System anders – im Grund ist es immer noch anarchisch. Keine übergeordnete Autorität mit Monopol legitimer Gewaltausübung gewährleistet die Sicherheit der Staaten vor Angriffen. Jeder Staat versucht, seine Sicherheit durch Drohung mit seinen Streitkräften zu erreichen. In diesem Prozess erhöht er aber in der Regel die Bedrohung für andere Staaten.[6] Im Gesamtsystem verringert sich dadurch die Sicherheit aller Staaten. Das ist das sogenannte Sicherheitsdilemma (Herz 1950).[7] Ein Ausweg ist die freiwillige wechselseitige Begrenzung der Streitkräfte, in der Fachsprache „Rüstungskontrolle" genannt.[8] Sie steht aber in einem Reibungsverhältnis mit dem Ziel des Sieges, sollte dennoch Krieg ausbrechen.

Rüstungskontrolle umfasst ein breites Spektrum, von Abrüstung über Rüstungsminderung bis zu Rüstungsbegrenzung (Müller / Schörnig 2006). Sie wurde für die Nuklearwaffen entwickelt, ist aber für die anderen Waffenarten ebenso wichtig.[9] Rüstungskontrolle hat drei Hauptziele: Kriegsverhütung, insbesondere Stabilität; Schadensbegrenzung im Kriegsfall; Kostendämpfung. Diese sind nicht automatisch stimmig – es sind Waffen und Streitkräftestrukturen möglich, die Schaden begrenzen oder Kosten sparen können, aber Krieg wahrscheinlicher machen. Daher sollte dem ersten Ziel Priorität gegeben werden.

Für die internationale Sicherheit ist die militärische Stabilität der wichtigste Aspekt. Die Situation zwischen potentiellen Gegnern ist stabil, wenn keine Seite

---

5   Das ist in den USA mit dem verfassungsmäßigen Recht der Bürger*innen zum Waffenbesitz zum Teil anders.
6   Eine Ausnahme ist die ausdrückliche Defensivorientierung der Streitkräfte, s. z. B. (Unterseher 2011).
7   Teile davon wirken auch im Inneren der USA.
8   Dabei geht es zunächst nicht um Kontrolle im Sinne von Nachprüfen, sondern im Sinne von Steuern, eine genauere Übersetzung des englischen „arms control" ist „kooperative Rüstungssteuerung".
9   Das sind bei den Massenvernichtungswaffen chemische und biologische Waffen; die sonstigen (mit Geschossen, herkömmlichem Sprengstoff usw.) werden als konventionelle Waffen bezeichnet.

von einem Angriff Nutzen hätte. In einer schweren Krise kann das anders sein: Wenn eine Seite starke Verluste erleiden würde, wenn der Gegner zuerst zuschlagen würde, erzeugt das Motive, selbst als erster „präemptiv" anzugreifen. Diese Krisen-Instabilität bedeutet, dass fehlerhafte Anzeichen von Angriff zum Krieg führen können. Solche Szenarien von Krieg aus Versehen wurden und werden befürchtet in Bezug auf Nuklearwaffen. Die USA und die UdSSR/Russland sehen vor, die eigenen Raketen zu starten, wenn die Warnsysteme signalisieren, Raketen der anderen Seite seien im Anflug. In und nach dem Kalten Krieg gab es etwa ein Dutzend Ereignisse, in denen die Frühwarnsysteme signalisierten „wir werden nuklear angegriffen". Ein berühmter Fall geschah am 26. September 1983, in einer Zeit höchster Anspannung zwischen der Sowjetunion und dem Westen: Oberstleutnant Stanislav Petrov beurteilte die Meldung „5 US-Raketen gestartet" des neuen sowjetischen Frühwarnsystems als Fehlalarm. Hätte er das als Angriffsmeldung weitergegeben, hätte das zu Starts sowjetischer Raketen und zum Atomkrieg führen können (Garber 2013).

Dieselbe Logik gilt auch für konventionelle Streitkräfte – z. B. werden in der Präambel des Vertrags über Konventionelle Streitkräfte in Europa als Ziele benannt:

> in Europa ein sicheres und stabiles Gleichgewicht der konventionellen Streitkräfte auf niedrigerem Niveau als bisher zu schaffen, [...] , Ungleichgewichte, die für Stabilität und Sicherheit nachteilig sind, zu beseitigen (KSE 1990).

Die Alternative zu Rüstungskontrolle ist die Aufrechterhaltung und Stärkung der jeweiligen Streitkräfte in Konkurrenz zu möglichen Gegnern (Abschreckung). Das führt zu Wettrüsten, verringert die Sicherheit und bewirkt höhere Ausgaben für die Streitkräfte.

Vereinbarungen über Streitkräfte können Abrüstung beinhalten. Seit Gründung der VN und in den ersten Gesprächen zwischen USA und UdSSR wurde als Ziel ein „Vertrag über allgemeine und vollständige Abrüstung unter strenger und wirksamer internationaler Kontrolle" angegeben (Bolton 2016). „Allgemein" heißt: alle Staaten, „vollständig" heißt: alle Waffen und Streitkräfte. Dieses Ziel wurde in viele Rüstungskontrollverträge aufgenommen, in der Regel in der Präambel, die den jeweiligen Vertrag in den allgemeineren Rahmen stellt und Wünsche für weitere Regelungen enthält. Durch die Spezifizierung „vollständig" ist angegeben, dass Abrüstung hier Verringerung auf Null meint. Man spricht aber auch schon dann von Abrüstung, wenn Waffen oder Streitkräfte reduziert werden. Für manche Waffenarten wurde Null erreicht, etwa bei chemischen und biologischen Waffen, aber auch bei nuklearen Mittelstreckenraketen und -flugkörpern.[10]

---

10   Durch den sog. INF-Vertrag von 1987 zwischen USA und UdSSR/Russland, der allerdings 2019 gekündigt wurde.

Rüstungskontrollabkommen sind rechtlich verbindliche, internationale Verträge, die einerseits Information und Konsultation, andererseits Beschränkungen und Verbote enthalten. Notwendige (nicht hinreichende) Bedingungen für ihr Zustandekommen sind: Die Sicherheit aller Seiten muss steigen, und Überprüfung („Verifikation") muss sicherstellen, dass die Regeln eingehalten werden bzw. dass eine Verletzung rechtzeitig bemerkt würde. In den ersten Jahrzehnten mussten sich die USA und UdSSR bei der Verifikation auf Satellitenüberwachung verlassen, da sie sich über Inspektionen im Land nicht einigen konnten. Mit Gorbatschows „Glasnost" änderte sich das, ab 1987 wurden sehr ausgefeilte Regeln für Vor-Ort-Inspektionen und erlaubtes Inspektionsgerät vereinbart.

Viele Rüstungskontrollabkommen wurden durch engagierte, internationale Naturwissenschaftler*innen konzipiert, einschließlich der erforderlichen Verifikationsmittel und -methoden. Dabei spielten die Pugwash-Konferenzen eine Hauptrolle.[11] In wichtigen Fällen wurden solche Vorschläge von den Staaten aufgenommen, wenn auch manchmal sehr spät. Auch weiterhin ist naturwissenschaftlich-technische Expertise sehr wichtig, etwa für die alle fünf Jahre stattfindende Überprüfung, ob das Chemiewaffen-Übereinkommen oder seine Umsetzung an die wissenschaftlich-technischen Entwicklungen angepasst werden müssen. Tabelle 1 zeigt die wichtigsten Verträge.

Tabelle 1 Wichtige Rüstungskontrollverträge

Vertrag, Unterzeichnungsjahr, Inhalt
Partieller Atomteststopp 1963 (Verbot von nuklearen Testexplosionen in der Atmosphäre, im Weltraum und unter Wasser)
Nichtverbreitungsvertrag 1968 (Verbot der Weitergabe von Kernwaffen, Gebot für nukleare Abrüstung, Förderung ziviler Kernenergienutzung)
ABM-Vertrag 1972–2002 (Begrenzung von Raketenabwehrsystemen)
SALT 1 1972 (Begrenzung strategischer Waffen)
Biologische-Waffen-Übereinkommen 1972 (Verbot biologischer Waffen)
SALT 2 1979 (Begrenzung strategischer Waffen)
INF-Vertrag 1987–2019 (Abschaffung von Mittelstreckenraketen und -flugkörpern USA, UdSSR)
Offener-Himmel-Vertrag 1990 (Überflüge für Luftbilder) USA bis 2020
START I 1991 (Verringerung strategischer Waffen)
Chemiewaffen-Übereinkommen 1993 (Verbot chemischer Waffen)
START II 1993 (Verringerung strategischer Waffen)
Vollständiger Atomteststopp 1996 (Verbot aller Kernexplosionen)
New START 2010 (Verringerung strategischer Waffen)

---

11 https://pugwash.org/.

In Bezug auf neue Entwicklungen gibt es den Spezialbereich der präventiven Rüstungskontrolle (Altmann 2008). Das sind Verbote oder Beschränkungen militärisch nutzbarer Techniken oder Waffensysteme vor der Beschaffung. Das hat es bisher durchaus gegeben, etwa sind bei den Biologische- und Chemische-Waffen-Übereinkommen (1972 bzw. 1993) schon Entwicklung und Erprobung verboten. Während es solche Waffen schon gegeben hatte, verbot das Laserblendwaffen-Protokoll von 1995 – im Rahmen des VN-Waffenübereinkommens (CCW 1980) – Waffen zum dauerhaften Blindschießen von Personen, noch bevor sie zu Ende entwickelt waren.

Präventive Rüstungskontrolle geschieht in mehreren Schritten. Zunächst werden die technischen Eigenschaften und möglichen militärischen Nutzungen vorausschauend analysiert. Dann werden die Ergebnisse unter verschiedenen Kriterien bewertet, die Rüstungskontrolle, Abrüstung, Völkerrecht, militärische Stabilität sowie Auswirkungen auf Mensch, Umwelt oder Gesellschaft betreffen. Schließlich werden mögliche Beschränkungen und Verifikationsmethoden entworfen. Im Idealfall beginnen dann die Staaten Verhandlungen darüber – was aber leider nur selten passiert.

4. Künstliche Intelligenz und ihre Nutzung in Streitkräften

Die Künstliche Intelligenz (KI) versucht, Computerprogramme zu entwickeln, die Aufgaben erledigen, die bisher intelligentes Verhalten von Menschen erfordert haben.[12] Natürliche Intelligenz – das sind u. a. Sprechen, Verständnis, Lernen, Argumentieren, Selbsterfahrung und Kreativität. KI hat in den letzten Jahren viel erreicht und in manchen Bereichen Menschen überrundet; bekannt sind die Siege von Computerprogrammen über menschliche Weltmeister in Schach und Go. Dennoch ist KI von menschlichem Verständnisniveau weit entfernt. KI-Anwendungen gibt es bei Wissen, Argumentieren, Planen, Verständnis/Verarbeitung von Sprache, Bilderkennung und Robotik. Heute wichtige Felder sind maschinelles und sog. tiefes Lernen sowie das Auswerten großer Datenmengen. Viele Staaten haben Förderprogramme aufgelegt, vor allem für die zukünftige Konkurrenzfähigkeit auf dem Weltmarkt.

Bei maschinellem Lernen wird ein komplexes Computerprogramm mit Speicher „trainiert", indem ihm sehr viele Datenbeispiele eingegeben werden, die es dann in Kategorien einteilen soll. Wie gut das gelingt, wird dann daran gemessen, wie oft neue Daten richtig eingeordnet („erkannt") werden. Das können Rohdaten etwa von Bildern sein, aber auch durch Vorverarbeitung gewonnene

---

12 Z. B. Lämmel / Cleve 2020.

abstraktere Daten (z. B. Verhältnisse bestimmter Abstände in Gesichtern). Die Daten können symbolisch oder statistisch ausgewertet werden. Oft wird ein sogenanntes künstliches neuronales Netz verwendet, das der Signalverarbeitung in natürlichen Nervennetzen, einschließlich der Veränderung der Kopplungsstärken zwischen Neuronen, nachempfunden ist.

Solches maschinelles Lernen und Erkennen ist aber den menschlichen kognitiven Prozessen nicht sehr ähnlich. Insbesondere hat sich gezeigt, dass die maschinellen Verfahren schon durch leichte Veränderungen getäuscht werden können (Ackerman 2017). Ein Hinzufügen leichten Bildrauschens kann dazu führen, dass ein Panda-Bär als ein Gibbon-Affe klassifiziert wird. Mit einigen Klebstreifen auf einem STOP-Schild wird es als Geschwindigkeitsbeschränkungsschild eingeordnet. Menschen dagegen erkennen die dargestellten Inhalte richtig. Offensichtlich wären falsche Einordnungen von Zielen bei KI-gesteuerten Waffensystemen fatal und würden in vielen Fällen Kriegsverbrechen bedeuten.

Bei Streitkräften sind viele weitere KI-Anwendungen denkbar und werden untersucht. Das sind Bereiche wie Logistik, Übungen und Simulation und Gefechtsführung. Besondere Relevanz kann KI bei Cyberkrieg bekommen, eines der Kampffelder, wo Geschwindigkeit entscheidend sein kann und menschliche Steuerung u. U. zu langsam wäre.

Dass KI bei Streitkräften revolutionäre Veränderungen mit sich bringen kann, mit entsprechend weitreichenden Auswirkungen auf die internationale Lage, ist von Strategiebeobachtern erkannt worden:

> Zukünftiger Fortschritt in KI hat das Potential, eine die nationale Sicherheit umformende Technologie zu sein, gleichwertig zu Kernwaffen, Flugzeugen, Computern und Biotechnologie (Allen / Chan 2017, 1).

Auch bei Nuklearwaffen wird über KI-Einsatz nachgedacht. Einsatzfelder könnten sein (Boulanin 2019):
- Frühwarnung – einen nuklearen Angriff erkennen, evtl. schon deutlich vorher Anzeichen, dass er bevorsteht;
- den Angriff charakterisieren;
- den Gegenschlag vorbereiten.

Die Überlegung, dass ein Gegenschlag auch automatisch ausgelöst werden sollte, wird bisher von den Meisten zurückgewiesen.

Mittels KI erzeugte Analysen könnten Menschen unterstützen und zu rationaleren Entscheidungen führen. Sie könnten aber auch den Raum für menschliche Überprüfung verkleinern, insbesondere unter Zeitdruck – und damit einen Atomkrieg wahrscheinlicher machen. Ein besonderes Stabilitätsproblem kann sich bei Nuklear-U-Booten und landbeweglichen Nuklearraketen ergeben. Diese Kernwaffenträger können schon mit konventionellen Explosionen in der Nähe zerstört werden. Sie sind dadurch vor einem entwaffnenden Erstschlag geschützt, dass ihr jeweiliger Ort einem möglichen Gegner nicht bekannt ist. Wenn sie aber durch viele Sensoren und KI-Verarbeitung massiv großer Datensätze geortet werden könnten, könnten sie in einem Erstschlag ausgeschaltet werden. Wenn eine Seite damit rechnen müsste, so ihre Fähigkeit zum nuklearen Zweitschlag zu verliert, hätte sie starke Motive, in einer schweren Krise die eigenen Kernwaffen zu starten, bevor sie getroffen werden könnten. Insgesamt ergäbe sich eine hohe Nervosität mit erhöhter Wahrscheinlichkeit, aufgrund von Fehlalarm oder Fehleinschätzungen einen Atomkrieg auszulösen.

Ein weiteres Problem ist die Verschränkung von konventionellen und nuklearen Waffen. Nuklearwaffen können durch konventionelle Waffen angegriffen werden, andererseits werden Nuklearwaffen als Mittel diskutiert, einen konventionellen Krieg frühzeitig zu beenden. KI-gestützte Entscheidungssysteme und ihre gegenseitige Wechselwirkung könnten auch hier ungewollte Eskalation hervorrufen.

Maschinenlernen braucht große, zuverlässige Datensätze zum Trainieren. Woher können die für Kriegs-KI kommen? Bei Brettspielen lassen sich beliebig viele Abläufe im Computer erzeugen. Echte bewaffnete Konflikte, anhand derer Zielerkennungs- und Gefechtsführungsprogramme trainiert werden könnten, wird es nur wenige geben. Selbstverständlich lassen sich auch hier Abläufe unter Annahme verschiedener Umweltbedingungen sowie gegnerischer Aktionen und Reaktionen simulieren – aber ein realer Gegner könnte sich ganz anders verhalten. Das gilt auch für die gegnerischen Gefechtsführungsprogramme, die man ja nicht kennen kann.

Tendenzen in der Bundeswehr

Auch wenn die Bundesregierung offiziell voll autonome Waffen ablehnt,[13] wird in der Bundeswehr über die Notwendigkeit zur schnelleren Kriegsführung nachgedacht. Das Amt für Heeresentwicklung hat eine Studie „Künstliche Intelligenz in den Landstreitkräften" vorgelegt, in der es u. a. heißt:

> Ein zentrales Element der zukünftigen Gefechtsführung ist die Kombination klassischer Gefechtsführung mit Wellen von Cyberangriffen und Angriffen durch große Mengen automatisiert und autonom gesteuerter Systeme. Dieser Ansatz wird derzeit in der NATO unter dem Begriff ‚Hyperwar' diskutiert. [...]
> Entscheidungen, für die heute im Durchlaufen des militärischen Führungsprozesses teils Stunden zur Verfügung stehen, müssen zukünftig bereits nach Minuten oder gar Sekunden getroffen werden. In der militärischen Fachliteratur wird diese Entwicklung als ‚Fight-at-Machine-Speed' beschrieben. [...]

---

13 Allerdings benutzen das Verteidigungsministerium und in der Folge auch das Auswärtige Amt eine Definition, wonach ein „letales autonomes Waffensystem" nur dann vorliegt, wenn es direkt Menschen schädigt, lernt und Selbsterfahrung entwickelt. Das verlegt solche Systeme in die Zukunft; dagegen werden autonome Waffensysteme ohne diese Eigenschaften schon viel früher möglich werden und die beschriebenen negativen Folgen bringen (Altmann 2019). Ob die neue Koalitionsregierung das ändern wird, bleibt abzuwarten.

> Ein Hyperwar nutzt KI, um eine hohe Anzahl an Wirkmitteln im Verbund einzusetzen. Hierbei wird in Sekundenbruchteilen situativ entschieden, welcher Verbund von Wirkmitteln welche Ziele bekämpft. In solchen sehr intensiven Gefechtsphasen kann ein Mensch die ihm zur Verfügung stehenden Wirkmittel nicht mehr effektiv disponieren und Einzelzielen zuweisen. Die Steuerung der Abwehr muss folglich ebenfalls durch KI erfolgen. Der Truppenführer gibt nach wie vor die Wirkung frei. Er selektiert aber keine Einzelziele mehr, sondern gibt Wirkmitteldispositive für bestimmte Raum-Zeit-Fenster frei. [...]
> Waffensysteme von morgen werden insbesondere im Sensor-to-Shooter-Konzept hochautomatisiert agieren müssen (Heer 2019, 5f.).

Andererseits wird auch betont:

> Die Chancen und Risiken der Digitalisierung von Prozessen auf dem Gefechtsfeld sind bei allen Entscheidungen umfassend zu berücksichtigen. Der Mensch muss die Entscheidungsgewalt über Leben und Tod behalten. Es gilt das Prinzip wirksamer menschlicher Kontrolle (Heer 2019, 8).

Allerdings ist unklar, ob dieser Grundsatz durchgehalten werden kann.

5. Aktuell: Unbemannte und autonome Waffensysteme (Altmann 2020a)

Seit 2001 benutzen die USA bewaffnete Flugzeuge ohne Besatzung an Bord (Kampfdrohnen) gegen Gegner im Mittleren Osten (später auch in Pakistan und Ostafrika), wobei viele Unbeteiligte getötet werden. Die Technik wurde weiterentwickelt, und inzwischen verfügen mehr als 30 Staaten über solche Systeme. Auch wenn sie schon viele Aufgaben automatisch erledigen können – einen vorgegebenen Weg abfliegen, manche können auch selbständig starten und landen – werden Angriffe bisher von menschlichen Bediener*innen ferngesteuert. Kamerabilder und andere Daten werden mit Funk, ggf. über niedrige Satelliten und Transatlantikkabel, an eine Bodensteuerstation übertragen, wo die Steuerpersonen die Situation beobachten und ggf. Flugkörper gegen Ziele am Boden auslösen. Solche Kontrollstationen haben die USA z. B. in der Creech Air Force Base in Nevada, die des Vereinigten Königreichs ist in der Royal Air Force Base Waddington in Lincolnshire. Länder ohne verlässlichen Satellitenfunk benutzen direkte Funkverbindungen mit kürzeren Reichweiten. Deutschland will Kampfdrohnen leasen und hat mit anderen europäischen Ländern Entwicklungsprogramme (EuroMALE und FCAS, s. u.). Auch bei bewaffneten Land- und Seefahrzeugen werden Systeme ohne Besatzung entwickelt und erprobt, auch sie sind i. d. R. beim Schießen noch ferngesteuert. Bei U-Booten wurde von Russland ein erstes, mit Kernwaffen bestücktes System vorgestellt, zur U-Boot-Aufklärung und -Bekämpfung haben die USA ein Prototypschiff entwickelt.

Besondere Wirksamkeit im Kampf wird von Schwärmen bewaffneter Fahrzeuge ohne Besatzung erwartet, die ein Ziel von vielen Seiten gleichzeitig oder getaktet angreifen und z. B. Abwehrmaßnahmen überfordern könnten. Sie könnten sich in der Luft, auf Land sowie auf und unter Wasser bewegen. Die einzelnen Elemente könnten groß sein, dann wären es Dutzende; Schwärme aus kleinen und sehr kleinen Fahrzeuge könnten Tausende von Elementen haben. Eine Reihe von Staaten betreibt Forschung und Entwicklung für Schwarmkriegführung. Beim Einsatz von Schwärmen ist die Steuerung der Angriffe der einzelnen Fahrzeuge durch Menschen praktisch ausgeschlossen.

Der technisch und militärisch nächste Schritt der Entwicklung von Kampfsystemen ohne Besatzung wäre, auch die Angriffe automatisch bzw. autonom ausführen zu lassen. Ziele würden nicht mehr durch Menschen ausgewählt und angegriffen, stattdessen würden diese Aufgaben durch den Steuercomputer an Bord durchgeführt. Das hätte deutliche militärische Vorteile:

- Man würde Personal sparen, wenn ein*e Soldat*in mehrere Kampffahrzeuge steuern bzw. überwachen könnte.
- Schwärme wären praktisch nur mit Autonomie der Elemente möglich.
- Ein Gegner könnte die Kommunikationsverbindungen stören oder zerstören, was ferngesteuerte Angriffe verhindern würde.
- Die Übertragungszeit vom Kampffahrzeug zur Steuereinheit und zurück, die bei großen Entfernungen und vielen Zwischenknoten durchaus einige Sekunden betragen kann, würde ausfallen, ebenso die Reaktions- und Nachdenkzeit menschlicher Steuerpersonen. Solche Verzögerungen bedeuten in stark asymmetrischen Situationen, wie etwa bei US-Drohnen im Mittleren Osten, keinen Nachteil – hier wird von Stunden bis zu Wochen lang beobachtet, bevor ein Angriff entschieden wird. Dagegen können beim Kampf gegen einen etwa ebenbürtigen Gegner und bei kurzer Entfernung schon Sekunden darüber entscheiden, ob die eigenen Systeme ihre Flugkörper noch starten können, bevor sie durch feindliche zerstört werden.

Aus diesen Gründen gibt es einen starken militärischen Druck zu autonomen Angriffen.

Bei den Begriffen gibt es Klärungsbedarf. Oft wird „automatisch" verstanden als vorprogrammierte Handlungen, ggf. auch mit Sensoren, Steuerung und Rückkopplung, die in einer einfachen Umgebung mit einfacher Zielerkennung funktionieren würden und deren Aktionen gut vorhersehbar seien. Als Beispiele kann man Abwehrsysteme gegen Flugkörper oder Flugzeuge nennen, die in einen Automatikmodus geschaltet werden können, etwa das Phalanx-System mit radargesteuerter Maschinenkanone auf Schiffen oder das Patriot-System mit Raketen. Demgegenüber seien „autonome" Systeme solche, die in einer komplexen Umgebung nach möglichen Zielen suchen und diese dann – nach Klassifizierung – auswählen und bekämpfen können. Sie würden ihre Handlungen planen, u. U. auch mit Lernen aus vorherigen Erfahrungen. Ihre Aktionen seien kaum vorhersehbar. Allerdings gibt es zwischen beiden Ausprägungen ein breites

Spektrum von Zwischenstufen. Wenn man ein autonomes Waffensystem (AWS) als eines definiert, das nach Aktivierung ohne weiteren Einfluss eines Menschen Ziele auswählt und bekämpft,[14] fallen auch die vorhandenen Abwehrsysteme mit automatischem Modus darunter. Bei einem Verbot von AWS müssten letztere als Ausnahmen erlaubt werden, da Streitkräfte kaum deren Abschaffung zustimmen würden.

Gibt es schon AWS im spezifischeren Sinn? Ja, genau ein System, die israelische Harpy-Drohne, die in einem Gebiet über viele Stunden nach feindlichen Radarstationen sucht und, wenn sie eine solche erkannt hat, in diese hineinfliegt und dort explodiert. Das ist aber nur eine sehr begrenzte Kategorie von Zielen, die anhand ihrer ausgesandten Strahlung relativ leicht zu erkennen sind.[15] Systeme, die z. B. im Gelände feindliche Kampffahrzeuge erkennen und zuverlässig von zivilen Lastwagen oder Bussen unterscheiden würden, müssten erheblich höhere Anforderungen an die Erkennung und Klassifizierung erfüllen können. Ansonsten gibt es wenige Vorformen von AWS: Flugkörper mit so großer Reichweite, dass eine sie startende*r Pilot*in z. B. nicht mehr das gewünschte Ziel mit einem Laserstrahl markieren könnte. Hier sind u. a. das Long Range Anti-Ship Missile (LRASM) der USA zu nennen. Über viele 100 km kann die Flugdauer eine halbe Stunde betragen, in der sich das Zielschiff schon erheblich weiter bewegt hat; zur besseren Zielerkennung werden Radarsignale und Infrarotbilder kombiniert.

Bei manchen Prototypen von Kampfflugzeugen ohne Besatzung an Bord ist autonomer Angriff zumindest als Möglichkeit mit vorgesehen. Solche Flugzeuge werden u. a. in den USA, im Vereinigten Königreich, in Russland und China entwickelt. Deutschland hat 2018 mit Frankreich und Spanien das Projekt „Future Combat Air System" begonnen, das ab 2035–2040 stationiert werden könnte. Im Hauptflugzeug, dem Next Generation Fighter, soll noch ein Mensch sitzen, es soll aber begleitet werden von mehreren größeren Kampfdrohnen (Airbus 2018). Ob die Angriffe der letzteren noch durch den Menschen gesteuert werden können, ist unklar. Interessant ist, dass eine interdisziplinäre Arbeitsgruppe gegründet wurde, die eine ethische Gestaltung des Systems fördern soll (FCAS Forum 2021). Auch an kleinen und kleinsten, bewaffneten Drohnen wird gearbeitet, insbesondere für Schwärme, einige bringen schon Voraussetzungen für Autonomie im Angriff mit (Pilch u. a. 2021).

---

14 US Department of Defense (2012b), ICRC (2016). Dass ein Verständnis „automatischer Systeme" als „nicht autonom" sehr problematisch ist – etwa in den AWS- bzw. LAWS-Definitionen des Vereinigten Königreichs und Deutschlands, erläutert Altmann (2019).
15 Ein VN-Bericht zu Waffeneinsätzen im libyschen Bürgerkrieg hat festgestellt, dass dort 2020 Truppen mit programmierten Kleindrohnen ohne Fernsteuerung angegriffen wurden; dies könnte der erste echte Einsatz eines AWS gegen allgemeine Ziele gewesen sein (UN 2021, 17, 148).

6. Militär-Technikfolgenabschätzung von AWS und KI

Militär-Technikfolgenabschätzung befasst sich mit den möglichen Folgen der Einführung neuer Waffenarten und sonstiger neuer Militärtechnik, insbesondere für die internationale Sicherheit (Altmann 2008). Wenn man diese für AWS und andere KI-Anwendungen durchführt, findet man eine Reihe von Negativpunkten (Altmann 2013b).

- Bei AWS, wie schon bei ferngesteuerten Waffensystemen ohne Besatzung, sinkt politisch die Schwelle zur Gewaltanwendung in anderen Ländern, da eigene Soldat*innen viel weniger gefährdet würden. Man darf diesbezüglich nicht nur asymmetrische Szenarien wie die gegenwärtigen Drohnenangriffe betrachten, in denen die Drohnen ungefährdet agieren können und kein Zeitdruck besteht – hier sind AWS und KI-Gefechtsführungsprogramme aus militärischer Sicht nicht nötig. Anders wäre es bei einem Kampf gegen einen etwa ebenbürtigen Gegner, und sie werden für einen solchen Krieg entwickelt.
- Bei AWS sind schnelles Wettrüsten und schnelle Weiterverbreitung abzusehen, stärker als schon jetzt bei ferngesteuerten Waffensystemen zu beobachten ist. Kleine AWS würden auch an terroristische und andere kriminelle Gruppen gehen. Wenn erstere durch Staaten entwickelt worden wären, wären sie erheblich ausgefeilter, als wenn terroristische Gruppen sie heimlich „zusammengebastelt" hätten. Insofern hätte ein Verbot unter den Staaten auch Auswirkungen auf nicht-staatliche Akteure, die ja nicht Vertragspartner sein können.
- Was die Einhaltung des Kriegsvölkerrechts betrifft, sind zwei Grundregeln zu betrachten. Erstens muss man beim Kampf zwischen Kombattant*innen und Nichtkombattant*innen bzw. militärischen und nicht militärischen Objekten unterscheiden, nur die je ersteren dürfen angegriffen werden. Zweitens ist Verhältnismäßigkeit gefordert: Wenn bei einem Angriff auf ein legitimes militärisches Ziel auch zivile Personen oder Objekte getroffen würden, darf dieser Kollateralschaden, verglichen mit dem erwarteten militärischen Vorteil, nicht übermäßig sein. Beide Regeln zu befolgen, braucht menschliche Erfahrung und Kontextwissen. Es stellt sich die Frage, ob die vorhersehbare KI in der Lage sein wird, eine Situation oder Handlung auf dem Niveau menschlicher Fähigkeiten zu beurteilen. Das mag in einfachen Situationen vielleicht gelingen (z. B. auf der hohen See, aber auch hier kann es Fehlbeurteilungen geben), in komplexen Situationen ist dies aber auf einige Jahrzehnte nicht zu erwarten. Von daher dürften AWS und autonome KI-Gefechtsführungssysteme eigentlich so lange nicht eingeführt werden,

jedoch könnten Befürchtungen, dass mögliche Gegner einem zuvorkommen, zu einer vorschnellen Stationierung führen.
- AWS könnten die militärische Stabilität verschlechtern: Sie könnten unerkannt tief eindringen und präzise Überraschungsangriffe führen. U. U. könnten AWS, insbesondere auch Schwärme davon, nuklearstrategische Ziele angreifen. Ein besonderes Problem ergäbe sich, wenn sich zwei AWS-Flotten in kurzer Entfernung voneinander befinden (Altmann / Sauer 2017): Sie würden sich gegenseitig bedrohen und intensiv beobachten. Sie müssten auf schnelle Reaktion programmiert sein, d. h. schießen, sobald auf sie geschossen wird; anderenfalls wären eigene Systeme schon zerstört, bevor sie ihre Waffen starten könnten. In einer solchen Situation könnten fehlerhafte Angriffsanzeichen (z. B. ein Sonnenreflex, der als Raketenabgasflamme gedeutet wird, plötzliche unerwartete Bewegungen oder eine allgemeine Fehlfunktion) das Schießen auslösen und in den Krieg führen, den beide Seiten eigentlich (noch) nicht wollten.

Dies zeigt ein grundsätzliches Problem bei KI-gesteuerten militärischen Handlungen: Zwei getrennte Systeme automatisierter Aktion und Reaktion würden miteinander wechselwirken, die aber nie zusammen erprobt werden können. Das Ergebnis solch gegenseitiger Wechselwirkungen kann nicht vorhergesehen werden, aber Eskalation von der Krise in den Krieg bzw. im Krieg zu einer höheren Stufe der Gewaltanwendung ist eine wahrscheinliche Folge. Im zivilen Bereich gibt es viele Erfahrungen mit schnellem Aufschaukeln zwischen verschiedenen Computer-Börsenhandel-Algorithmen. Ein berühmtes Beispiel ist der „Blitzabsturz" an der New Yorker Börse am 6. Mai 2010 (US Commission 2010). Zur Verhinderung solcher Abstürze kann die Börsenaufsicht inzwischen den Hochfrequenzhandel unterbrechen, sie wirkt wie eine Sicherung in einem Stromkreis. Im internationalen System gibt es aber keine übergeordnete Autorität mit einem „Notaus"-Schalter – man muss das Ausbrechen von „Blitzkriegen" befürchten.

7. Verbot autonomer Waffensysteme

Um die beschriebenen Gefahren einzudämmen, wäre es am besten, bewaffnete Fahrzeuge ohne Besatzung vollständig zu verbieten (Altmann 2013b). Inzwischen haben aber schon zu viele Länder ferngesteuerte Waffensysteme bzw. wollen sie beschaffen. Diese Entwicklungen sind wohl kaum noch rückgängig zu machen. Es bleibt ein Verbot autonomer Waffensysteme (mit wenigen Ausnahmen z. B. für vorhandene Luftabwehr- oder Schiffsverteidigungssysteme), die es im eigentlichen Sinn noch nicht gibt, daher ist es prinzipiell noch erreichbar. Das kann ein Gebot enthalten, dass alle Angriffe durch einen verantwortlichen und rechenschaftspflichtigen Menschen gesteuert werden müssen (Sauer 2020); regierungsunabhängige Organisationen und viele Staaten treten für das Konzept „bedeutsamer menschlicher Steuerung" ein.

Dabei gibt es ein Problem für die Verifikation, d. h. die Überprüfung der Einhaltung. Ferngesteuerte Waffensysteme ohne Besatzung blieben erlaubt und könnten identisch zu autonomen sein; der einzige Unterschied läge in der Waffensteuerungs-Software. Deren Funktion im Vorhinein zu überprüfen, ist praktisch unmöglich – Zugriff auf die Software wäre viel zu aufdringlich, auch könnte sie nach einer Inspektion schnell geändert werden. Autonomer Angriff kann weder durch Beobachtung von außen erkannt werden, noch würde er spezielle Wirkungen hervorrufen, die danach sichtbar sind. Eine Methode zu prüfen, ob alle Angriffe ferngesteuerter Waffensysteme durch einen verantwortlichen und rechenschaftspflichtigen Menschen gesteuert wurden, wäre, alle Sensor-, Kommunikations- und Steuerdaten fälschungssicher aufzuzeichnen und später einer internationalen Organisation für eine Untersuchung zugänglich zu machen (Gubrud / Altmann 2013).

Wie sind die Aussichten für ein solches Verbot? Seit 2014 gibt es bei den Vereinten Nationen Expert*innengespräche im Rahmen des Übereinkommens über bestimmte konventionelle Waffen (CCW 1980). Das Übereinkommen hat 125 Mitgliedsstaaten, darunter alle wichtigen Militärstaaten. Es ist ein Rahmenübereinkommen mit bisher fünf Protokollen für spezifische Waffenarten. Ein AWS-Verbot könnte das Protokoll 6 werden. Allerdings wird im CCW nach dem Konsensprinzip entschieden. Zwar sind 30 Staaten für ein Verbot – darunter nicht Deutschland –, aber es gibt auch eine Reihe von Staaten, die dagegen sind.[16] Man hat sich bisher nur auf allgemeine Leitprinzipien für die Nutzung von Waffensystemen mit autonomen Funktionen einigen können, wonach der Mensch verantwortlich bleibt (CCW 2019, Annex II).

Im Prinzip könnten die am Verbot interessierten Staaten einen getrennten Vertrag schließen, außerhalb des CCW-Übereinkommens. Das hat es sowohl beim Landminen- wie auch beim Streumunitions-Verbotsvertrag gegeben. Allerdings: Wenn relevante Staaten nicht beitreten würden, weil sie AWS militärisch zu wichtig finden, bestünde das Risiko, dass der Vertrag nicht lange hält.

Begrenzungen anderer militärischer KI-Anwendungen als in AWS sind nötig, stellen aber deutlich kompliziertere Probleme dar, Konzepte dafür und für die Verifikation müssen spezifisch erforscht werden.

---

16 Dafür: Algeria, Argentina, Austria, Bolivia, Brazil, Chile, China, Colombia, Costa Rica, Cuba, Djibouti, Ecuador, Egypt, El Salvador, Ghana, Guatemala, Holy See, Iraq, Jordan, Mexico, Morocco, Namibia, Nicaragua, Pakistan, Panama, Peru, State of Palestine, Uganda, Venezuela, Zimbabwe (China ist nur für ein Einsatzverbot). Dagegen u. a.: Australia, France, Israel, Republic of Korea, Russia, Turkey, United Kingdom, United States. (Campaign 2019).

8. AWS, KI und der Weltfrieden

AWS und militärische KI-Anwendungen werden vor allem von den drei militärischen Hauptmächten vorangetrieben. In den USA wurde dafür 2014 das Stichwort „Third Offset Strategy" eingeführt. Da die möglichen Gegner Russland und China bei Militärtechnik stark aufholen, soll die militärtechnische Überlegenheit der USA auf dritte Weise aufrechterhalten werden, nämlich durch

> lernende Maschinen, Mensch-Maschine-Zusammenarbeit, assistierte menschliche Einsätze, Mensch-Maschine-Kampfteams und autonome Waffen (Work 2015).

2018 gründete das Verteidigungsministerium ein „Joint Artificial Intelligence Center" (US Department of Defense 2018). Der Verteidigungsminister Mark Esper sagte, wer als erster eine grundlegend neue Technologie erschließe, habe in den Folgejahren auf dem Schlachtfeld einen entscheidenden Vorteil. Dabei seien ethische Fragen wichtig (Garamone 2020).

Russland versucht, den USA bei Fahrzeugen ohne Besatzung und neuerdings KI zu folgen und die technologische Lücke zu verkleinern (Kozyulin 2019). Der Rüstungsproduzent Kalaschnikow hat einen Land-Angriffsroboter gebaut und ein „vollautomatisches Kampfmodul" entwickelt, das mit einem neuronalen Netz Ziele identifizieren und Entscheidungen treffen kann; die Kronstadt-Gruppe arbeitet an künstlicher Intelligenz für militärische und zivile Drohnenschwärme (TASS 2017a, b, c). Präsident Putin sagte:

> Künstliche Intelligenz ist die Zukunft, nicht nur für Russland, sondern für die gesamte Menschheit. Sie bringt kolossale Möglichkeiten, aber auch Bedrohungen, die schwer vorherzusagen sind. Wer immer in dieser Sphäre Anführer wird, wird der Herrscher der Welt werden (Russia Today 2017).

Die russische Zivilgesellschaft kümmert sich kaum um die Frage von AWS und menschlicher Steuerung (Kozyulin 2019).

Auch China beobachtet die US-Pläne intensiv. Die chinesische Führung hält KI für zentral für die zukünftige Wettbewerbsfähigkeit und nationale Sicherheit; alle Arten von KI sollen schnell ins Militär einfließen (Allen 2019). Die Peoples Liberation Army (PLA) beabsichtigt,

> „im militärischen Wettstreit den Vorteil und in zukünftiger Kriegführung die Initiative zu ergreifen," [um] nicht nur in der heutigen informatisierten Kriegführung zu gewinnen, sondern auch in zukünftiger intelligentisierter Kriegführung, in der KI und verwandte Technologien ein Eckpfeiler militärischer Macht sein werden (Kania 2017, 13)[17].

---

17 Das innere Zitat ist von He Lei, dem Vizepräsidenten der Academy of Military Science der PLA.

KI wird gesehen als Möglichkeit zum Überspringen und Überrunden der USA (Allen 2019, 8). In China gibt es aber auch Warnungen vor Wettrüsten und Aufrufe zur kooperativen internationalen Gestaltung der KI (Allen 2019, 4f.; CACDA 2020).

Die drei Länder folgen momentan eher der militärischen Logik. Hier rasen drei Schnellzüge aufeinander zu. Mit Stationierung von AWS und KI in militärischen Führungs- und Entscheidungssystemen werden sich Warn- und Reaktionszeiten massiv verkürzen; Eskalation durch menschliches Nachdenken zu verhindern, wird immer schwieriger werden. Viele andere (europäische und Schwellen-)Länder werden zu dieser Entwicklung beitragen. Diese Gefahren für den Weltfrieden zu verhindern, braucht eine grundsätzlich andere Politik, die sich an Stabilität und nicht an der eigenen militärischen Stärke orientiert (Altmann 2020b). Das gilt vor allem für die drei Hauptmächte, aber auch Europa und Deutschland haben hier wichtige Aufgaben. Weil die militärischen, politischen und ökonomischen Interessen an neuer Militärtechnik stark sind, ist intensiver Druck einer aufgeklärten, kritischen Öffentlichkeit nötig.

Literatur

ACKERMAN, EVAN (2017), Slight Street Sign Modifications Can Completely Fool Machine Learning Algorithm, IEEE Spectrum, 04.08.2017. Online unter: https://spectrum.ieee.org/cars-that-think/transportation/sensors/slight-street-sign-modifications-can-fool-machine-learning-algorithms [19.4.2021].

AIRBUS (2018), Airbus and Dassault Aviation join forces on Future Combat Air System, Airbus Defence and Space, 25.04.2018. Online unter: http://www.airbus.com/newsroom/press-releases /en/2018/04/Airbus-and-Dassault-Aviation-join-forces-on-Future-Combat-Air-System.html [19.4.2021].

ALLEN, GREGORY C. (2019), Understanding China's AI Strategy – Clues to Chinese Strategic Thinking on Artificial Intelligence and National Security, CNAS, 06.02.2019. Online unter: https://www.cnas.org/publications/reports/understanding-chinas-ai-strategy [19.04.2021].

ALLEN, GREG / CHAN, TANIEL (2017), Artificial Intelligence and National Security, Cambridge MA: Belfer Center. Online unter: http://www.belfercenter.org/sites/default/files/files/publication/AI%20NatSec%20-%20final.pdf [19.4.2021].

ALTMANN, JÜRGEN (2008), Präventive Rüstungskontrolle, in: Die Friedens-Warte 83(2–3), 105–126.

ALTMANN, JÜRGEN (2013a), Militärtechnik, in: Grunwald, Armin (Hg.), Handbuch Technikethik, Stuttgart / Weimar.

ALTMANN, JÜRGEN (2013b), Arms Control for Armed Uninhabited Vehicles – An Ethical Issue. Ethics and Information Technology, 15(2), 137–152. Online unter: http://link.springer.com/article/10.1007%2Fs10676-013-9314-5 [16.4.2021].

ALTMANN, JÜRGEN (2017), Militärische Forschung und Entwicklung, in: Altmann, Jürgen u. a. (Hg.), Naturwissenschaft – Rüstung – Frieden – Basiswissen für die Friedensforschung, 2. verb. Aufl., Wiesbaden.

ALTMANN, JÜRGEN (2019), Autonomous Weapon Systems – Dangers and Need for an International Prohibition, in: Benzmüller, Christoph / Stuckenschmidt, Heiner (Hg.), KI 2019: Advances in Artificial Intelligence – 42nd German Conference on AI, Kassel, Germany, September 23–26, 2019, Proceedings, Cham.

ALTMANN, JÜRGEN (2020a), Armed Uninhabited Vehicles – Dangers and Preventive Arms Control, Forschung DSF No. 48, Osnabrück: Deutsche Stiftung Friedensforschung. Online unter: https://bundesstiftung-friedensforschung.de/blog/forschung-dsf-no-48/ [16.4.2021].

ALTMANN, JÜRGEN (2020b), Technology, Arms Control and World Order: Fundamental Change Needed, Toda Peace Institute Policy Brief No. 89. Online unter: https://toda.org/assets/files/resources/policy-briefs/t-pb-89_jurgen-altmann.pdf [20.4.2021].

ALTMANN, JÜRGEN (2022), Technik und Krieg – Verantwortung für den Frieden, in: Diebel-Fischer, Hermann u. a. (Hg.), Technik und Verantwortung im Zeitalter der Digitalisierung, Rostock.

ALTMANN, JÜRGEN / SAUER, FRANK (2017), Autonomous Weapon Systems and Strategic Stability, in: Survival 59(5), 117–142.

BOLTON, MATTHEW (2016), Time for a discursive rehabilitation: A brief history of general and complete disarmament, in: UN/UNODA, Rethinking General and Complete Disarmament in the Twenty-first Century, UNODA Occasional Papers, No. 28, New York: United Nations.

BOULANIN, VINCENT (2019), The Impact of Artificial Intelligence on Strategic Stability and Nuclear Risk. Volume I: Euro-Atlantic Perspectives, Solna: SIPRI. Online unter: https://www.sipri.org/publications/2019/other-publications/impact-artificial-intelligence-strategic-stability-and-nuclear-risk [19.4.2021].

BRODIE, BERNARD / BRODIE, FAWN M. (1973), From Crossbow to H-Bomb: The Evolution of the Weapons and Tactics of Warfare, Bloomington IN.

CACDA (CHINA ARMS CONTROL AND DISARMAMENT ASSOCIATION) (2020), Artificial Intelligence and Its Military Implications, in: Sisson, Melanie u. a. (Hg.), The Militarization of Artificial Intelligence (19–24). Muscatine, Iowa: Stanley Center (2020). Online unter: https://stanleycenter.org/publications/militarization-of-artificial-intelligence/ [14.4.2021].

CAMPAIGN TO STOP KILLER ROBOTS (2019), Country Views on Killer Robots, 25.10.2019. Online unter: https://www.stopkillerrobots.org/wp-content/uploads/2019/10/KRC_CountryViews_25Oct2019rev.pdf [19.4.2021].

CCW (CONVENTION ON PROHIBITIONS OR RESTRICTIONS ON THE USE OF CERTAIN CONVENTIONAL WEAPONS WHICH MAY BE DEEMED TO BE EXCESSIVELY INJURIOUS OR TO HAVE INDISCRIMINATE EFFECTS) (1980), Geneva, 10 October. Online unter: https://ihl-databases.icrc.org/applic/ihl/ihl.nsf/Treaty.xsp?documentId=7A690F9945FF9ABFC12563CD002D6D8E&action=openDocument [16.4.2021].

CCW (2019), Final report, Meeting of the High Contracting Parties to the Convention on Prohibitions or Restrictions on the Use of Certain Conventional Weapons Which MayBe Deemed to Be Excessively Injurious or to Have Indiscriminate Effects, 13.12.2019. Online unter: https://undocs.org/CCW/MSP/2019/9 [19.4.2021].

DEISEROTH, DIETER (2009), Fundamentale Differenz – Ist die NATO ein Verteidigungsbündnis oder ein „System gegenseitiger kollektiver Sicherheit"?, in: Wissenschaft & Frieden 27(1), 12–16. Online unter: http://www.wissenschaft-und-frieden.de/seite.php?artikelID=1517 [16.4.2021].

EISFELD, RAINER (1996), Mondsüchtig – Wernher von Braun und die Geburt der Raumfahrt aus dem Geist der Barbarei, Reinbek.

FCAS FORUM (2021), The responsible use of new technologies in a Future Combat Air System (FCAS). Online unter: http://www.fcas-forum.eu [19.4.2021].

GARAMONE, JIM (2020), Esper Says Artificial Intelligence Will Change the Battlefield, in: DOD News, 09.09.2020. Online unter: https://www.defense.gov/Explore/News/Article/Article/2340972/esper-says-artificial-intelligence-will-change-the-battlefield/ [14.4.2021].

GARBER, MEGAN (2013), The Man Who Saved the World by Doing Absolutely Nothing, in: The Atlantic, 26.09.2013. Online unter: http://www.theatlantic.com/technology/archive/2013/09/the-man-who-saved-the-world-by-doing-absolutely-nothing/280050/ [19.4.2021].

GG (Grundgesetz) (1949, zuletzt geändert 2020), Grundgesetz für die Bundesrepublik Deutschland. Online unter: https://www.gesetze-im-internet.de/gg/BJNR000010949.html [7.2.2022].

GUBRUD, MARK / ALTMANN, JÜRGEN (2013), Compliance Measures for an Autonomous Weapons Convention, ICRAC Working Paper no. 2. Online unter: https://www.icrac.net/wp-content/uploads/2018/04/Gubrud-Altmann_Compliance-Measures-AWC_ICRAC-WP2.pdf [19.4.2021].

HEER (2019), Künstliche Intelligenz in den Landstreitkräften – Ein Positionspapier des Amts für Heeresentwicklung, Köln, Amt für Heeresentwicklung. Online unter: https://www.bundeswehr.de/resource/blob/156024/d6ac452e72f77f3cc071184ae34dbf0e/download-positionspapier-deutsche-version-data.pdf [18.4.2021].

HERZ, JOHN H. (1950), Idealist Internationalism and the Security Dilemma, in: World Politics 2(2), 157–180.

ICRC (INTERNATIONAL COMMITTEE OF THE RED CROSS) (2016), Autonomous Weapon Systems: Implications of Increasing Autonomy in the Critical Functions of Weapons, Expert meeting, Versoix, Switzerland, 15–16 March 2016. Online unter: https://icrcndresourcecentre.org/wp-content/uploads/2017/11/4283_002_Autonomus-Weapon-Systems_WEB.pdf [16.4.2021].

KANIA, ELSA B. (2017), Battlefield Singularity: Artificial Intelligence, Military Revolution, and China's Future Military Power. Online unter: https://www.cnas.org/publications/reports/battlefield-singularity-artificial-intelligence-military-revolution-and-chinas-future-military-power [19.4.2021].

KOZYULIN, VADIM (2019), Militarization of AI – A Russian Perspective, in: Sisson, Melanie u. a. (Hg.), The Militarization of Artificial Intelligence (25–32), Muscatine, Iowa (2020). Online unter: https://stanleycenter.org/publications/militarization-of-artificial-intelligence/ [14.4.2021].

KSE (1990), Vertrag über konventionelle Streitkräfte in Europa (KSE-Vertrag). Online unter: https://www.auswaertiges-amt.de/blob/207276/b1196519ae7598a29c873570448a59e9/kse-vertrag-data.pdf [19.4.2021].

LÄMMEL, UWE / CLEVE, JÜRGEN (2020), Künstliche Intelligenz – Wissensverarbeitung – Neuronale Netze, 5. überarb. Aufl., München.

MÜLLER, HARALD / SCHÖRNIG, NIKLAS (2006), Rüstungsdynamik und Rüstungskontrolle – Eine exemplarische Einführung in die Internationalen Beziehungen, Baden-Baden: Nomos.

OECD (2021), Main Science and Technology Indicators, Volume 2021 Issue 1, Paris: OECD Publishing. Online unter: https://doi.org/10.1787/eea67efc-en [8.2.2022].

PILCH, MATHIAS u. a. (2021), Survey of the Status of Small Armed and Unarmed Uninhabited Aircraft, Preventive Arms Control for Small and Very Small Armed Aircraft and Missiles – Report No. 1, Chair Experimental Physics 3, TU Dortmund University, Febr. 2021. Online unter: http://dx.doi.org/10.17877/DE290R-21944 [7.2.2022].

REED, BRUCE CAMERON (2014), The History and Science of the Manhattan Project. Berlin / Heidelberg.

SAUER, FRANK (2020), Stepping back from the brink: Why multilateral regulation of autonomy in weapons systems is difficult, yet imperative and feasible, in: International Review of the Red Cross 913, 235–259.

SCHEFFRAN, JÜRGEN (1983), Zum Verhältnis von Wissenschaft und Krieg in der Geschichte, in: Physik und Rüstung. Marburg.

STOLTZENBERG, DIETRICH (1994), Fritz Haber: Chemiker, Nobelpreisträger, Deutscher, Jude, Weinheim.

TASS (2017a), Russia's Kalashnikov arms producer to build 20-tonne reconnaissance and attack robot. Online unter: http://tass.com/defense/935290 [19.4.2021].

TASS (2017b). Kalashnikov gunmaker develops combat module based on artificial intelligence, July 05. Online unter: http://tass.com/defense/954894 [19.4.2021].

TASS (2017c), Russia is developing artificial intelligence for military and civilian drones, 15 May. Online unter: http://tass.com/defense/945950 [19.4.2021].

UN (UNITED NATIONS), Panel of Experts Established pursuant to Security Council Resolution 1973 (2011) (2021), Security Council, S/2021/229, New York: UN, 8 March. Online unter: https://digitallibrary.un.org/record/3905159/files/S_2021_229-EN.pdf [7.1.2022].

UNTERSEHER, LUTZ (2011), Frieden schaffen mit anderen Waffen? Alternativen zum militärischen Muskelspiel, Wiesbaden.

US COMMODITY FUTURES TRADING COMMISSION AND US SECURITIES & EXCHANGE COMMISSION (2010), Findings Regarding the Market Events of May 6, 2010, 30 September. Online unter: https://www.sec.gov/news/studies/2010/marketevents-report.pdf [19.4.2021].

US DEPARTMENT OF DEFENSE (2012a), Defense Manufacturing Management Guide for Program Managers, October 16. Online unter: https://www.dau.edu/guidebooks/ Shared%20Documents/Defense%20Manufacturing%20Management%20Guide%20for%20PMs.pdf [19.4.2021].

US DEPARTMENT OF DEFENSE (2012b). Directive Number 3000.09 – Autonomy in Weapon Systems, November 21, 2012. Incorporating Change 1, May 8, 2017. Online unter: http://www.esd.whs.mil/Portals/54/Documents/DD/issuances/dodd/300009p.pdf [16.4.2021].

US DEPARTMENT OF DEFENSE (2018), Summary of the 2018 Department of Defense Artificial Intelligence Strategy. Online unter: https://media.defense.gov/2019/Feb/12/ 2002088963/-1/-1/1/SUMMARY-OF-DOD-AI-STRATEGY.PDF [14.4.2021].

VN (VEREINTE NATIONEN) (1945). Charta der Vereinten NationenundStatut des Internationalen Gerichtshofs. Online unter: https://unric.org/de/wp-content/uploads/sites/4/2020/01/charta-1.pdf [16.4.2021].

WORK, ROBERT (2015), Deputy Secretary of Defense Speech, CNAS Defense Forum, Washington, D.C., Dec. 14, US Department of Defense. Online unter: https://www.defense.gov/News/ Speeches/ Speech-View/Article/634214/cnas-defense-forum/ [19.4.2021].

Mit maschinellem Lernen zum besten Pfad

Johann Ostmeyer

1. Einleitung

Physik beschäftigt sich mit so gut wie allem. Von den kleinsten Bausteinen unseres Universums wie Quarks und Elektronen bis hin zu den größten wie Supernovae und Galaxienhaufen. Ebenso vielfältig sind ihre Methoden. Ich habe Kollegen, die immer noch ausschließlich Berechnungen mit Papier und Bleistift anstellen, ebenso wie solche, die den ganzen Tag am Computer verbringen, von den vielfältigen Experimenten ganz zu schweigen. Meine Arbeitsgruppe ist in der theoretischen Festkörperphysik angesiedelt und liegt in jeder Hinsicht irgendwo in der Mitte dieser Spektren. Wir beschäftigen uns mit Objekten, die gerade noch groß genug sind, dass man sie anfassen könnte, und wir verwenden Papier ebenso wie Computer. In den letzten Jahren hat die Künstliche Intelligenz (KI) einen wichtigen Platz in unserer metaphorischen Werkzeugkiste eingenommen. Insbesondere verwenden wir mit einigem Erfolg das maschinelle Lernen, eine bestimmte Form der KI, in unserer Forschung.

Es ist unmöglich, innerhalb eines Artikels den fundamentalen Einfluss der KI auf den Alltag in der Physik zu schildern. Hier soll dennoch der Versuch gewagt werden, anhand eines konkreten Beispiels einen Einblick zu vermitteln. Da für uns Physiker die KI lediglich ein Mittel zum Zweck ist und nicht primärer Gegenstand unserer Forschung, wird dafür zunächst eine thematische Einführung von Nöten sein. Im Folgenden wird noch einmal detaillierter erläutert, unter welchen Bedingungen KI in der Physik überhaupt zum Einsatz kommt, was es mit dem ominösen besten Pfad aus dem Titel auf sich hat und wie maschinelles Lernen helfen kann, diesen Pfad zu finden.

Alles um uns herum hat eine endliche Ausdehnung in Länge, Breite und Höhe, so scheint es. Wenn wir es sehen oder gar anfassen können, muss es sich doch zumindest ein bisschen in jede der drei Raumdimensionen erstrecken. Selbst ein Blatt Papier ist nicht wirklich flach. Mit etwa einem Zehntel Millimeter Dicke besteht es immer noch aus nahezu einer Million Atomlagen.

Ein Material aber trotzt dieser Intuition. Seit 2004 wissen wir, dass Kohlenstoff auch als einzelne Atomlage existieren kann (Novoselov 2004). Graphen heißt dieses einzigartige Material mit zweidimensionaler Gitterstruktur. Es wurde erstmals hergestellt, indem Klebeband auf Grafit (Kohle in besonders reiner kristalliner Form) gedrückt und schnell wieder abgezogen wurde. Was im

Klebstoff hängen blieb, waren teilweise Flocken aus Kohlenstoffatomen, die nur eine Atomlage dick waren.

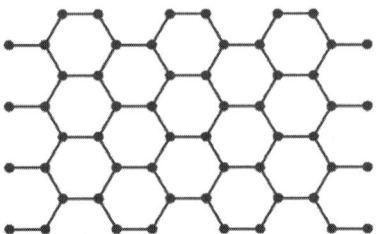

Abbildung 1: Gitterstruktur von Graphen

Graphen hat eine charakteristische Honigwabenstruktur (vgl. *Abbildung 1*), die ihm außergewöhnliche mechanische sowie elektromagnetische Eigenschaften verleiht. So ist es im Vergleich zu seiner Dicke etwa 125-mal reißfester als Stahl (Lee 2008). Diese Stabilität wird heutzutage in leicht modifizierter Form bereits in unzähligen Anwendungen ausgenutzt. Üblicherweise findet es als ultraleichtes und stabiles Carbon Verwendung, wobei Carbon nichts anderes ist als eine Vielzahl verwobener und verklebter Kohlenstoffnanoröhren (engl. Carbon Nanotubes). Diese wiederum können als aufgerolltes Graphen verstanden werden.

Die Möglichkeiten, die Graphen im Rahmen seiner elektrischen Leitfähigkeiten zu bieten hat, klingen heute fast noch nach Science Fiction. In seiner natürlichen Form ist Graphen ein guter elektrischer Leiter, kleine Modifikationen wie mechanischer Druck oder externe elektrische Felder können diese Leitfähigkeit allerdings grundlegend verändern. Entscheidend ist dabei, dass Graphen schnell und energetisch effizient zwischen einem leitenden und einem isolierenden Zustand umschalten kann. Dies sind genau die zwei Zustände, die für die technische Realisierung eines Transistors benötigt werden. Transistoren sind elektrische Bauteile, die den Kern eines jeden Computers ausmachen. Im Grunde ist ein Transistor nichts anderes als ein mikroskopischer Schalter. Eingeschalteter Stromfluss im leitenden Zustand realisiert dabei die logische Eins, seine Abwesenheit im Isolator die logische Null, die die Grundbausteine des binären Systems moderner Computer bilden.

In der Tat wurde bereits nachgewiesen, dass Transistoren auf Graphenbasis Taktraten von 100 GHz erreichen können (Lin 2010). Das ist gut 20-mal schneller als jeder Transistor auf Siliziumbasis, wie sie in modernen Computern zum Einsatz kommen. Doch damit nicht genug, graphenbasierte Transistoren können auch wesentlich kleiner und energieeffizienter gebaut werden als herkömmliche Siliziumtransistoren. Zurzeit scheitert eine Massenproduktion noch an solchen Kleinigkeiten wie Kosten und technischem Aufwand. In einigen Jahren könnten graphenbasierte Computer allerdings zu unserem Alltag gehören, wie die erfolgreiche Konstruktion eines solchen Computers, der „Hello, world!" sagen kann, nahelegt (Hills 2019).

Nach all diesen Details ist es ziemlich überraschend, dass Graphen zwar hervorragend experimentell vermessen, aber noch nicht gut theoretisch beschrieben ist. Es stellt sich allerdings heraus, dass eine exakte Beschreibung der elektromagnetischen Eigenschaften mit Papier und Bleistift bis jetzt nicht gefunden wurde und Supercomputer in eigens zu Forschungszwecken zur Verfügung gestellten Rechenzentren für die Berechnungen herhalten müssen. So basieren die Ergebnisse dieser Arbeit auf mehreren Millionen CPU-Stunden im Forschungszentrum Jülich – diese gigantischen Zahlen ergeben sich, wenn hunderte von Computern mit jeweils Dutzenden von CPUs gleichzeitig über mehrere Tage und Wochen, manchmal Monate rechnen.

Natürlich ist es bei diesem Aufwand an Ressourcen von oberster Priorität, Algorithmen zu benutzen und zuvor zu entwickeln, die das meiste aus der beschränkten Rechenzeit herausholen. Im Folgenden werden wir einen solchen Algorithmus beleuchten und darauf eingehen, warum in diesem speziellen Fall maschinelles Lernen zum Einsatz kommt.

2. Verwendung künstlicher Intelligenz in der Physik

Bevor wir auf die physikalischen und algorithmischen Details zu sprechen kommen, müssen wir klarstellen, dass die Verwendung künstlicher Intelligenz (KI) in der Physik das letzte Mittel ist, wenn nichts anderes zu funktionieren scheint. Die größte Stärke der KI, insbesondere maschinellen Lernens als Teilbereich der KI, ist die Fähigkeit, komplexe Zusammenhänge zu erkennen und auszunutzen, die ein Mensch nicht erfassen kann. Dies ist aber zugleich das größte Problem der KI, denn es besteht die Gefahr, dass Zusammenhänge gesehen werden, wo keine sind, und der Mensch keine Möglichkeit hat, sie zu überprüfen. Das Einzige, das schlimmer ist als keine Lösung, ist wohl eine falsche Lösung, von der man überzeugt ist, sie sei korrekt.

In der Tat braucht es nicht einmal KI, um auf solche Probleme zu stoßen. Beispielsweise hatte Xerox, einer der weltweit größten Hersteller von Druckern und Scannern, acht Jahre lang einen Softwarebug, der dazu führte, dass beim Einscannen Zahlen manchmal verändert wurden (Kriesel 2013). Das hat zur Folge, dass bei unzähligen Dokumenten, die nach ihrer Digitalisierung vernichtet wurden, nicht mehr nachgewiesen werden kann, ob sie korrekt sind. Allein die Möglichkeit eines solchen Fehlers macht diese Dokumente beispielsweise vor Gericht nahezu wertlos. Dieses Problem ist lediglich ein Symptom der Unübersichtlichkeit und Komplexität modernerer Software, an deren Entwicklung meist viele Menschen beteiligt sind, von denen kein einzelner alle Details überblickt. KI erweitert dieses Problem um eine weitere Lage, die kein Mensch durchschauen kann. Im Falle des Xerox-Problems konnte der Fehler letztlich identifiziert und behoben werden. Wäre KI involviert gewesen, hätte man wohl das gesamte Programm ersetzen müssen.

Daraus ergibt sich in der Forschung (und sicherlich auch in anderen Bereichen, zu denen wir allerdings mangels Expertise nichts sagen wollen) eine klare Hierarchie der Methoden. Zunächst wird so viel wie möglich ohne Computer gemacht. Denn alles, was ein Mensch berechnet hat, kann durch andere Menschen überprüft werden. Erst wenn das nicht mehr ausreicht, greift der Physiker zu computergestützten Methoden, wobei auch hier gilt, dass Methoden den Vorzug erhalten, die überprüfbar oder zumindest nachvollziehbar sind. Nur dann, wenn keiner dieser Ansätze zum Ziel führt, überlassen wir dem Computer das „Denken".

An dieser Stelle ist es wichtig, darauf hinzuweisen, dass auch computerbasierte Methoden überprüfbar sind und vor etwaigen Veröffentlichungen sehr gründlich überprüft werden. Dies wird beispielsweise bewerkstelligt, indem einfache Testprobleme mit der fraglichen und einer anderen Methode gelöst und die Lösungen verglichen werden. Solche Tests gestalten sich allerdings zunehmend schwieriger, je mehr Arbeit dem Computer überlassen wird.

Hier soll nun ein physikalisches Problem beschrieben werden, bei dem wir uns letztlich für den Einsatz von KI entschieden haben. Auch an dem dargestellten Lösungsweg wird deutlich, dass die KI erst in der letztmöglichen Instanz verwendet wird und sämtliche Vorarbeit, die ohne KI auskommt, auf anderem Wege bewerkstelligt wurde.

3. Das Hubbard Modell

Zur mathematischen Beschreibung von Graphen und ähnlichen Materialien verwenden wir das Hubbard Modell (Bloch 1929; Hubbard 1963).[1] Es geht davon aus, dass die Kohlenstoffatome in einem festen Gitter angeordnet sind und sich nicht bewegen. Lediglich die Elektronen, deren Bewegung unter anderem für die elektrische Leitfähigkeit verantwortlich ist, können von einem Gitterpunkt zu einem Nachbarn hüpfen. Befinden sich zwei negativ geladene Elektronen am selben Gitterpunkt, so stoßen sie sich ab. In diesem vereinfachten Modell können wir die Elektronen in zwei Sorten unterteilen, sogenannte Spin-up- und Spin-

---

1 Dieser Artikel spart die Mathematik größtenteils aus und bietet eine anschauliche Beschreibung des Modells. Sämtliche Details sind jedoch (auf Englisch) öffentlich zugänglich (Luu 2016; Krieg 2019; Ostmeyer 2020; Wynen 2021). Insbesondere bildet Wynen 2021 die Grundlage für sämtliche Ausführungen zur Anwendung von KI auf das Hubbard Modell.

down-Elektronen (was dieser Spin genau ist, ist hier irrelevant, genauso gut könnten die Elektronen blau und rot sein). Es können niemals zwei Elektronen derselben Sorte zur selben Zeit am selben Ort sein.

Nehmen wir für den Moment an, dass es in dem zu untersuchenden Gitter gleich viele Elektronen wie Gitterpunkte gibt (da es bis zu zwei Elektronen pro Gitterpunkt geben kann, heißt dieser Zustand halb gefüllt). Dann ist es nicht weiter verwunderlich, dass die bevorzugte Elektronenkonfiguration, der Grundzustand des Systems, bei starker Abstoßung der Elektronen untereinander genau ein Elektron pro Gitterpunkt vorsieht. Jeder Zustand, bei dem sich zwei Elektronen einen Gitterpunkt teilen, ist energetisch unvorteilhaft. Somit ist jegliche Bewegung der Elektronen unterdrückt und ein elektrischer Strom kann nicht fließen – wir erhalten einen Isolator. Ganz ohne Wechselwirkung hüpfen die Elektronen hingegen ungehindert umher, sodass ein elektrischer Leiter beschrieben wird. Bei einem bestimmten kritischen Wert der Abstoßung geht der eine Zustand in den anderen über.

Es gibt somit einen Phasenübergang zwischen einem leitenden und einem isolierenden Zustand. Phasenübergänge sind uns intuitiv vertraut, zum Beispiel ist das Gefrieren von Wasser bei 0°C auch ein Phasenübergang, bei dem ein frei beweglicher (flüssiger) Zustand in einen starren (festen) Zustand übergeht. Dieser Phasenübergang im Hubbard Modell und damit in Graphen ist verantwortlich für die anfangs angesprochene Verwendbarkeit von Graphen als Transistormaterial.

Inzwischen ist der Phasenübergang theoretisch sehr gut verstanden (Ostmeyer 2020), dies gilt allerdings nicht für den Fall, wenn die Anzahl der Elektronen nicht der Anzahl der Gitterpunkte entspricht. Stellen wir uns beispielsweise vor, dass es ein Elektron mehr gibt als Gitterpunkte. Dann muss dieses Elektron sich einen Gitterplatz mit einem anderen Elektron teilen. Dass eine solche Konfiguration energetisch unterdrückt ist, birgt noch kein konzeptionelles Problem. Viel schlimmer ist, dass es keinerlei Grund für das Elektron gibt, sich für einen der gleichartigen Gitterpunkte zu entscheiden. Das gleiche passiert, wenn die Anzahl der Gitterpunkte ungerade ist. Es muss nun ein Elektron mehr von einer der beiden Sorten geben, obwohl es keinen Grund gibt, die eine Sorte der anderen vorzuziehen. Man spricht von einem frustrierten System. Diese Frustration verändert die Eigenschaften unserer numerischen Simulationen grundlegend. Um diese Eigenschaften zu erläutern, müssen wir allerdings erst auf einige Grundlagen eingehen.

Beide Szenarien, die zur Frustration führen können, sind durchaus realistisch und treten in der Natur auf. So genügt es für eine Veränderung der durchschnittlichen Elektronenzahl, ein externes elektrisches Feld an ein Stück Graphen anzulegen, oder es mit Fremdatomen zu dotieren, das heißt zu verunreinigen. Für den Effekt der ungeraden Anzahl an Gitterpunkten reicht es sogar, wenn die Anzahl nur lokal ungerade ist, beispielsweise indem ein Sechseck durch ein Fünfeck ersetzt wird; Buckyballs sind fußballähnliche Gebilde aus insgesamt 60 in Fünf- und Sechsecken angeordneten Kohlenstoffatomen, die problemlos hergestellt werden können und stabil sind.

4. Monte Carlo Simulationen

Das Hubbard Modell kann als statistisches System aufgefasst werden. Es gibt eine Vielzahl möglicher Elektronenkonfigurationen für ein gegebenes Gitter. An jedem einzelnen Gitterpunkt kann kein Elektron, ein up-, ein down-Elektron oder zwei Elektronen sitzen. Die Konfigurationen sind aber nicht alle gleich wahrscheinlich. Wie bereits oben beschrieben, gibt es in bestimmten Fällen Grundzustände minimaler Energie. Diese haben dann auch maximale Wahrscheinlichkeit. Je größer die Energie eines Zustands, desto geringer seine Wahrscheinlichkeit. Man kann sich das ein bisschen wie das Spritzmuster an einem Felsen in der Brandung vorstellen. Nahe der Wasserlinie ist der Fels ganz nass, etwas darüber findet man viele Spritzer und noch höher nur noch wenige. Um die größere Höhe zu erreichen, brauchen Tropfen mehr Energie, das ist weniger wahrscheinlich und tritt daher seltener auf.

Will man nun die durchschnittliche Höhe eines Tropfens (vergleichbar mit der durchschnittlichen Energie der Elektronenkonfigurationen in Graphen) bestimmen, so kann man die Höhe jedes einzelnen Tropfens messen und den Mittelwert berechnen. Bei zu vielen Tropfen, sagen wir an allen Felsen des Atlantiks, ist das allerdings nicht mehr machbar. Es muss eine andere Methode gefunden werden. Hier kommen nun wieder die Wahrscheinlichkeiten ins Spiel. Statt alle Tropfen einzeln zu betrachten, können wir jeder Höhe eine Wahrscheinlichkeit zuweisen und dann lediglich alle Höhen mit der jeweiligen Wahrscheinlichkeit gewichten. Da die Höhe eine kontinuierliche Größe ist, es also unendlich viele Höhen gibt, wird die Summe über alle Höhen zum Integral, der Fläche unter der Kurve aller wahrscheinlichkeitsgewichteten Höhen.

Diese Analogie ist recht gut auf unser Ausgangsproblem übertragbar. Auch die Lösung des Hubbard Modells kann als Integral umgeschrieben werden. Allerdings ist dieses Integral alles andere als einfach zu lösen. Die zurzeit einzige bekannte Lösungsmethode verwendet Monte Carlo Simulationen, das heißt sie basiert auf Zufallszahlen. Die Idee dahinter ist, dass wir die Äquivalenz von Wahrscheinlichkeitsverteilung und Integral ein weiteres Mal ausnutzen und zufällig Beiträge zum Integral auswählen, in etwa so, als würden wir die gesamte Küste durch einen Musterfelsen ersetzen, an dem wir nun doch Tröpfchen zählen, allerdings künstlich (vom Computer) erzeugte.

Somit funktioniert die Simulation des Hubbard Modells wie folgt. Zu Beginn wird zufällig eine Elektronenkonfiguration erzeugt. In jedem weiteren Schritt wird die nächste Konfiguration ausgehend von der vorherigen durch leichte Modifikationen vorgeschlagen. Ist nun die neue Konfiguration wahrscheinlicher als die alte, so wird sie akzeptiert und der nächste Schritt eingeleitet. Ist sie hingegen weniger wahrscheinlich als die alte Elektronenkonfiguration, so wird die Änderung lediglich mit einer Wahrscheinlichkeit, die dem Verhältnis der beiden Einzelwahrscheinlichkeiten entspricht, akzeptiert. In allen anderen Fällen bleibt die Ausgangskonfiguration unverändert. Die auf diese Weise generierte so genannte Markov Kette besteht aus Zuständen, die genau der Wahrscheinlichkeitsverteilung des Gesamtsystems folgen. Bildlich entspricht das einem Tropfen, der immer wieder nach unten oder oben rutschen kann. Den Vorschlag, nach unten zu rutschen, nimmt er immer an. Nach oben rutscht er nur ab und zu, sodass er sich mehr im unteren Bereich als im oberen aufhält.

Im Gegensatz zu fliegenden Tröpfchen sind Elektronen, wie im Hubbard Modell beschrieben, quantenmechanischen Objekte. Das heißt, dass die Zufälligkeit keine Näherung eines ansonsten zu komplizierten Problems darstellt, sondern die Natur des Systems ausmacht. Die Analogie mit dem Felsen stößt endgültig an ihre Grenzen, wenn wir in einem frustrierten Bereich simulieren wollen.

5. Negative „Wahrscheinlichkeiten"

Der oben beschriebene Algorithmus funktioniert bei halber Füllung sehr gut und liefert zuverlässige Ergebnisse bezüglich der elektrischen Leitfähigkeit sowie anderer elektromagnetischer Eigenschaften von Graphen. Dies ist allerdings nicht mehr der Fall, wenn das System frustriert ist, weil hier das zu lösende Integral negative Beiträge erhält. Zu erklären, wie genau es zu diesem so genannten Vorzeichenproblem kommt, würde leider den Rahmen dieses Aufsatzes sprengen und dem Vorsatz nicht gerecht werden, die Mathematik möglichst auszusparen. Die Konsequenzen des Problems sind allerdings recht schnell erklärt.

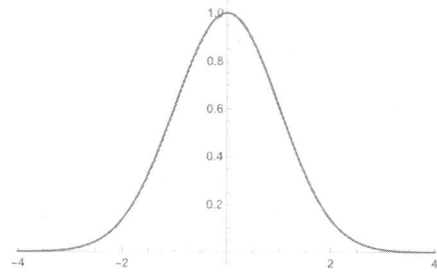

Abbildung 2: Gauß-Glocke $exp(-(x^2)/2)$ mit Integral $\sqrt{2\pi}$.

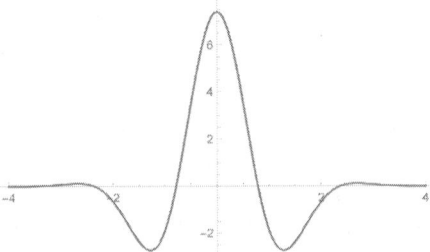

Abbildung 3: Funktion $exp(-(x^2 - a^2)/2) \, cos(ax)$ mit $a = 2$ und Integral $\sqrt{2\pi}$.

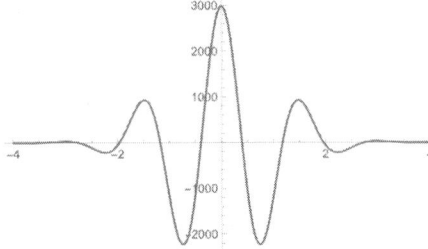

Abbildung 4: Funktion $exp(-(x^2 - a^2)/2) \, cos(ax)$ mit $a = 4$ und Integral $\sqrt{2\pi}$.

Integrale können genau wie Summen negative Beiträge beinhalten, Wahrscheinlichkeiten sind hingegen immer positiv. Wahrscheinlichkeit 1 heißt, dass ein gegebenes Ereignis immer auftritt, Wahrscheinlichkeit 0 heißt, dass es niemals passiert. Alle Ereignisse, die möglich, aber nicht sicher sind, haben irgendeine Wahrscheinlichkeit dazwischen. Somit ergibt es anschaulich keinen Sinn, negative Beiträge zu einem Integral als Wahrscheinlichkeiten aufzufassen. Und doch verlangt unser Ansatz der Monte Carlo Simulation genau das.

Einen Ausweg bietet die Cauchysche Integralformel, die besagt, dass eine Funktion gewissen Regeln folgend verändert werden kann, ohne dass sich der Wert des Integrals dieser Funktion verändert. So sind beispielsweise die Integrale aller drei am Anfang dieses Abschnitts dargestellten Kurven gleich.[2] Nur die obere Funktion hat keine negativen Beiträge (vgl. *Abbildung 2*), könnte also als Wahrscheinlichkeitsverteilung aufgefasst werden. Je stärker die Funktion oszilliert, desto größer muss sie betragsmäßig werden, damit sich die positiven und negativen Beiträge nicht komplett wegheben. Wenn wir es also schaffen, das Integral, das zur Lösung des Hubbard Modells führt, so zu transformieren, dass es

---

2   Sie folgen der Formel $R[exp(-(x + ia)^2/2)] = exp(-(x^2 - a^2)/2) \, cos(ax)$, wobei a die Werte 0, 2 und 4 in dieser Reihenfolge annimmt. Der Wert aller Integrale ist somit $\sqrt{2\pi}$.

keine (oder nur noch sehr kleine) negative Beiträge mehr hat, haben wir das Vorzeichenproblem gelöst.

In der Praxis transformieren wir nicht die Funktion selbst, sondern (wie die Cauchysche Integralformel in ihrer ursprünglichen Form auch vorsieht) wir erweitern die Zahlen, die wir in die Funktion einsetzen, in die komplexe Ebene und variieren den Pfad in dieser Ebene. Die dreidimensionale Abbildung 5 auf der nächsten Seite verinnerlicht auf diese Weise alle drei oben gezeigten Kurven und noch unendlich viele mehr. Jeder Pfad von links nach rechts entspricht einer solchen Kurve und liefert den selben Wert, wenn darüber integriert wird. Vorne und hinten befinden sich die stark oszillierenden Bereiche, in der Mitte der glatte Bereich, der für die Interpretation als Wahrscheinlichkeitsverteilung geeignet ist.

Natürlich ist das nur ein Testbeispiel mit einer bekannten Funktion. Im Hubbard Modell gibt es zwar auch immer Bereiche dieser Art, die relativ glatt sind und vor allem keinen Vorzeichenwechsel beinhalten. Allerdings ist nicht bekannt, wo diese besten Pfade liegen und wie sie aussehen. Im Allgemeinen sind sie auch nicht wie hier gerade, sondern nehmen auf dem Weg von links nach rechts einige Umwege über vordere und hintere Bereiche.

Es ist erschreckend aber lehrreich, sich die Ausmaße des Vorzeichenproblems genau vor Augen zu führen. Bei halber Füllung haben wir inzwischen Gitter mit über zehntausend Atomen simuliert, wohingegen ein einfaches Dreieck uns aufgrund seiner ungeraden Anzahl an Gitterpunkten bereits zu schaffen macht und Gegenstand aktueller Forschung ist (Wynen 2021). Schon bei diesem Dreieck ist der beste Integrationspfad nicht bekannt und muss aufwändig gesucht werden. Zwar gibt es Methoden (den so genannten holomorphen Fluss), die von einem gegebenen Punkt auf dem ursprünglichen Pfad zu einem Punkt auf dem gesuchten Pfad führen, doch sind diese Methoden sehr aufwändig, was die benötigte Rechenleistung angeht. Des Weiteren gibt es bislang keine allgemeinen Formeln, die die Gesamtheit des Pfades vorhersagen, sondern die Prozedur muss für jeden Punkt einzeln mühsam wiederholt werden.

Hier kommt nun endlich das maschinelle Lernen ins Spiel. Es soll nämlich genau diese Lücke füllen und eine Vorhersage des gesamten Pfades ermöglichen.

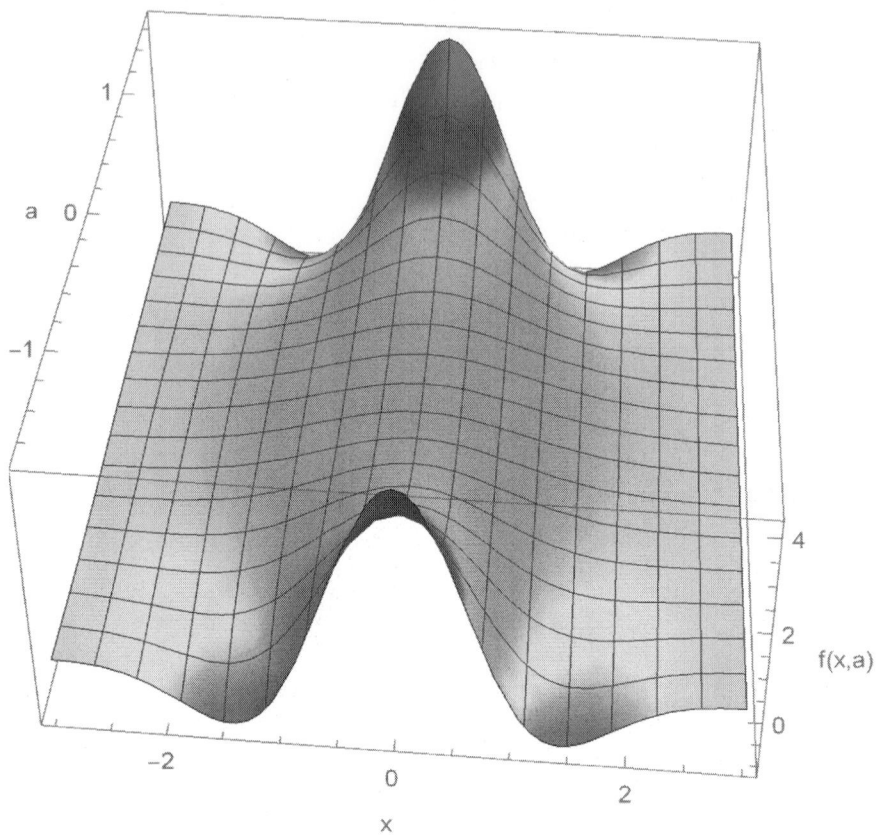

Abbildung 5: Funktion $f(x,a) = R[exp(-(x+ia)^2/2)]$, jedes Integral über x ergibt $\sqrt{2\pi}$.

6. Effiziente Vorhersage dank KI

Nicht ohne Grund wird maschinelles Lernen gerne in der Bilderkennung verwendet. Neuronale Netze, die die Grundlage maschinellen Lernens bilden, sind besonders gut dafür geeignet, komplexe Strukturen zu erkennen. Genau diese Eigenschaft haben wir uns hier zunutze gemacht. Das neuronale Netz ist im Grunde eine Blackbox, die Eingaben (in unserem Fall Punkte auf dem ursprünglichen Integrationspfad) entgegennimmt und das gesuchte Ergebnis (hier die Punkte auf dem besten Pfad) zurückgibt.

Dafür wird das Netz trainiert, es muss also „lernen". Dies geschieht, indem mit der aufwändigen Methode des holomorphen Flusses für einige Punkte das

Gegenstück auf dem optimalen Pfad gefunden wird und diese Paare der KI als Trainingsdaten gegeben werden. Die Maschine lernt nun, Strukturen in den Punktepaaren zu erkennen und selbstständig einem Ausgangspunkt einen Punkt auf dem besten Pfad zuzuweisen. Ist dieser Prozess abgeschlossen, so können beliebig viele neue Punkte auf dem besten Pfad mithilfe des neuronalen Netzes erzeugt werden, ohne dass erneut der holomorphe Fluss bemüht werden muss. Damit kann die Integration nun in einem Bereich erfolgen, in dem alle Funktionswerte das gleiche Vorzeichen haben, also als Wahrscheinlichkeiten interpretiert werden können und Monte Carlo Simulationen ermöglichen.

Abschließend soll an dieser Stelle noch einmal betont werden, dass die KI inzwischen zwar ein wichtiges und kaum noch wegzudenkendes Werkzeug in der Physik ist, sie allerdings immer das letzte Mittel bleibt und sparsam einzusetzen ist. In der Forschung möchten wir der Maschine so wenig Verantwortung abtreten wie möglich. Und aus eben diesem Grund wird maschinelles Lernen hier nicht zur Beschreibung von Elektronenbewegungen oder zur Vorhersage von Wahrscheinlichkeiten verwendet, sondern in der letzten Instanz auf der Suche nach dem besten Pfad.

Literatur

BLOCH, FELIX (1929), Über die Quantenmechanik der Elektronen in Kristallgittern, in: Zeitschrift für Physik 52(7), 555–600.
DUANE, SIMON u. a. (1987), Hybrid Monte Carlo, in: Phys. Lett. B195, 216–222.
HILLS, GAGE u. a. (2019), Modern microprocessor built from complementary carbon nanotube Transistors, in: Nature 572, 595–602.
HUBBARD, JOHN (1963), Electron correlations in narrow energy bands, Proceedings of the Royal Society of London A, in: Mathematical, Physical and Engineering Sciences 276(1365), 238–257.
KRIEG, STEFAN u. a. (2019), Accelerating Hybrid Monte Carlo simulations of the Hubbard model on the hexagonal lattice, in: Computer Physics Communications 236, 15–25.
KRIESEL, DAVID (2013), Traue keinem Scan, den du nicht selbst gefälscht hast.
LEE, CHANGGU u. a. (2008), Measurement of the Elastic Properties and Intrinsic Strength of Monolayer Graphene, in: Science 321(5887), 385–388.
LIN, Y.-M. u. a. (2010). 100-GHz Transistors from Wafer-Scale Epitaxial Graphene, in: Science 327(5966), 662–662.
LUU, THOMAS / LÄHDE, TIMO (2016), Quantum Monte Carlo calculations for carbon nanotubes, in: Phys. Rev. B 93(15).
NOVOSELOV, KONSTANTIN u. a. (2004), Electric Field Effect in Atomically Thin Carbon Films, Science 306.5696, 666–669.
OSTMEYER, JOHANN u. a. (2020), Semimetal–Mott insulator quantum phase transition of the Hubbard model on the honeycomb lattice, Phys. Rev. B 102 (24), 245–105.
WYNEN, JAN-LUKAS u. a. (2021), Machine learning to alleviate Hubbard-model sign problems, Phys. Rev. B 103 (12), 125–153.

II. KÜNSTLICHE INTELLIGENZ THEOLOGISCH UND RELIGIONSPÄDAGOGISCH BETRACHTET

„Geist" als philosophisch-theologischer Begriff

Ernstpeter Maurer

1. Einleitung

Wenn im allgemeinen gesellschaftlichen Kontext von „Künstlicher Intelligenz" die Rede ist, assoziieren wir ebenso die (menschliche) Intelligenz und stellen die unterschiedlichen Begriffe und Vorstellungen von Intelligenz in ein Verhältnis. Dabei vergleichen wir uns mit der künstlichen Intelligenz und projizieren oftmals menschliche Eigenschaften. Doch hier stellen sich unterschiedliche Fragen: Wenn wir künstlich neuronale Netzwerke erschaffen und jene Systeme intelligente Aufgaben bewältigen können, inwiefern unterscheiden sie sich von uns? Kann einer künstlichen Intelligenz Vernunft attestiert werden? Bedarf es des Lebensodems und kann eine künstliche Intelligenz jemals geistreich oder kreativ sein? Anhand meiner Überlegungen zum philosophisch-theologischen Begriff „Geist" werde ich die Fragestellungen aus theologischer Perspektive untersuchen.

2. Leib – Seele – Geist: Einleitende Verhältnisbestimmung

Ich beginne mit einigen Bemerkungen zur klassischen Terminologie: Die dreifache Differenzierung „Leib – Seele – Geist" ist traditionell und findet sich auch in 1 Thess 5,23. Sie wird seit der Antike zunächst als Hierarchie gedacht, dabei kommt es zu weiteren Differenzierungen im Begriff „Seele", die sich zuspitzen auf die Vernunft. Die Seele ist im ersten Zugriff die Differenz zwischen Lebewesen und der unbelebten Natur, daher kommt es auch innerhalb der Seele zu einer Ordnung vom Elementaren zum Komplexen, von den vegetativen Vollzügen (Pflanzen) über die Affekte (höhere Tiere) zur Vernunftseele (die menschliche Person, aber auch die Engel und natürlich Gott). Die oberste Instanz ist der Geist, in dem die menschliche Person über sich hinausgreift oder von außen getragen wird.[1]

---

[1] Eine exzellente Darstellung dieser „Trichotomie" und der Auseinandersetzung Luthers damit findet sich bei Joest, Wilfried (1967), Ontologie der Person bei Luther, Göttingen, 138–195.

Diese Hierarchie wirft bereits die Frage auf, ob die „Schichten" innerhalb der Seele nicht eher ineinander verwickelt sind. Die Seele als Lebensprinzip zeichnet sich in der Sinnlichkeit und in den Affekten ab. Jedes Lebewesen ist durch die Sinnesorgane in seine Umwelt eingebettet, es hebt sich von der Umwelt ab durch die Beziehungen zur Umwelt. Das ist bei Steinen anders, hier sehen wir keine Balance von Unterscheidung und Einfügung. Die Affekte bilden das Selbsterleben zumindest des menschlichen Geschöpfs aus, erneut in einer Balance von „außen" und „innen", von Erleben und Ergreifen. Wir sind den Affekten nicht einfach ausgeliefert, auch wenn sie uns bestimmen. Die Affekte sind in die sinnliche und damit organische Dimension mehr oder weniger verflochten. Als menschliche Geschöpfe können wir schließlich die Balance von „innen" und „außen" klären, vor allem durch die Sprache, in der sich das Erkennen der Umwelt vollzieht, die wir umgekehrt nach unseren Begriffen gestalten. Zur Umwelt gehören dann auch die anderen menschlichen Personen, mit denen wir durch die Sprache verbunden sind. Alle diese ausbalancierten Beziehungen wirkt der Geist, der demnach nicht einfach mit der Vernunft identifiziert werden kann.

„Geist" meint in der Theologie immer eine Bewegung, manchmal kraftvoll als Sturm oder belebend als Atem, manchmal als personale Relation wie in der Sprache oder als „Außer-sich-sein" in der Begeisterung. So durchwirkt der Geist die unterschiedlichen Dimensionen der Seele und schafft die Balance, die „Ganzheit" der menschlichen Person: Unmittelbare sinnliche Erfahrung und Affekte werden in der Beziehung zu anderen Personen vertieft und tragen umgekehrt zu solchen Beziehungen bei. Diese Verwicklung tritt in der Sprache plastisch hervor. Die Balance kann nicht von innen her getroffen werden, die Person wird von außen gehalten. Demnach ist schon eine „ausgeglichene" Person immer vom Geist getragen.[2]

Die Vernunft zeichnet sich als „Sollbruchstelle" in dieser Balance ab. Das Denken formt und kontrolliert das „unmittelbare Selbstbewußtsein"[3], erneut kommt hier die sprachliche Äußerung ins Spiel, dabei geht das unverwechselbare Selbsterleben unter in der allgemeinen Struktur des Denkens, denn die Sprache ist als Grammatik logisch geformt. Wenn sich allerdings das unverwechselbare Selbsterleben nicht äußern will, wird es vermutlich verkümmern. Es kommt also darauf an, die logische Struktur der Sprache zu *beleben*, dann wird sie geistreich. Die logische Struktur ist „abstrakt", weil sie die Nuancen ab-zieht. Das ist zunächst kein Nachteil, denn die präzise Sprache ist in vielen Lebensbereichen ein Gewinn oder eine Notwendigkeit. Wenn freilich die logische Struk-

---

2   Vgl. dazu Joest 1967, 183–187. Joest bezieht sich auf Luthers Auslegung der ersten Worte des Magnificats in WA 7, 550–552.
3   Vgl. zu diesem Terminus Schleiermacher, Friedrich (1830/1), Der christliche Glaube nach den Grundsätzen der evangelischen Kirche im Zusammenhange dargestellt (1830/31, hg. von M. Redeker), 7. Aufl., Berlin 1960, 16f.

tur *alles* kontrollieren will, gehen die Nuancen verloren. Das kann an einem musikalischen Beispiel elementarisiert werden: Metrum und Rhythmus sind nicht dasselbe. Erst die Spannung zwischen beiden schafft den *swing* (auch bei Bach, Chopin und Johann Strauß). Die lebendige Spannung zwischen Struktur und Nuance ist ein Grundmoment des Geistes. Die Vernunft wird erst geistreich, wenn sie diese Spannung behält. Daher hat die Philosophie immer schon begrifflich differenziert und die *ratio* als berechnendes Denken unterschieden von der Vernunft als *intellectus* oder *mens*. Dabei ist dann auch der Übergang von der *mens* zum *spiritus* (griechisch: *nous* oder *pneuma*) fließend. Die Vernunft ist eine übergeordnete Potenz, die sich immer dann abzeichnet, wenn ein Zusammenhang eingesehen wird, bevor wir ihn berechnen können. Wir können auch sagen: Der Taschenrechner kann schneller rechnen als ich, aber er kann sich nicht selbst programmieren. Der Verstand als *ratio* kann die Beobachtungen einordnen, aber das Ordnungssystem muss erst entdeckt werden von der Vernunft. Diese Reihenfolge ist nicht umkehrbar.

3. Vernunft und Handlung

Daher ist die Vernunft auch zuständig für das Handeln, das nicht nur erkennt, was ist, sondern auch einen Begriff hat von dem, was erst noch werden soll. Letztlich kann die Vernunft dann auch ethische Überlegungen anstellen und sie ist empfänglich für unbedingte Imperative, die sich nicht empirisch ableiten lassen, etwa die unantastbare Würde der menschlichen Person. Überhaupt ist die Vernunft zuständig für Einsichten, die nicht aus der Erfahrung abgeleitet werden können, aber ihrerseits die Erfahrung strukturieren. Das gilt bereits für die Mathematik und die Logik. Der Verstand kann als *ratio* erst rechnen, wenn die Vernunft erkannt hat, welche Mengen abzählbar sind und welche nicht. Wenn die Vernunft demnach stets vorausgeht, muss sie ihrerseits bezogen sein auf eine Potenz, die in der Tradition immer schon als Inspiration oder Intuition, also als „Eingeistung" oder als „Eingebung" bezeichnet wurde. So reicht die Spitze der Vernunft über die menschliche Vernunft hinaus. Solche Eingebungen sind bekanntlich nicht einfach verfügbar, weshalb wir auch von „Geistesblitzen" sprechen. Vernunft ist besonders deutlich in kreativen Prozessen, die natürlich dann die *ratio* herausfordern, denn auch eine spontane Eingebung muss formuliert oder gestaltet werden. Hier kann übrigens der geistige – oder: geistgewirkte – Gehalt von Logik und Mathematik deutlich werden. Wie bereits angedeutet: Erst die „Monopolisierung" von Logik und Mathematik wird zum Problem.

4. Vernunft und Kreativität

Die *lebendige* Vernunft als Geist schafft die lebendige Einheit der Person. Kreative Prozesse haben zu tun mit genau solchen Nuancen, die von der *ratio* abgeblendet werden. Es ist kein Zufall, wenn wir in künstlerischen Fragen von Fingerspitzen-, Takt- und Stilgefühl sprechen. Genau diese Differenzen kann die *ratio* nicht erfassen. Es ist daher nicht einfach, den Personalstil einer Lyrikerin oder eines Komponisten mit Begriffen zu umreißen – in der Regel müssen wir differenzierte Vergleiche anstellen und werden auf metaphorische Rede zurückgreifen. Hier wird die unverwechselbare Eigenart einer menschlichen Person und ihrer Produktion unendlich – besser: unerschöpflich –, kann also nicht rational „ausbuchstabiert" werden. Im Nachhinein mag es gehen: Viele Bach-Fugen können in ein Programm derart eingespeist werden, dass das Programm am Ende Bach-Fugen produziert. Nun ist das nicht viel anders als ein Kompositionsstudium, in dem ich an vielen Bach-Fugen lerne, wie eine Bach-Fuge komponiert wird, bis ich das am Ende meinerseits imitieren kann, wenn ich gut in Kontrapunkt bin. Nur hat Bach das nicht gebraucht, und der Computer weiß nichts von Bach. Das erinnert ein wenig an Hilary Putnams Ameise, die eine Karikatur von Winston Churchill in den Sand zeichnet – aber dieselben Linien wären auch im Sand, wenn Winston Churchill nie gelebt hätte.[4] Wenn sich eine Struktur einmal herausgebildet hat, kann sie präzisiert und dann auch programmiert werden – aber wie kommt es dazu, dass sich ästhetische Strukturen überhaupt ausbilden?

Wenn ich Fingerspitzen-, Takt- und Stilgefühl als charakteristische Phänomene von Geist bezeichne, wird (1) deutlich, dass es sich nicht um *un*vernünftige Vorgänge handelt, sondern eher um *über*vernünftige Dimensionen der menschlichen Vernunft. Sie können ja im Nachhinein analysiert und sie müssen nach bestimmten Regeln in gewisser Weise handwerklich gestaltet werden, spätestens bei der Formulierung eines Gedichts. Abweichungen von der Regel sind hier keine „Fehler", sondern erweisen sich als originell und anregend. Es kommt mir auf die Unumkehrbarkeit an – die übervernünftige Dimension bleibt unverfügbar, wirkt aber in die Vernunft hinein. Wir betrachten hier die Grenze der Vernunft, die unser Denken und Reden lebendig hält. (2) Zudem kommt hier der Leib ins Spiel, was sich bereits an den Ausdrücken zeigt: Es geht um die Fingerspitzen, um die rhythmische Spannung, die sich ganz leibhaftig äußert, etwa im Tanz, um den *stilus* als Griffel, der meine Handschrift prägt, auch wenn wir mittlerweile vor allem an Tastaturen sitzen.

Immerhin brauche ich am Klavier wieder mein Fingerspitzengefühl für die Nuancen des „Anschlags", wenn das Instrument singen soll, obwohl es mit seinen Hämmern ein Schlagzeug ist. Dazu muss ich mitsingen (möglichst leise), weil

---

4 Das Gedankenexperiment findet sich bei Putnam, Hilary (1990), Vernunft, Wahrheit und Geschichte (übers. von J. Schulte), Frankfurt, 15f.

es auf das Atmen ankommt. Die geistigen Phänomene haben insgesamt mit der viel beschworenen „Ganzheit" der Person zu tun, Leib und Seele und Vernunft spielen hier ineinander, was ich bereits als Balance gekennzeichnet habe. Der Geist hat mit dem Leben zu tun, jedenfalls im biblischen Kontext, aber auch außerhalb der biblischen Sprache geht es immer um Bewegung, um Energie und Dynamik.

Es ist (3) die bereits betonte Unverfügbarkeit nicht nur negativ zu kennzeichnen. Eine wichtige Konnotation von „Geist" ist der Atem, der jedes Lebewesen in die Umwelt, in seine Sphäre einbindet. Dazu gehören auch die anderen Lebewesen, vor allem die anderen menschlichen Personen, die meinen Geist beleben – und das ist ein höchst ambivalentes Phänomen, weil sich nun auch die Möglichkeit herausbildet, von ungesunden, „unreinen" Geistern beherrscht zu werden. Bleiben wir zunächst bei den positiven Aspekten: Die Balance muss gelingen, es ist nicht selbstverständlich, die rechte Nuance zu treffen, weder an der Staffelei noch am Klavier noch mit dem Stift. Wenn etwas gelingt, erfahren wir das als Geschenk – auch bei großen Pianistinnen springt der Funke nicht an jedem Abend auf das Publikum über. Wenn es gelingt, ereignet sich eine „Sternstunde". Dabei kommt es zu einer mehr als nur subjektiven Erfahrung, in die viele Personen einbezogen sind, ohne sich abzusprechen. Es entsteht eine Atmosphäre, eine gemeinsame Luft oder eben: eine geistige Einheit. Was an einem Klavierabend *en miniature* deutlich wird, kann sich auch im großen Maßstab ausbilden. Das ist vor allem deutlich in den Phänomenen, die Hegel als „objektiven Geist" kennzeichnet, in grundlegenden Werten einer Kultur, besonders prägnant in der Rechtsgestaltung und vor allem in der Sprache zu greifen. Viele Nuancen sind in einer lebendigen Sprache leicht zu treffen, aber schwer zu übersetzen – beliebtestes deutsches Beispiel „Gemütlichkeit". Wir können auch an die *idioms* denken, die den Englischunterricht mühsam machten.

5. Geist und Sprache

Sprache ist überhaupt das Phänomen, in dem sich alle Aspekte des Begriffs „Geist" bündeln, sofern wir nicht in verengter Weise die Sprache nur als Medium für die Übermittlung von Informationen begreifen, sondern vor allem dialogisch denken: Sprache als Begegnung von Angesicht zu Angesicht. Hier kommt auch die leibliche Dimension ins Spiel, denn zur Sprache gehören Mimik, Gestik und Tonfall, von hier aus wird auch die non-verbale Kommunikation erschlossen. Ein und derselbe Satz hat eine andere Bedeutung je nach Intonation, und ein Lächeln kann liebevoll oder gehässig sein, einen Satz mit ganz unterschiedlichen Nuancen versehen. Solch eine Begegnung läuft in beiden Richtungen und schafft einen Sprachraum, eine gemeinsame Sphäre oder ein Gesprächs*klima* – womit wir wieder bei einer Grundbedeutung von „Geist" wären. So ist eine lebendige Sprache erfüllt mit dem Geist einer Gemeinschaft und kann daraufhin präzisiert werden. Letztlich ist die Alltagssprache das umgreifende Medium und entfaltet sich in verschiedenen Bereichen, etwa als Wissenschaftssprache. Es kommt nicht immer und überall auf die eindeutige Präzision an, wohl im Flugverkehr und im OP, nicht aber unbedingt im Gespräch von Angesicht zu Angesicht, denn da kann ich mich auf mein Gegenüber beziehen und hoffentlich auch liebevoll von ihm tragen lassen. Wenn meine Frau mir eine Liebeserklärung macht, frage ich nicht: Wie meinst Du das genau?

Die lebendige Sprache ist geistreich – es ist daher schade, wenn sie nach dem Vorbild eines französischen Gartens nach mechanischen Regeln zurechtgestutzt wird. Es kommt immer wieder darauf an, dass das Gespräch gelingt, und zwar ist das um so weniger kontrollierbar, je persönlicher das Gespräch wird. Eine metaphorische Wendung kann treffen oder danebengehen, erst recht gilt das für ironische Wendungen, die durchaus liebevoll gemeint sein können, aber nicht immer so verstanden werden. Darauf werde ich noch eingehen. Hier kann aber schon deutlich werden: Ein Gespräch gelingt nicht immer, die Atmosphäre kann nicht durch mechanische Regeln geschaffen und auch nicht gesichert werden. Das ereignet sich immer in bestimmten Situationen und ist nicht wiederholbar, wie eine Sternstunde im Theater. Singuläre Ereignisse lassen sich zwar vergleichen, aber nicht unter allgemeine Regeln bringen. Sie bilden dennoch einen Zusammenhang, denn sie schaffen Geschichte. Wir sind unverwechselbare Personen, und zwar immer bezogen auf andere Personen. Das gilt nicht allein für die Begegnung von Angesicht zu Angesicht, sondern auch im umgreifenden Sinne einer Gemeinschaft, die sich in der Zeit wie ein Lebewesen entfaltet.

Besonders deutlich tritt das hervor in der Geistesgeschichte – in der Musik-, Literatur- und Kunstgeschichte –, die immer auf eine bestimmte Sprache bezogen ist, ohne dadurch eingeschränkt zu sein. Sonst wären Übersetzungen ja gar nicht möglich. Sie sind immer problematisch, aber eben deshalb ist der Schritt in eine andere Sprache auch oft eine Bereicherung. Die beiden letzten Opern – *Otello* und *Falstaff* – von Giuseppe Verdi sind recht gewagte Konzentrationen von Shakespeares Stücken, aber kongenial gerafft und in ein geniales Italienisch übertragen von Arrigo Boito. Das ist nur ein Beispiel. Je besser ein Gedicht, desto unwahrscheinlicher ist die gelingende Übersetzung, aber es kann ein hervorragendes anderes Gedicht in der Zielsprache herauskommen. Ich rede nun bewusst von Geistesgeschichte und frage mich immer, warum die früher so genannten Geisteswissenschaften sich inzwischen des Geistes schämen und lieber von „Kultur" reden.

6. Wider die Selbstbezogenheit des Geistes

In den bisherigen Überlegungen wurde eine harmonische Balance von Vernunft und Geist skizziert: Geist ist mehr als nur Vernunft, aber nicht widervernünftig, und eine geistlose Vernunft kann als reine *ratio* durch Computer ersetzt werden, aber kein Programm entwerfen. Diese Harmonie ist stets bedroht – und so kommen wir zu einer spezifisch theologischen Begriffsbildung, nämlich dem von Paulus entworfenen und von Martin Luther betonten Kontrast zwischen „Geist" und „Fleisch". Das ist nicht zu verwechseln mit der produktiven Spannung zwischen dem Leib und dem Geist, es geht vielmehr um den Gegensatz zwischen der Selbstlosigkeit der Person, die sich als getragen erfährt und den Geist immer wieder von außen empfängt, und der auf sich selbst fixierten, egozentrischen Person, die stets die letzte Kontrolle behalten will. Das selbstlose Empfangen des Geistes wird durch die Wendung „Inspiration" getroffen. „Geist" meint dann eine Bewegung, die zwischen Personen spielt, sie aufeinander bezieht und dadurch eine Vielfalt von Perspektiven freisetzt. Das ist freilich nicht kontrollierbar. Will die menschliche Person hier die Kontrolle übernehmen und sich die Balance, also ihr eigenes Geheimnis nicht schenken lassen, so kippt die Struktur um und wird selbstbezogen: Sie wird sündig. Das wird in Gen 3 erzählt: Die Schlange verspricht den ultimativen Überblick und damit die Gottheit: *Eritis sicut Deus, scientes bonum et malum*. Mit diesem Griff nach der Gottheit und der letzten Kontrolle trocknet der Geist aus, die Person ist nun auf ihre Vergänglichkeit fixiert und wird Fleisch – im negativen Sinne. War der Leib zuvor ein Hinweis auf die Endlichkeit, die aber nicht als Bedrohung erfahren werden muss, sondern das Leben als unverfügbares Geschenk wahrnimmt, so ist das Fleisch nun im Gegensatz dazu die anstrengende Aufgabe, den eigenen Tod so lange wie möglich hinauszuschieben durch Kontrollmaßnahmen aller Art, die immer wieder den Tod anderer Geschöpfe wirken.

„Fleisch" in diesem Sinne – als Gegensatz zu „Geist" – meint also nicht die leibliche Verfassung der menschlichen Person, sondern im Gegenteil die Selbstbezogenheit, mit Luthers Worten: die Selbst*verkrümmung* der sündigen Person in sich selbst (Joest 1967, 199f.). Das ist in gewisser Hinsicht auch ein geistiges Phänomen, aber es ist die perverse Selbstkarikatur dessen, was „Geist" ursprünglich meint. Diese Selbstverkrümmung geht aus von der Vernunft. Das ist eine reformatorische Spitze, denn das klassische Bild setzt voraus, dass die Vernunft die Balance schaffen kann, indem sie die unteren Dimensionen der Seele, vor allem die Affekte und die Begierde im Zaum hält. Das ist gleichfalls nicht einfach abwegig, denn von erwachsenen Personen erwarten wir eine solche Selbstkontrolle im Unterschied zu einem kleinkindhaften Verhalten. Ich neige zu Jähzorn, aber im universitären Rahmen muss ich mich eben zusammenreißen. Die Gefahr besteht in der Verwechslung der sinnvollen Kontrolle durch die

Vernunft – ich erinnere nochmals an das Flugzeug und den OP – und der *ultimativen umfassenden* Kontrolle, wie die Schlange sie verspricht.

Nebenbei bemerkt: Die Ersetzung des Begriffs „Geisteswissenschaften" durch die Alternative „Kulturwissenschaften" könnte den Versuch verraten, Phänomene des Geistes wie Sprache, Musik, Literatur und Bildende Kunst möglichst objektiv „von außen" zu erfassen. Das ist insofern nachvollziehbar, als eine Orientierung an den Naturwissenschaften – wie etwa im Strukturalismus – viele interessante Einsichten erschließen kann und vor allem eine hygienische Wirkung hat. Für tiefsinniges Geschwafel über den „Geist der Goethezeit" und Beethoven, der „dem Schicksal in den Rachen greift", ist da kein Platz mehr. Andererseits könnte in der reinen Außenperspektive ein wichtiger Charakterzug solcher Phänomene aus dem Blick geraten, denn im Unterschied zu Quarks, Quallen und Quasaren – die nicht mit uns reden – haben wir es in der Geschichte des Geistes mit den Spuren lebendiger menschlicher Personen zu tun, die uns nach wie vor ansprechen. Das mag eine Metapher sein, aber sie trifft. Das schließt nicht aus, dass wir die Strukturen der Fugen von Bach mit äußerster Präzision untersuchen, um sie dann noch lebendiger aufzuführen. Den Beweis haben die letzten Jahrzehnte der „historisch informierten Aufführungspraxis" erbracht.

Wird alles auf eine Vernunft reduziert, die sich ihrerseits als *ratio* an der formalen Logik orientiert und zum berechnenden Verstand rückbildet, so muss alles eindeutig sein. Das wäre dann die kognitive Version dessen, was wir in der Theologie „Sünde" nennen. Dabei entstehen übrigens seltsame Gedankengänge, etwa: „Objektiv ist, was wir messen können" oder „Es gibt nur, was wir vernünftig erklären können". Solange wir es sind, die Meßmethoden konstruieren, kann vielleicht von intersubjektiver Überprüfbarkeit, aber von Objektivität im strengen Sinne keine Rede sein. Vielmehr sind wir dann immer noch das Maß aller Dinge. Wenn unsere Vernunft überdies noch zum Maßstab für die Realität wird, erreichen wir definitiv den Zustand, wie die Schlange ihn versprochen hat. Die Vernunft wird dann geistlos, was sich an der Vergötzung der Eindeutigkeit zeigt. Das Gegenteil von Eindeutigkeit ist nicht die Vagheit oder gar die Beliebigkeit, mit der immer wieder gedroht wird, sondern die Mehrdeutigkeit. Und die ist – wie an jeder ironischen Wendung und in Satire und Parodie zu sehen – eine paradigmatisch geistreiche Angelegenheit. Dabei bedarf es der intellektuellen Anstrengung, ironische, satirische oder parodistische Gebilde zu produzieren. Es käme demnach darauf an, den Geist stets auf die Vernunft zu beziehen, ohne beides aufeinander zu reduzieren. Umgekehrt ist ein unvernünftiger Geist in der Regel als Besessenheit zu charakterisieren, hirnlose Begeisterung mag ansteckend sein, höchst anfällig für epidemische Verblödung, aber diese Spielart des unreinen Geistes ist hier nicht im Blick. Viel gefährlicher ist eben die Reduktion auf eine eindeutige Vernunft, die aus der Angst entsteht, die Kontrolle zu verlieren.

Es käme auf eine gelassene Vernunft an, die bei aller Bemühung um Präzision eine Vielfalt von Perspektiven akzeptieren kann, weil sie sich getragen weiß von der Beziehung zu anderen Personen und von der durchgehenden Bewegung des Geistes, der uns aufeinander bezieht. Das Paradigma ist die personale Sprache, in der wir nicht „übereinander" reden, sondern einander von Angesicht zu Angesicht begegnen. Das ist eine inzwischen schon altbekannte Einsicht: Zur unverwechselbaren Person werde ich nicht durch eine Suche nach meinem wahren „Ich", sondern von einer anderen Person her, die ich mit Du anrede. Die Vernunft wird befreit von der Fixierung auf kontrollierbare Eindeutigkeit durch lebendige Sprachformen, die zwar nicht mehr der klaren Mitteilung von Informationen dienen, aber einen Raum schaffen, in dem wir einander wahrnehmen, eine gemeinsame Geschichte, zu der auch der leibliche Aspekt von Mimik, Gestik und Intonation gehört. Der berechnende Verstand lächelt nicht und kann sich auch nicht freuen! Wie nun die Vernunft aus ihrer Selbstfixierung befreit werden kann, ist eine andere Frage, die ich hier nicht ausführlich behandeln kann. Wir geraten dabei definitiv in die *theologische* Rede vom Geist, in die Machtsphäre des Gottesgeistes. Bislang war vom menschlichen Geist die Rede, der sich in sich selbst verkrümmt und zum Fleisch vertrocknet. Zuvor war – oder: ursprünglich wäre – der Geist eng bezogen auf das Leben und auf lebendige Beziehungen, in denen Leib und Seele mit einer Balance beschenkt werden. Nun aber macht sich der menschliche Geist selbständig und löst sich von Gott ab, gerät in die Machtsphäre des Fleisches, der Sünde und des Todes. Aus dieser Sphäre muss der menschliche Geist befreit werden, eine Befreiung, die er sich nicht selbst verschaffen, über die er nicht verfügen kann, die ihm geschenkt wird.

7. Künstliche Intelligenz und geistreiche Vernunft

An dieser Stelle können wir einen Bogen schlagen: Die Reduktion von Wissenschaft auf berechenbare Strukturen korrespondiert mit einem Verständnis von Wirklichkeit, die ihrerseits berechenbar sein muss. Das wäre in theologischer Perspektive der Absturz des Geistes in die Sphäre des Fleisches. Ich amüsiere mich seit längerer Zeit darüber, wenn intelligente Biologen ihre Intelligenz investieren in den Nachweis, dass die menschliche Intelligenz nur ein Zufallsprodukt der Evolution ist. Kann die KI auch in diese Richtung laufen? Das glaube ich nicht – wenn wir intelligent genug sind, unsere eigenen Forschungen zu reflektieren. Es ist letztlich faszinierend, wenn ein Computer eine Bach-Fuge nach der anderen ausspuckt. Nur weiß er das nicht und gleicht der Ameise bei Putnam (s. o.). *Wir* sind es, denen die Ähnlichkeit mit Bach-Fugen auffällt, auch wenn wir das Programm nicht durchschauen. Übrigens wäre noch darauf zu verweisen, dass alle kanonischen musikalischen Formen eine geometrische Regelmäßigkeit aufweisen und daher immer schon als Programm interpretiert werden können. Ob das mit einer Nocturne von Chopin geht, scheint mir fraglich. Doch bleibt die Faszination: Es gibt eine innere Logik in der künstlerischen Gestaltung, eine Eigendynamik der Form – was nun wieder nicht sehr überraschend ist. Jede Kunst folgt – so Schleiermacher – präzisen Regeln, deren Anwendung ihrerseits nicht auf eine Regel gebracht werden kann.[5] *Kreativität zeigt sich in der Abweichung von der Regel, die neue Regeln schafft.*

Kann das im Rahmen von KI nachvollzogen werden? Ich kann und will diese Frage nicht entscheiden und gebe nur zu bedenken, welche Bedeutung der Abweichung von der Regel zukommt. In kreativen Prozessen ist sie oft nicht beabsichtigt und erweist sich erst hinterher als produktiv. Eine *software* müsste Fehler machen – was wir im Normalfall wohl nicht wollen! – und über diese Fehler nachdenken, vielleicht darüber lachen, und die Möglichkeiten abschätzen, die sich daraus ergeben. Können aber solche Fehler programmiert werden? Kann die Unterscheidung zwischen schlichten Fehlern und faszinierenden Konsequenzen aus solchen Fehlern von einem Programm vollzogen werden? Eine solche Abschätzung ist genau der Punkt, wo ein Komponist oder eine Lyrikerin auf die Inspiration vertraut, auf ein Urteil des *Geschmacks*, der sich in der persönlichen Geschichte ausgebildet hat. Wie kann die geschichtliche Erstreckung des Geschmacksurteils programmiert werden? Dabei kommt eine weitere Dimension ins Spiel: Das Geschmacksurteil ist nicht universal, aber keineswegs nur subjektiv. Es gäbe sonst keine Schönheitsideale, keine Stile und keine Mode. Die Vielfalt von Stilen zeigt beides: Ein Stil bildet sich inter-subjektiv aus, daher gibt es überhaupt einen, aber nicht *den* Stil – und so kommt es zur Geschichte der Kunst. Hier waltet keine Beliebigkeit, viel eher können wir von inter-subjektiven Gestalten des Geistes reden, auch wenn wir uns wohl zurückhalten mit der Formulierung „objektiver Geist".

Die Bemerkung zum Lachen über ungewollte Abweichungen von der Regel führt uns zu einem Aspekt, der aus dem Begriff „Geist" nicht abgeblendet werden darf. Wir reden nicht zufällig von „geistreichen Bemerkungen" und schätzen satirische oder parodistische Gebilde, weil sie uns gleichzeitig zum Nachdenken bringen *und* heiter stimmen können. Heiterkeit – Luther redet von der *hilaritas* – ist charakteristisch für den Glauben und entspricht der Befreiung aus der Selbstverkrümmung, die durch den Geist Gottes gewirkt wird. Das führt uns zu einer elementaren Erfahrung: Nicht alle lachen über dieselben Scherze. Es wäre umgekehrt verdächtig, wenn *alle* lachen – stehen sie unter Drogen wie im Karneval? Was mich erheitert, hat auch mit meiner Geschichte zu tun. Ich verfüge nicht darüber, was mich erheitert, auch wenn ich es *a posteriori* vielleicht erklären kann mit dem Hinweis auf persönliche Erfahrungen. Für die Frage nach einer ästhetisch sensiblen KI folgt daraus zunächst die Grundfrage: Wie können wir

---

5   Vgl. dazu Schleiermacher, Friedrich (1993), Hermeneutik und Kritik (hg. von M. Frank), 5. Aufl., Frankfurt, 81.

Abweichungen von einer Regel formalisieren? Fehler sind ja gerade nicht erwünscht – das zeigt die Geschichte von HAL 9000 bei Stanley Kubrick. Sodann: KI muss über die Selbstdistanz verfügen, den eigenen Fehler zu erkennen. KI sollte vor allem entscheiden, ob der Fehler korrigiert wird oder ob er eine erfrischend neue Perspektive erschließt. Zugespitzt: KI sollte lachen können, und zwar *unwillkürlich*, also nicht als Folge einer Regel. Was *ich* allerdings unwillkürlich erfahre, ist das Ergebnis einer persönlichen Geschichte, deshalb kann ich es ja auch hinterher vielleicht erklären (s. o.). Aber kann ich es auf eine Regel bringen? Und es wird noch schlimmer: Was ist mit den anderen Personen, die ihrerseits unwillkürlich über einen Witz lachen, vielleicht aus ganz anderen, ebenfalls persönlichen Erfahrungen heraus?

Diese Bemerkungen sollen lediglich andeuten, wie gewagt die Behauptung ist, die menschliche Kreativität sei im Grunde nichts anderes als ein raffinierter Algorithmus. So spricht aber nur der fleischliche Mensch. Ich habe bereits auf Dimensionen von Wirklichkeit verwiesen, die sich der Berechenbarkeit sperren. Dazu gehört vor allem die personale Wirklichkeit. Hier kommen wieder die zuvor erwähnten Aspekte von Takt-, Fingerspitzen- und Stilgefühl ins Spiel. Und vor allem ist es die Sprache, die mit der personalen Wirklichkeit verwickelt ist – diese Verwicklung kann nicht restlos von außen analysiert und daher nicht berechnet werden. Vielleicht kann KI diese Verwicklung allerdings nachzeichnen, wird sie aber nicht endgültig erfassen, weil die Mehrdeutigkeit hier nicht reduziert werden kann, sie ist wesentlich. Ein und derselbe Satz kann sehr unterschiedliche Bedeutungen haben, je nach Kontext und Situation. Er *soll* auch unterschiedliche Bedeutungen haben, denn gerade dadurch wird ein Raum eröffnet für die Begegnung von Personen, von Angesicht zu Angesicht. Die Nuancen der Mimik, Gestik und Intonation können hier nicht abgeblendet werden, daher bleibt eine sprachliche Äußerung immer bezogen auf eine unwiederholbare Situation. Eine Metapher kann treffend sein und wird doch nicht von allen Beteiligten in exakt derselben Weise verstanden. Treffend ist sie, wenn sie die lebendige Begegnung der Personen in Gang hält.

Ich mache oft darauf aufmerksam, dass bereits die Wendung „treffend" wieder eine Metapher ist. Eine Metapher wird beseitigt, wenn der Vergleichspunkt nicht in der Schwebe bleibt, sondern erklärt wird – das ist wie bei einem Witz. Wenn ich sage „mein Herz ist schwer", dann wird mein Gegenüber hoffentlich nicht fragen „wieviel Gramm sind es?", sondern wieder mit einer Metapher antworten: „was belastet dich denn?" – und versuchen, mich aufzuheitern. Das ist ein recht elementares Beispiel, komplexere Gebilde finden wir in der künstlerischen Gestaltung, die paradigmatisch für die *humanities* ist. Ich habe bereits auf die Übersetzung eines Gedichts verwiesen. Die Frage „was wollte die Autorin mit diesem Gedicht sagen?" ist unangemessen, das hat sich inzwischen herumgesprochen, außer im schlechten Deutschunterricht. Aber ein gutes Gedicht setzt einen Prozeß der Auslegung frei, der keineswegs beliebig ist, auch wenn er nicht zu eindeutigen Festlegungen führt. Vielleicht lassen sich solche Prozesse wieder mit KI präzisieren, vor allem dann, wenn wir die Gelassenheit nicht verlieren, die mit einer geistreichen Vernunft einhergeht. Möglicherweise lassen sich solche Prozesse sogar durch KI simulieren – in einer recht paradoxen Weise, denn wir können nicht mehr durchschauen, was da vorgeht. Ist das aber bei kreativen, geistreichen Vorgängen anders? Dann wäre die Präzision eine Vertiefung dessen, was bei der musikalischen Analyse eines Musikstücks immer schon konsequent durchgeführt wird – mit dem Ziel einer elektrisierenden Aufführung.

In alledem zeichnet sich ab, dass die *sciences* natürliche Wirklichkeit erforschen, sofern sie regelmäßig und berechenbar ist. Wirklichkeit ist aber auch der Bereich der Beziehungen, der sich der klassischen Logik entzieht. Damit meine ich nicht die trivialen Relationen im Alltag, sondern lebendige Beziehungen, in denen die Relata einander durchdringen und konstituieren. Was ist mit diesem Rätselwort gemeint? Ich verweise auf Ps 104,29f: „Verbirgst du dein Angesicht, so erschrecken sie [die Geschöpfe], nimmt du weg ihren Geist / Atem, so vergehen sie und werden wieder zu Staub. Du sendest aus deinen Geist, so werden sie geschaffen, und du machst neu die Gestalt / das Gesicht der Erde."

Die Geschöpfe haben ihren Bestand, ihren Selb-stand, nur in einer Bewegung, die von Gott ausgeht. In dieser Bewegung bilden sich die Gestalten aus, ähnlich wie ein Strudel im fließenden Wasser sogleich verschwindet, wenn der Fluß aufhört. Wirklichkeit kann dann nicht in elementare Dinge und Sachverhalte zerlegt werden. Sie entfaltet sich in unterschiedlichen Gestalten, woraufhin wir die Gestalten genauer erkennen können, weil auch wir in dieser geistreichen Bewegung getragen werden. Daher erkennen wir Regelmäßigkeiten und können diese Regeln mathematisch formulieren. Nur haben wir damit nicht „die eigentliche" Wirklichkeit erkannt, und daher rede ich nicht im Singular von „der" Wirklichkeit. Personale Wirklichkeit ist relational, weil hier nicht „zunächst" selbständige Personen aufeinander bezogen werden, sondern aus der Beziehung erst als Personen entstehen, eben als Strudel im Fluß. Als Eiweißklumpen mögen sie schon da sein, aber nicht als Personen. Auch wenn ich bereits da bin, bevor ich in einer Beziehung aufgehe, war ich doch niemals für mich, sondern in anderen Beziehungen. Das mag ein radikales Bild von personaler Wirklichkeit sein, aber es ist ein Reflex der göttlichen Wirklichkeit: Gott ist einzigartig, und zwar einzigartig durch die Souveränität, sich von sich selbst zu unterscheiden und gerade darin das göttliche Leben auf unerschöpfliche Weise zu realisieren. Die Einheit des göttlichen Lebens ist genau das, was wir theologisch den Geist Gottes nennen. Es ist die *lebendige* Einheit Gottes. Die menschliche Person ist – das ist eben der Reflex der göttlichen Wirklichkeit – nicht in sich selbst mit sich identisch, sondern empfängt immer wieder neu ihre unverwechselbare Eigenart von einer anderen Person her. Sie ist wesentlich „außer sich", wird aber in dieser Bewegung zu einem eigenartigen, charakteristischen Gegenüber.

Literatur

SCHLEIERMACHER, FRIEDRICH (1960), Der christliche Glaube nach den Grundsätzen der evangelischen Kirche im Zusammenhange dargestellt (1830/31, hg. von M. Redeker), 7. Aufl., Berlin.
SCHLEIERMACHER, FRIEDRICH (1993), Hermeneutik und Kritik (hg. von M. Frank), 5. Aufl., Frankfurt.
PUTNAM, HILARY (1990), Vernunft, Wahrheit und Geschichte (übers. von J. Schulte), Frankfurt.
LUTHER, MARTIN (1897), Das Magnificat verdeutscht und ausgelegt (1521), Weimarer Ausgabe, Bd. 7, Weimar, 544–560.
JOEST, WILFRIED (1967), Ontologie der Person bei Luther, Göttingen.

Digitales ‚Ich'? Trans- und Posthumanismus als theologische und religionspädagogische Herausforderung

Claudia Gärtner

1. Wo ist die Grenze? Optimierung des Menschen zwischen Koffein und Mind uploading

In der Kultserie *Big Bang Theory* führt der Physiker und Nerd Sheldon Cooper wilde Berechnungen und nahezu absurde Experimente durch, damit sein Bewusstsein in einigen Jahrzehnten digitalisiert und er unsterblich werden könne. Vermutlich ist vielen Menschen ein solcher Ehrgeiz ebenso fremd wie die Vorstellung, das eigene Bewusstsein zu digitalisieren (*mind uploading*). Doch die weit verbreitete Ablehnung von digitalen oder technologischen Eingriffen in das menschliche Bewusstsein wird bei einer vertieften Analyse brüchig, wie anhand von einigen Fragen schnell deutlich wird. Wäre man bereit, nach einem Unfall oder Schlaganfall durch digitale Hilfsmittel geschädigte Gehirnareale zu ersetzen? Sollte man dabei zugleich sein Gehirn ein wenig „intelligenter" machen? Wäre es nicht praktisch, durch ein Chipimplantat eine neue Sprache zu erlernen? Ist die Vorstellung nicht faszinierend, durch digitale Gehirnstimulationen die Menschen zu friedfertigeren Wesen zu machen? Würde man sich *Nanobots* (Kleinstcomputer) in den Körper einsetzen lassen, damit diese den Alterungsprozess an Zellen aufhalten oder ggf. sogar rückgängig machen? Oder wären *Nanobots* nicht eine hilfreiche Anschaffung, wenn diese im Körper Krankheiten erkennen und behandeln würden? Sollte man nach einem Autounfall z. B. eine Handprothese verwenden, die neuronale Impulse ihres Gehirns empfangen und sich entsprechend bewegen kann? Oder sollte man seinem gehörlosen Kind ein Cochlea-Implantat einsetzen lassen, damit es besser hören kann? Wie sieht es mit digitalen Hirnstimulationen, Antidepressiva oder Koffein aus, die Menschen glücklicher oder leistungsfähiger machen? Diese Fragen, die vermutlich mehrheitlich nicht alle verneint werden, werfen die viel grundlegendere Frage auf, welche Grenzen es für künstliche Optimierung des Menschen gibt und nach welchen Kriterien diese gesetzt bzw. die entsprechenden Maßnahmen beurteilt werden.

Ich möchte dieser Frage im Folgenden aus theologischer Perspektive nachgehen, um anschließend religionspädagogische Umgangsformen hiermit zu eruieren. Doch einleitend sollen zuerst einige Begriffe und Konzepte zumindest in Ansätzen umrissen und strukturiert werden.

2. Begriffliche Annäherungen

Mit den Begriffen *Enhancement*, Trans- bzw. Posthumanismus soll im Folgenden eine erste Struktur gegeben werden, um die aufgeworfenen Fragen einordnen und bearbeiten zu können. *Enhancement* beschreibt das Vorgehen, die physischen oder psychischen Grenzen des menschlichen Körpers durch natürliche, künstliche oder technologische Mittel vorübergehend oder dauerhaft zu überwinden (Heil 2019, 34). Der Konsum von Koffein oder Ritalin zur Leistungssteigerung fällt hierunter ebenso wie Formen des Dopings im Sport oder therapeutische Behandlungen, wie die Einnahme von Antidepressiva oder ein Cochlea-Implantat. Dabei sind die Grenzen jedoch fließend, welche Optimierungsmaßnahmen zu Eigenschaften und Fähigkeiten führen, die sich außerhalb des bestehenden menschlichen Spektrums befinden. Liegen die sportlichen Leistungen z. B. bei der Tour de France nicht längst jenseits des menschlichen Leistungsspektrums? Was bedeutet es, wenn Cochlea-Implantate Hörfrequenzen wahrnehmbar machen, die Menschen eigentlich nicht hören? Wie viel Hirnstimulation oder Psychopharmaka sind angemessen, wenn diese Glücksgefühle hervorrufen? Aber selbst, wenn die „natürlichen" menschlichen Grenzen nicht überschritten werden, so sind die Grenzen von *Enhancement* umstritten. Wie verhält es sich mit Optimierungsmaßnahmen bei Menschen mit niedrigem Intelligenzquotienten? Müsste in dieser Logik nicht eine Erhöhung des IQs angestrebt werden – und wenn ja, bis zu welchem Quotienten? Und warum sollen dann nicht alle Menschen, wenn dies medizinisch oder technologisch möglich ist, ihren IQ bis zu einer gewissen Norm steigern dürfen? *Enhancement*-Maßnahmen reichen somit von eher klassisch medizinisch-therapeutischen Eingriffen bis hin zu technologischen, digitalen Optimierungsmaßnahmen, wobei bei letzteren auch (schwache) Künstliche Intelligenz[1] zum Einsatz kommt.

Damit werden bereits die Übergänge zum Transhumanismus fließend. Hierunter versteht man die technologiegestützte Weiterentwicklung, Modifizierung und Optimierung des Menschen. Dabei geht es nicht um eine prinzipielle Überwindung, sondern um eine unabgeschlossene Transformation des Menschseins mit dem Ziel von radikaler Lebensverbesserung und -verlängerung bzw. Unsterblichkeit (Loh 2019, 42–47; Krüger 2019, 75–116). Die einleitend erwähnten

---

1 Vgl. zum differenzierten Verständnis von Künstlicher Intelligenz den Beitrag von Prof. Dr. Gregor Schiele in diesem Band.

Nanobots zur Alters- oder Krankheitsbekämpfung weisen in diese Richtung und münden in ihrer Weiterentwicklung letztendlich in der Unsterblichkeit des Menschen. Auch (digitale) Transformationen des Gehirns, die z. B. ein friedfertigeres, empathischeres Verhalten und Bewusstsein hervorrufen, können als eine so grundlegende Veränderung des Menschseins betrachtet werden, dass sie sich dem Transhumanismus zuordnen lassen und zwischen schwacher und starker KI anzusiedeln sind.[2]

Doch auch hier sind die Grenzen wiederum fließend zum sog. technologischen Posthumanismus,[3] der letztlich auf die digitale Ablösung bzw. Auflösung des Menschen durch oder in eine neue artifizielle Superspezies (z. B. durch Universal-KI, „Supercomputer") zielt. Als mögliches Verfahren wird das *mind uploading* erkundet (Loh 2019, 99–118), bei dem das individuelle Bewusstsein in einer größeren, sich selbst verbessernden Einheit, der sogenannten „Singularität", aufgehen soll (Krüger 2018, 117–136). Ob *mind uploading* bereits um das Jahr 2045 möglich sein wird, wie posthumanistische Pioniere verkünden (Kurzweil 2013), bleibt abzuwarten. Skeptiker*innen hingegen prognostizieren, dass „die komplexe Einheit von Bewusstsein, Verkörperung und Einbettung unserer Existenz in eine natürliche und soziale Umwelt" (Gasser 2020, 63) nicht vollständig digitalisierbar sei. Auch wenn somit noch offen ist, wann und ob posthumane Szenarien realisiert werden, so sind sie dennoch gegenwärtig bereits sehr wirkmächtig, sei es, indem sie in Literatur und Film äußerst präsent sind (4.3), sei es, dass sie interdisziplinär in vielen Forschungsbereichen erforscht werden.

Auch in der Theologie und Religionspädagogik findet eine, wenn auch zaghafte Auseinandersetzung mit *Enhancement,* Trans- und Posthumanismus statt. Die folgenden Ausführungen sind als ein Beitrag hierzu zu verstehen und zielen darauf, diese Entwicklungen aus theologischer bzw. ethischer Perspektive zu reflektieren, um abschließend nach einem angemessenen religionspädagogischen Umgang hiermit zu fragen.[4]

---

2   Vgl. zur Unterscheidung von schwacher und starker KI den Beitrag von Prof. Dr. Gregor Schiele in diesem Band.
3   Hiervon deutlich zu unterscheiden ist der sog. kritische Posthumanismus, der nicht auf eine immaterielle Auflösung des Subjekts zielt, sondern z. B. bei Braidotti auf eine postanthropozentrische, neomaterialistische Ontologie. Vgl. Braidotti 2014; Herbrechter 2012; Loh 2019, 130–180.
4   Vgl. ausführlich Gärtner 2022.

3. Theologische Reflexionen

Bereits in den vorangegangenen Überlegungen ist mit dem Begriff der „natürlichen" Grenze die Vorstellung von der menschlichen „Natur" als mögliches Kriterium für die Reflexion und Beurteilung von Optimierungs- und Veränderungsmaßnahmen eingeführt worden. Nicht nur aus katholischer Perspektive liegt ein solcher Reflexionshorizont nahe, ist doch der Naturbegriff insbesondere, aber nicht nur, in der katholischen theologischen Ethik bzw. Anthropologie theologiegeschichtlich dominant (Siep 2010, 279–299). Verkürzt formuliert hat Gott demnach den Menschen als Teil der göttlichen Schöpfungsordnung erschaffen. Diese göttliche Schöpfungsordnung ist dem Menschen qua Vernunft, wenn auch nicht vollends, zugänglich. Aus dieser natürlichen Schöpfungsordnung lässt sich erkennen, wie der Mensch nach göttlichem Willen zu sein und zu leben habe. Ein solch naturrechtliches Denken schimmert zumindest durch, wenn in Debatten um Trans- oder Posthumanismus nach den „natürlichen" Grenze gefragt wird. In dieser theologischen Tradition wären dann Optimierungsprozesse abzulehnen, die widernatürliche Zielsetzungen verfolgten. Doch auch wenn in Teilen der Katholischen Kirche an einem solchen Naturrechtsdenken weiterhin festgehalten wird, ist in der Moraltheologie und Ethik ein statischer Naturbegriff weitgehend obsolet geworden. Spätestens im 19. Jahrhundert wurde mit der Evolutionstheorie die Vorstellung einer inhärenten Ordnung resp. teleologischen Ausrichtung der Natur durch zufällige Mutation und Selektion untergraben und mit wachsendem historischen Bewusstsein die geschichtliche und kulturelle Bedingtheit von Werten und Normen erkannt (Siep 2010, 287). Insbesondere in Bereichen der Sexualmoral und der Frage nach „der" natürlichen sexuellen Orientierung wird deutlich, wie stark der Naturbegriff stets kontextuell konstruiert ist und wie brisant zugleich die Argumentation mit dem Naturbegriff ist (Breitsameter / Goertz 2020, 57–70). In dieser Perspektive ließe sich z. B. auch debattieren, wie sexuelle Orientierung normativ durch *Enhancement* „optimiert" werden könnte, wenn sie der natürlichen Schöpfungsordnung nicht entspreche. Ein statischer Naturbegriff erweist sich somit für eine theologische Reflexion von *Enhancement*, Trans- und Posthumanismus als ungeeignet, wenn nicht gar fatal.

Es bedarf vielmehr differenzierter und situativ-kontextueller Abwägungsprozesse, gerade in Hinblick auf eine theologisch-ethische Urteilsbildung. „Jede Optimierungsmaßnahme ist [...] Gegenstand von Abwägung und ethischer Reflexion" (Klöcker 2018, 335). Dabei kann sich ein solch theologisches Abwägen an allgemeinen ethischen Prinzipien wie Risikoabwägung und Verhältnismäßigkeit, Gerechtigkeitsstandards, anthropologischen Dimensionen und der Autonomie des Menschen orientieren (Heilinger 2016, 22–26; Klöcker 2019, 330f.). Damit folgt eine theologisch-ethische Urteilsbildung dem Verständnis von autonomer Moral, wie es z. B. von Alfons Auer (1989) entwickelt wurde. Hierbei normiert die (christliche) Religion oder Theologie nicht den Abwägungsprozess in der Hinsicht, dass Religion oder Theologie besonders strenge oder spezifisch religiöse Werte und Normen einbringen. Vielmehr besitzt eine theologische Anthropologie eine integrierende, stimulierende oder kritisierende Funktion bei ethischen Abwägungsprozessen (Auer 1989, 189–197) und will das autonom denkende und handelnde Subjekt – auch über den engeren theologischen resp. religiösen Binnendiskurs hinaus – überzeugen.

Daher orientieren sich die folgenden Ausführungen an einem dynamischen Anthropologieverständnis, das kontextuell entfaltet und interpretiert werden muss. Für die Religionspädagogik hat Bernhard Grümme eine entsprechende theologische Anthropologie entworfen (Grümme 2012). Er beschreibt darin Menschsein durch Dimensionen wie Freiheit, Sozialität/Relationalität, leibliche Verfasstheit, Endlichkeit, Identität, Rationalität und Religion, ohne dass die menschliche Natur hierdurch bereits vollends definiert, normiert oder determiniert ist. Ein solch dynamisch-kontextuelles Verständnis des Menschseins ist auch in Hinblick auf eine theologisch-ethische Beurteilung von Optimierungsmaßnahmen und mögliche Grenzbestimmungen weiterführend.

Caroline Helmus formuliert in dieser Perspektive drei Kriterien (Helmus 2020, 381). Es sei entscheidend, inwiefern bei Optimierungsmaßnahmen a) die Kontingenz, b) die Relationalität und c) die Freiheit des Menschseins gewahrt bleibe. Mit Blick auf die einleitend skizzierten Fragen werden diese drei Dimensionen bei *Enhancement* durch Cochlea-Implantate oder Coffein vermutlich bewahrt. Bezüglich der Relationalität hingegen könnte bereits die Einnahme von Psychopharmaka ambivalent zu beurteilen sein, wenn sie z. B. Glücksgefühle in einer solchen Intensität und Ausdauer bewirken, dass hierdurch zwischenmenschliche Beziehungen an Bedeutung verlieren. Bei vielen trans- bzw. posthumanistischen Maßnahmen und Zielen wiederum werden alle drei anthropologischen Dimensionen in Frage gestellt. Im Folgenden sollen daher diese drei Kriterien theologisch ausdifferenziert werden, um so Entwicklungen von *Enhancement*, Trans- und Posthumanismus kritisch erörtern zu können (Gärtner 2022).

3.1   Überwindung der menschlichen Kontingenz

Der Trans- und Posthumanismus zielt auf die Überwindung der menschlichen Kontingenz. Krankheit, Alter und letztlich Tod sollen hierdurch vermindert bzw. überwunden werden. Die Heilung von Krankheit ist aus theologisch-ethischer Perspektive unstrittig. „In der Jesuanischen Tradition wird an keiner, aber wirklich an keiner Stelle Krankheit per se gut geheißen" (Günter 2010, 33). Allerdings ist die Überwindung von Alter und Tod theologisch ambivalent. Denn wie weit können aus theologisch-ethischer Perspektive die körperlichen und psychischen Grenzen überschritten werden, um gesund, glücklich und lange zu leben?

Und welche Maßnahmen sind hierbei gerechtfertigt? Gerade angesichts der Verzögerung oder gar Überwindung des Todes werden die Soteriologie und Eschatologie in ihrem Kern betroffen und die gesamte Theologie fundamental herausfordert (Hurth 2016). An die Stelle der Erlösung des Menschen durch Gott tritt hier der sich selbst rettende Mensch, an die Stelle des ewigen Lebens bei Gott tritt der ewig lebende Mensch auf der Erde. Nicht nur Soteriologie und Eschatologie, sondern auch die Inkarnationstheologie sind durch den Trans- und Posthumanismus herausgefordert. Wenn durch das *mind uploading* die Körperlichkeit und Leiblichkeit des Menschen aufgelöst werden, dann höhlt dies den Inkarnationsgedanken des Christentums zutiefst aus (Hurth 2016). Der Mensch wäre nicht mehr ein leiblich verfasstes Wesen, das auf Gott ausgerichtet ist, sondern das sich selbst transzendiert und sich selbst zum Ziel hat. Er wäre nicht länger einmaliges Geschöpf Gottes und dessen Ebenbild, sondern vielmehr eine unabgeschlossene Selbstevolution. Mit dieser digitalen Form der Überwindung des Todes „stirbt" jedoch zugleich der Mensch als Individuum, da seine Individualität und Identität in der digitalen „Singularität" aufgeht. Zentrale dogmatische Theologumena werden somit aus trans- bzw. posthumanistischer Perspektive anfragt. Zugleich weist diese, wenn auch sehr holzschnitthafte theologische Reflexion umgekehrt auf ambivalente Dimensionen des Trans- und Posthumanismus hin. Denn die Überwindung der Kontingenz droht mit einem Verlust an Körperlich- und Leiblichkeit sowie Individualität einherzugehen, die in der gegenwärtigen Gesellschaft (paradoxerweise?) besonders fokussiert sind (Reckwitz 2018).

Zugleich werden mit der Überwindung von Kontingenz auch wichtige Grundlagen von Ethik und Moral unterlaufen. Denn moralisches Handeln entfaltet sich erst im Angesicht menschlicher Kontingenz als autonomes moralisches Handeln. Die „Begrenztheit des Menschen, seine Endlichkeit, seine Verletzbarkeit, wird zur Mit-Voraussetzung der Möglichkeit von Autonomie und Moral" (Klöcker 2018, 331). Angesichts menschlichen Leids und Begrenztheit ist der autonome Mensch zu moralischem Handeln aufgerufen, er muss sich in Freiheit zum (un)moralischen Handeln entscheiden. Doch wenn Kontingenz durch medizinische oder technologische Maßnahmen überwunden werden kann, scheint der Mensch aus seiner primären ethischen Verantwortung entbunden zu sein. Die Kontingenz des Menschen verlangt dann nicht mehr nach der ethischen Verantwortung des Mitmenschen. Vielmehr wird der Mensch aus seiner Relationalität und Sozialität entbunden, wenn Kontingenzbewältigung durch (technologische) Optimierung geschieht.

3.2 Vernachlässigung der Relationalität und Sozialität des Menschen

In der Bibel wird der Mensch bereits in den Schöpfungserzählungen (insb. Gen 1,26; 2,18) als ein relationales, soziales und politisches Wesen ausgewiesen. Die Propheten rufen immer wieder zu einem gottgefälligen Leben in einer gerechten Gesellschaft auf und auch die Reich-Gottes-Botschaft Jesu rückt die gesellschaftlich Marginalisierten in den Mittelpunkt. In der jüdisch-christlichen Tradition ist der Mensch relational auf Gott und auf seine Mitmenschen verwiesen. In den Debatten um *Enhancement* bzw. Trans- und Posthumanismus geht es jedoch primär um die Optimierung des Individuums, wobei eine relationale Orientierung an Gott oder an die Mitmenschen weitgehend unterbleibt. Es geht somit weniger um die Optimierung des menschlichen Lebens durch z. B. die Verbesserung der Lebensumstände oder der Beziehungsqualität zu den Mitmenschen. Eine Reflexion gesellschaftlicher, politischer oder ökonomischer Bedingungen menschlicher Kontingenz unterbleibt weitestgehend, obwohl hierin oftmals Ursachen von menschlichem Leid, Krankheit und (verfrühtem) Tod liegen. „Das, was an Enhancement-Interventionen nachvollziehbarerweise als attraktiv erscheint, ließe sich in den meisten Fällen besser – und moralisch weniger heikel – auf „klassische" Art und Weise erreichen, etwa durch eine Reform der gesellschaftlichen Strukturen, für die tiefgreifende biotechnologische Eingriffe in den gesunden menschlichen Organismus nicht nötig sind" (Heilinger 2016, 26). Daher ist es theologische Aufgabe zu hinterfragen, inwiefern bzw. warum die relationalen, sozialen und politischen Dimensionen des Menschseins bei *Enhancement*, Trans- und Posthumanismus weniger stark gewichtet werden. Macht- und ideologiekritisch gilt es zu fragen, inwiefern hierdurch z. B. ökonomische oder politische Interessen verschleiert und durch Optimierungsmaßnahmen zugleich Ungerechtigkeiten vergrößert werden. Denn wer bestimmt eigentlich die Ziele, Werte und Normen der Optimierung? Wer besitzt bzw. bekommt die (finanziellen, medizinischen, politischen ...) Ressourcen, um optimiert zu werden? Was ist mit Menschen, die sich diese Optimierung nicht leisten können oder wollen? Im Bereich von Schönheit und Sport sind negative soziale Folgen von *Enhancement* bereits seit langem sichtbar. Gesellschaftlich als schön empfundene Personen sind erfolgreicher, doch nicht alle Menschen haben die Ressourcen für gesunde Ernährung oder Schönheitsoperationen. Auch im Sport entscheiden über Erfolg oder Misserfolg teils (legale oder illegale) leistungssteigernde Substanzen, die nicht allen zur Verfügung stehen. Wenn diese bei *Enhancement* wahrnehmbaren strukturellen Ungleichheiten und Ungerechtigkeiten in transhumanistische Modelle überführt werden, dann ist die Gefahr, dass diese umso größer und manifester werden. Bislang noch fiktionale Szenarien, dass sich eine trans- bzw. posthumane Spezies über die Menschen erhebt und so neue Formen von Rassismus bzw. Speziesismus entstehen, können dann real werden und zu neuen, gravierenden Ungerechtigkeits- und vermutlich auch Unterdrückungs- und Exklusionsstrukturen führen. Damit tritt zugleich der optimierte Mensch bzw. die Superspezies an die Stelle Gottes, so dass die Vorstellung von Gott als dem ganz Anderen obsolet wird. So reduzieren letztlich der Trans- und Posthumanismus nicht nur die Relationalität des Menschen in Hinblick auf seine Mitmenschen, sondern verhindern auch, dass sich der Mensch in Relation zu Gott versteht oder gar einen Gottesbegriff denken kann (Grössl 2018, 347; Trocholepczy / Pišonic 2021).

3.3 Verlust der Freiheit des Menschen

Auch wenn *Enhancement* bzw. trans- und posthumanistische Visionen ein besseres Leben verheißen, muss dieses Leben nicht zwangsläufig ein freies, selbstbestimmtes Leben sein. Vielmehr können jegliche Optimierungsmaßnahmen die menschliche Freiheit begrenzen und Vielfalt normieren, insbesondere, wenn nicht öffentlich verhandelt wird, wer über Optimierungsmaßnahmen bestimmt und wer entsprechende Normen, Ziele und Werte festlegt. Seit einigen Jahren wird unter dem Begriff der Selbstoptimierung, zumeist in Tradition von Michel Foucaults „Technologien des Selbst", analysiert, wie stark gesellschaftliche, oftmals als neoliberal bezeichnete Zwänge und Machtstrukturen Individuen normieren. „Selbstoptimierung erweist sich auch und möglicherweise vor allem als Versuch einer permanenten Anpassung an Umstände, die man nicht zu verantworten hat, für deren Wirkung man aber dennoch verantwortlich gemacht wird" (Duttweiler 2016, 32). Es ist somit weniger der Wunsch des Individuums, sich selbst als freies Individuum auf eine spezifische Art zu entwickeln, sondern vielmehr sind es die gesellschaftlichen und ökonomischen Kontexte, die diese Selbstoptimierung erfordern. Wenn nun *Enhancement* oder transhumanistische Verfahren hier eine Optimierung versprechen, dann ist zumindest kritisch zu fragen, inwiefern diese „letztlich nur einen vermeintlich freien Menschen kreieren. Dieser wird sich als eine Marionette der Biotechnologie entpuppen" (Klöcker 2018, 334f.).

Im Horizont solcher Optimierungsprozesse droht dann auch menschliche Heterogenität tendenziell aufgelöst und normiert zu werden: durch die Steigerung von Intelligenz, die Behandlung körperlicher Einschränkungen oder eine Verbesserung psychischer Resilienz wird Menschsein an definierten Normen ausgerichtet (Fenner 2019). Damit liegt letztlich ein „machtbesetztes und normatives Menschenbild vor [...], welches den Körper und damit Menschsein unter ein Optimierungsparadigma stellt, welches sich durch Funktionalität und Nützlichkeit bemisst" (Helmus 2020, 381). Doch nicht nur in Hinblick auf körperliche oder kognitive Leistungsfähigkeit greifen solche Normierungsprozesse. Auch in

Hinblick auf *gender* und *race* können entsprechende Optimierungsprozesse „biopolitisch" (Helmus 2020, 384) wirken. An die Stelle der unbedingten Annahme eines jeden Individuums durch Gott tritt dann die Optimierung des Menschen, die sich an heteronom bestimmten Menschenbildern orientiert.

4. Religionspädagogische Herausforderungen

Auf unterschiedlichen Ebenen besitzen Heranwachsende Erfahrungen mit *Enhancement*, Trans- und Posthumanismus. Die beschriebenen Tendenzen der Selbstoptimierung, insbesondere in Hinblick auf Leistungsoptimierung, sind ihnen oftmals aus dem eigenen Leben vertraut: In Sport und Schule sind die Übergänge zwischen Übung, Training und (legalen und illegalen) leistungssteigernden Optimierungsmaßnahmen teils fließend. Zugleich werden in Literatur und Film trans- und posthumanistische Szenarien in vielfältigen Formen durchgespielt. Eine lebenswelt- und erfahrungsorientierte Religionspädagogik kann hieran vielfältig ansetzen. Exemplarisch seien drei Zugänge im Folgenden entfaltet.

4.1 Theologisch-ethisches Lernen anhand von Dilemmata

Auf der Ebene religionspädagogischer Prinzipien lässt sich die Thematik mit dem Prinzip des ethischen Lernens bearbeiten. Beim ethischen Lernen ist insbesondere in weltanschaulich pluralen Kontexten das Modell der Wertekommunikation von besonderer Relevanz. Dieses zielt nicht auf die Übertragung oder Vermittlung von Werten, sondern auf die Diskussion und Kommunikation über Werte, mit dem Ziel, die Lernenden zu einer begründeten (theologisch-)ethischen Urteilsbildung zu befähigen. Hierbei hat sich das Lernen an Dilemmasituationen besonders bewährt (Fuchs 2010; Kuld 2021, 311–317). Bereits die einleitend skizzierten Fragen weisen darauf hin, dass sich in diesem Themenfeld vielfältige Dilemmasituationen abzeichnen, die einer ethischen Abwägung und Diskussion bedürfen. Aus der Theologie lassen sich, wie aufgezeigt, keine einfachen Normen ableiten, die diese dilemmatischen Situationen aufheben können. Vielmehr lassen sich theologische und anthropologische Dimensionen in diesen Diskussionsprozess einspeisen, mit der Zielsetzung, hierdurch ethische Abwägungsprozesse zu stimulieren oder zu kritisieren, wie dies bereits Alfons Auer entfaltet hat (3).

Ein solch ethisches Lernen ist bereits im Grundschulalter möglich, wenngleich hier der Abstraktionsgrad oder die Offenheit des Diskurses nicht zu groß sein sollte. Ausgangspunkt kann hier die Wertschätzung der Einzigartigkeit eines jedes Menschen mit seinen Fähigkeiten, Möglichkeiten und Grenzen sowie Potenzialen sein. Der Religionsunterricht (RU) kann dazu beitragen, den eigenen Körper, die eigenen Fähigkeiten und Fertigkeiten wahr- und anzunehmen sowie Heterogenität wertzuschätzen. In der Sekundarstufe I bieten Themenschwerpunkte wie Doping oder Schönheitsoperationen lebensweltliche Ansatzpunkte, um über Optimierungsmaßnahmen und *Enhancement* ins Gespräch zu kommen (Teschmer 2020, 39–43; Rabe 2020, 49–53; Kapetanovic 2015, 21–27; Hößle / Alfs 2014, 47–65). Auch Gehirndoping durch schulischen Leistungsdruck kann in einigen Schulklassen durchaus ein Erfahrungshorizont darstellen. An diesen Themen können die Schüler*innen argumentieren lernen, Argumente ethisch abwägen und sich anhand lebensweltlich relevanter Fallbeispiele begründet positionieren. In der Sekundarstufe II wiederum sieht der Lehrplan vor, dass explizit die Möglichkeiten und Grenzen verschiedener Typen ethischer Argumentation behandelt und unterschiedliche Positionen zu konkreten ethischen Entscheidungsfeldern unter Berücksichtigung christlicher Ethik diskutiert werden. Der Trans- und Posthumanismus kann somit in seiner Ambivalenz entsprechend erörtert und hieran exemplarisch in theologisch-ethisches Argumentieren eingeführt werden (Stroop 2020, 36–41; Oberndorfer 2016, 57–65).

4.2 *Politisch orientiertes religiöses Lernen durch ideologiekritische Perspektivierung*

Religiöses Lernen sollte die theologisch-ethische Diskussion nicht allein auf das Individuum und seine Optimierungsbestrebungen fokussieren, sondern auch den gesellschaftlich-politischen Horizont mit seinen leitenden Weltanschauungen und Ideologien analysieren. Der Fokus ist somit nicht allein auf das moralisch handelnde Subjekt zu richten, sondern muss auch fragen, in welchen gesellschaftlichen, politischen Strukturen diese Handlungen kontextualisiert sind, welche entsprechenden Folgen diese besitzen und inwiefern hierdurch Macht- und Unrechtsstrukturen verfestigt werden. In diesem Zusammenhang sind auch die mit dem Trans- und Posthumanismus verbundenen „Erlösungsphantasien" (Charbonnier 2018, 249) zu reflektieren. „Theologie hat nach ihrem Selbstverständnis quasi-religiöse Übersteigerungen der Erwartungen an Digitalisierung zu dekonstruieren," (Charbonnier 2018, 249) da bei einem ideologiekritischen Blick auf die fortschreitende Digitalisierung aller Lebensbereiche die Kluft zwischen einigen wenigen großen Gewinner*innen und vielen Verlierer*innen deutlich wird. Analog zu einer ideologiekritischen Thematisierung gegenwärtiger Digitalisierungsprozesse (Herbst 2020, 179–196) lässt sich auch ein analytisch-kritischer Blick auf die mit dem Trans- oder Posthumanismus verbundenen Erlösungshoffnungen richten.

4.3 Philosophisch-theologische Gedankenexperimente anhand von Literatur und Film

Während mit ethischem und politisch-ideologiekritischem Lernen Prinzipien bzw. Dimensionen religiösen Lernens fokussiert wurden, stellt das Lernen mit Literatur und Film primär methodische bzw. mediale religionsdidaktische Überlegungen in den Mittelpunkt. Science-Fiction Literatur und Filme entwickeln auf vielfältige Weise trans- und posthumanistische Szenarien und Narrationen, wie z. B. in *Black Mirror, Altered Carbon, Upload, Matrix* oder „*Alles, was wir geben mussten*" (Ishiguro 2005; Dihle / Thees, 2020). Mit Georg Langenhorst lässt sich das religionspädagogische Potenzial dieser fiktionalen Medien als Erfahrungserweiterung, Wirklichkeitserschließung, Möglichkeitsandeutung charakterisieren (Langenhorst 2011, 60–63), das sich in der Rezeption entfaltet und religionspädagogisch aufgegriffen werden kann (Zimmermann 2021, 339–346). Gerade weil Lernende keine direkten trans- oder posthumanen Erfahrungen oder Kenntnisse über deren Konsequenzen besitzen, kann das Eintauchen in diese fiktionalen Welten und deren Reflexion didaktisch als Gedankenexperimente (Bertram 2018) entfaltet werden, in denen die Formen und Konsequenzen des Trans- und Posthumanismus durchgespielt werden (Shapshay 2009, 7, zit. n. Gojny 2021, 350). Durch die „emotionale Wucht" (Gojny 2021, 349) von Film und Literatur läuft die religionspädagogische Arbeit mit diesen Medien jedoch Gefahr, emotional zu überwältigen und ggf. zu einer einseitigen Werteübertragung oder -vermittlung zu verleiten. Daher ist eine mehrperspektivische Erörterung, die auf Wertekommunikation zielt (4.1), didaktisch-methodisch zu berücksichtigen. In diese mehrperspektivische Diskussion ist auch die theologische Perspektive (3) mit einzubringen. Wie bereits skizziert, kann die theologische Anthropologie bzw. Theologie in einer weltanschaulich pluralen Gesellschaft diesen Diskurs nicht normieren. Entsprechend kontrovers und offen sind theologisch-ethische Abwägungsprozesse in den trans- oder posthumanistischen Gedankenexperimenten zu führen.

Diese Offenheit ist nicht nur aus didaktischen, sondern auch aus theologischen Gründen geboten. Das Reich Gottes ist zwar mit Jesus Christus bereits angebrochen, seine Botschaft kündet von der Erlösung der gesamten Schöpfung. Aber die Schöpfung wartet noch auf ihre Vollendung – die Zukunft der Welt ist damit offen und kann weder in *Science-Fiction* Gedankenexperimenten noch in trans- oder posthumanen Erlösungshoffnungen antizipiert werden. Und dass die Welt innerhalb kürzester Zeit gänzlich anders ist als gedacht, hat die Corona-Pandemie eindrücklich und schrecklich zugleich bewusstgemacht.

Literatur

Auer, Alfons (1987), Autonome Moral und christlicher Glaube, 2. Aufl., Düsseldorf.
Bertram, Georg W. (2018), Philosophische Gedankenexperimente. Ein Lese- und Studienbuch, 3. Aufl., Stuttgart.
Braidotti, Rosi (2014), Posthumanismus, Frankfurt.
Breitsameter, Christof / Goertz, Stephan (2020), Vom Vorrang der Liebe. Zeitenwende für die katholische Sexualmoral, Freiburg.
Charbonnier, Ralph (2018), Digitalisierung: Theologische Selbstklärungen und Gegenwartsinterpretationen. Eine Skizze, in: ZPT 70, 238–250.
Dihle, Ariane / Thees, Frauke (2020): Kazuo Ishiguro: „Alles, was wir geben mussten" – Eine fächerübergreifende Annäherung, in: Loccumer Pelikan 2, 59–63.
Duttweiler, Stefanie (2016), Alltägliche (Selbst)Optimierung in neoliberalen Gesellschaften, in: APuZ 66, 27–32.
Fenner, Dagmar (2019), Selbstoptimierung und Enhancement. Ein ethischer Grundriss, Tübingen.
Fuchs Monika, E. (2010), Bioethische Urteilsbildung im Religionsunterricht. Theoretische Reflexion – Empirische Rekonstruktion, Göttingen.
Gasser, Georg (2020), 101001011... Ich, digital?' Anthropologische und identitätstheoretische Überlegungen zur Vision des Mind-Uploading, in: LIMINA. Grazer theologische Perspektiven 3(2), 39–70.
Gärtner, Claudia (2022), Optimierung der menschlichen Natur, in: Rothgangel, Martin u. a. (Hg.), Ethische Kernthemen, Göttingen, 368–378.
Gedankenexperimente im Philosophie- und Ethikunterricht. Themenheft (2015). In: Praxis Philosophie und Ethik. 1(5).
Gojny, Tanja (2021), Lernen mit Filmen, in: Lindner, Konstantin / Zimmermann, Mirjam (Hg.), Handbuch ethische Bildung. Religionspädagogische Fokussierungen, Tübingen, 346–353.
Grössl, Johannes (2018), Verbesserung oder Zerstörung der menschlichen Natur? Eine theologische Evaluation des Transhumanismus, in: Göcke, Benedikt Paul / Meier-Hamidi, Frank (Hg.), Designobjekt Mensch. Die Agenda des Transhumanismus auf dem Prüfstand, Freiburg, 339–361.
Grümme, Bernhard (2012), Menschen bilden? Eine religionspädagogische Anthropologie, Freiburg i. Br.
Günter Thomas (2010), Enhancement. Evangelisch theologische Optionen in der gegenwärtigen Debatte, in: Müller, Monika C. M. u. a. (Hg.), Sind Sie gut genug? Zur (Selbst-)Optimierung und Vervollkommnung des Menschen, Rehburg-Loccum, 25–38.
Heil, Reinhard (2019), Die Verbesserung des Menschen – Human Enhancement und Postbiologie, in: Zeitschrift für Pastoraltheologie 39(1), 33–41.
Heilinger, Jan-Christoph (2016), Grenzen des Menschen. Zu einer Ethik des Enhancement, in: APuZ 66, 22–26.
Helmus, Caroline (2020), Transhumanismus – der neue (Unter-)Gang des Menschen? Das Menschenbild des Transhumanismus und seine Herausforderung für die Theologische Anthropologie, Regensburg.
Herbrechter, Stefan (2012), Posthumanismus. Eine kritische Einführung, Darmstadt.
Herbst, Jan-Hendrik (2020), Vom Overhead-Projektor zu Big Data-Analytics? Ideologiekritische Perspektiven auf die Digitalisierung des Religionsunterrichts, in: ÖRF 28(1), 179–196.
Hößle, Corinna / Alfs, Neele (2014), Doping, Gentechnik, Zirkustiere: Bioethik im Unterricht, Hannover.

HURTH, ELISABETH (2016), „Ewig" leben. Die Heilsversprechen des Transhumanismus, in: Herder Korrespondenz 70(12), 40–44.
ISHIGURO, KAZOU (2005), Alles, was wir geben mussten, München.
KAPETANOVIC, PIT (2015), Pimp my body. Möglichkeiten und Grenzen des body enhancement, in: Praxis Philosophie und Ethik 1(3), 21–27.
KLÖCKER, KARHARINA (2018), Zur ethischen Diskussion um Enhancement. Eine kritische Anmerkung zum Transhumanismus aus theologisch-ethischer Perspektive, in: Göcke, Benedikt Paul / Meier-Hamidi, Frank (Hg.): Designobjekt Mensch. Die Agenda des Transhumanismus auf dem Prüfstand, Freiburg, 308–338.
KRÜGER, OLIVER (2019), Virtualität und Unsterblichkeit: Gott, Evolution und die Singularität im Post-und Transhumanismus, Freiburg u. a.
KULD, LOTHAR (2021), Lernen an Dilemmata, in: Lindner, Konstantin / Zimmermann, Mirjam (Hg.), Handbuch ethische Bildung. Religionspädagogische Fokussierungen, Tübingen, 311–317.
KURZWEIL, RAY (2013), Menschheit 2.0. Die Singularität naht, Berlin.
LANGENHORST GEORG (2011), Literarische Texte im Religionsunterricht. Ein Handbuch für die Praxis, Freiburg.
LOH, JANINA (2019), Trans- und Posthumanismus zur Einführung, Hamburg.
OBERNDORFER, GISELA (2016), Forever young? Transhumane Verheißungen auf dem Prüfstand, in: Praxis Philosophie und Ethik 2(6), 57–65.
RABE, KIRSTEN (2020), „Ich mache einen Entwurf von ihm und sorge, dass er ihm ähnlich wird." Kosmetische Operationen bei angeborenen Varianten der körperlichen Geschlechtsmerkmale, in: Loccumer Pelikan 30(2), 49–53.
RECKWITZ, ANDREAS (2018), Die Gesellschaft der Singularitäten. Zum Strukturwandel der Moderne, 5. Aufl., Berlin.
SHAPSHAY, SANDRA (2009), Introduction, in: dies. (Hg.), Bioethics at the Movies, Baltimore, 1–12.
SIEP, LUDWIG (2010), Naturrecht und Bioethik, in: Concilium 46, 279–299.
STROOP, BARBARA (2020), Schlauer, klüger und besser – Intelligenzia für alle? Cognitive Enhancement aus medizinethischer Perspektive, in: Ethik & Unterricht 29(2), 36–41.
TESCHMER, CAROLINE (2020), Unters Messer für die Schönheit? Ästhetische Chirurgie in ethischer Reflexion, in: Loccumer Pelikan 30(2), 39–43.
TROCHOLEPCZY, BERND / PIŠONIC, KLARA (2021), Deus sive Big Data. Von Allmachts- und Unsterblichkeitsfantasien angesichts des Netzes, in: Beck, Wolfgang u. a. (Hg.), Theologie und Digitalität, Freiburg, 368–387.
ZIMMERMANN, MIRJAM (2021), Lernen mit (Kinder und Jugend-)Literatur, in: Lindner, Konstantin / Zimmermann, Mirjam (Hg.), Handbuch ethische Bildung. Religionspädagogische Fokussierungen, Tübingen, 339–346.

Körper und Künstliche Intelligenz. (Un-)Verfügbare Beziehungen?

Britta Konz / Marcel Scholz

1. Einleitung

Siri und Alexa sind aus dem Alltag vieler Menschen nicht mehr wegzudenken. Aber eine Beziehung zu einem Hologramm? Tatsächlich gibt es hierfür bereits ein erstes Objekt auf dem Markt. Die „Gatebox" ist ein transportables Kommunikationsmedium für den privaten Wohnbereich, um das eigene Leben zusammen mit einem virtuellen Charakter zu gestalten: „AI Character as your partner", mit dieser Beschreibung wirbt die japanische Firma Gatebox für ihr Produkt.[1] Es handelt sich um ein gläsernes Objekt in Größe einer kleinen Kaffeemaschine, das wie ein durchsichtiger Vogelkäfig aussieht und in dem ein feenhaftes Mangamädchen steckt. Der gestaltbare, digitale Wunschcharakter ist nicht nur als Hologramm virtuell anwesend und kann Smart-Home-Funktionen übernehmen, sondern erhebt zugleich den Anspruch, einen Menschen auf zwischenmenschlicher Ebene zu imitieren und zu ersetzen. So hüpft die Figur vor Freude, wenn der*die Besitzer*in nach Hause kommt, nennt ihn ‚Liebling' und schickt sehnsüchtige Sprachnachrichten.

Eine auch in anderen Ländern etwas verbreitetere Form der ‚KI-Beziehung' sind Chatbot-Apps, wie „Replika", eine Art Konversationsroboter, der auf maschinellem Lernen beruht. Replika wurde von Eugenia Kuyda entwickelt, nachdem ihr bester Freund verstarb und sie ihn zumindest in Form von Textnachrichten wiederauferstehen lassen wollte (Weidelmann 2020). Chatbots, wie „Replika" sind in den Bereich der Conversational AI einzuordnen, das sind künstlich intelligente Systeme, die auf Unterhaltung spezialisiert sind und sich durch die Kommunikation mit den Nutzer*innen weiterentwickeln. Die User*innen können das Äußere ihres Chatbots gestalten, indem sie Geschlecht, Augenfarbe, Frisur, Ethnizität wählen. Später lassen sich Erweiterungen kaufen, wie z. B. Kleidung oder Tattoos. Auf der Homepage wird damit geworben, dass Replika immer da ist, um zuzuhören und zu reden, er*sie ist „the AI companion who

---

[1] Homepage der Firma „Gatebox" zu ihrem Produkt „Gatebox": https://www.gatebox.ai/en. [21.07.2022].

cares".² Der Chatbot merkt sich Informationen und ist auf emotionale Anteilnahme programmiert. Dieser fragt z. B., wie der Tag war oder warum man gestresst oder traurig ist und imitiert eine flirtende Konversation. Auffällig ist, dass der Konversationsroboter niemals infragestellt oder kritisiert, sondern immer zustimmt und positiv bestärkt. Auch wenn das System noch nicht ausgereift ist und insbesondere am Anfang beim Prozess des Datensammelns die Konversation noch recht holprig verläuft, wird hier wie beim Hologramm ein*e „Beziehungspartner*in" angeboten, der*die rein auf eine einseitige Bedürfnisbefriedigung programmiert ist: Er*sie hat kein eigenes Leben, keine eigenen Bedürfnisse (außer, dass er*sie nach Kommunikation fragt), ist immer verfügbar, kann aber ausgeschaltet werden, wenn man nicht kommunizieren möchte. Er*Sie spiegelt ein rein positives Bild von einem selbst wider, ohne dass man dafür etwas investieren oder an der Beziehung arbeiten muss.

Extremer wird dies bei KI-Sexrobotern, wie z. B. Emma von Doll4me. Hier wird damit geworben, dass man sich seine Puppe speziell auf seine Bedürfnisse zusammenstellen kann und so seine „perfekte Traumfrau" kaufen kann. Auch wenn der Besitz von Sexpuppen mit kindlichem Erscheinungsbild nach § 184I StGB strafbar ist, machen Entwickler*innen auch hiervor nicht Halt und die Puppen werden in ihrem äußeren Erscheinungsbild stetig jünger (Wolfangel 2016). Die KI ist so programmiert, dass eine rudimentäre – auf sexuelle Bedürfnisbefriedigung angelegte – Konversation möglich ist.

Auch in Bezug auf den eigenen Körper verheißen die Innovationen im Bereich von KI neue Möglichkeiten. Seinen Körper bewohnen zu lernen und seine Begrenzungen sowie auch die Sterblichkeit zu akzeptieren ist eine lebenslange Entwicklungsaufgabe, die nicht allen Menschen leichtfällt (Konz 2022). So ist der Wunsch nach der Aufhebung des menschlichen Alterungsprozesses und des körperlichen Verfalls eines der Hauptanliegen der transhumanistischen Agenda (More / Vita-More 2013, 213; de Grey 2013; Loh 2018, 42). Bisher unabwendbare biologische Prozesse sollen auf diese Weise steuerbar werden. Janina Loh stellt heraus, dass der Tod im Transhumanismus als Obszönität (Young 2006, 15) und das Altern als zu bekämpfende Krankheit (Caplan 1981, 259) betrachtet werden (Loh 2018; 42). Der Mensch soll, so eine Vision im Transhumanismus, irgendwann die Kontrolle über sein Leben erhalten und Natur und Zeit dann nicht länger die Grenze seiner Existenz markieren (Loh 2018, 43). Neben der „Überwindung" des Todes durch technologische Erfindungen und lebensverlängernde Maßnahmen gibt es auch Vorstellungen einer „virtuellen Unsterblichkeit" (Krüger 2019), welche vorwiegend im technologischen Posthumanismus anzutreffen ist (Loh 2018, 92–129). Dies gilt sowohl für das in trans- und posthumanistischen Kreisen diskutierte „Mind Uploading" als auch für die Überwindung des biologi-

---

2   Homepage zum Produkt „replika": https://replika.com [21.07.2022].

schen Menschen in die Sphäre der Virtualität bis hin zu einer Ablösung des Menschen (Loh 2018, 103f.).³ Vom Mind Uploading versprechen sich Posthumanisten, dass sowohl das Bewusstsein des Menschen als auch der Körper in vollem Umfang verfügbar werden. Der Körper könnte nach den eigenen Wünschen gestaltet, modifiziert und optimiert werden, indem er künstlich materiell, das Bewusstsein dagegen virtuell wird.

Diese mit der Weitentwicklung von KI und Technik einhergehenden Transformationen des Umgangs mit dem eigenen und artifiziellen Körper verändern den Menschen und seine ihn umgebende Lebenswelt: Sowohl bei dem Ersetzen menschlicher Beziehungspartner*innen als auch bei der erweiterten Steuerung biologischer Prozesse, werden die Grenzen des Möglichen und das, worüber der Mensch verfügen kann, verschoben. Es ist anzunehmen, dass mit der Weiterentwicklung der Technik in Zukunft die komplexen Beeinflussungen des Körpers zunehmen werden und die Grenzen zwischen Virtualität und Realität weiter zu verschwimmen drohen, sodass die Frage nach Körpergrenzen, nach der ‚Authentizität' von Beziehungen und dem ‚realen' Zusammenleben neu gestellt werden muss. Die damit entstandenen und weiter entstehenden transgressiven Möglichkeitsräume erfordern eine neue Verhältnisbestimmung des Menschen, seines Körpers und seiner (Erfahrungs-)Welt und spezifische ethische Überlegungen. Im Speziellen fordern sie die Theologie heraus, insofern sie die Vorstellung eines von Gott geschaffenen und auf Gott angewiesenen Menschen in Frage stellen.

Entgegen rein kulturpessimistischer Deutungen sind technische Innovationen und Bestrebungen zur Optimierung des Menschen und seines Körpers jedoch nicht per se negativ zu bewerten. Auch sind nicht alle technischen Formen der Beziehungsgestaltung an sich problematisch: So können beispielsweise durch das Smartphone und digitale Formate Beziehungen über eine große Entfernung aufrechterhalten werden. Schon seit Menschenbeginn gab und gibt es Veränderungen der Beziehungsformen und Versuche, körperliche Mängel kreativ auszugleichen (Gugutzer 2013, 70) wie auch Bestrebungen zur Verschönerung und Optimierung des Körpers (Gugutzer 2007, 3ff.). Gehirngesteuerte Handprothesen werden beispielsweise die wenigsten ablehnen. Ebenso wenig sollte ein pauschal negatives Urteil über Künstliche Intelligenz gefällt werden, denn wie es auch Ladan Pooyan-Weihso betont, geht die eigentliche Gefahr nicht von einer „Künstliche[n] Intelligenz außerhalb unserer menschlichen Kontrolle [aus], die unsere Ausrottung herbeiführen könnte", sondern vom Menschen, der KI so programmiert, dass Menschenrechte missachtet werden, zum Beispiel,

---

3   Beim Mind Uploading handelt es sich um die Übertragung des menschlichen Bewusstseins auf einen Computer oder einen künstlichen Körper (Loh 2018, 99f.; Moravec 1988, 109f.; Linssen / Lemmens 2016; Merkle 2013). Auf theoretischer Ebene werden nicht-invasive und invasive Methoden diskutiert.

wenn „bewusst Killerroboter programmier[t] oder rassistische oder frauenfeindliche Chatbots erstell[t]" (Bonin o. J.) werden. Es bedarf daher einer ethischen Reflexion, welche Begrenzungen notwendig sind, um Menschenrechte zu schützen und Grundrechte wie Würde, Freiheit, Gleichheit und Solidarität zu sichern oder auch Datenschutz zu gewährleisten.

Da der Gegenstandsbereich äußerst komplex ist, sollen im Folgenden aus religionspädagogischer Sicht nur einige Diskurslinien aufgezeigt werden. So wird zunächst danach gefragt, in welches gesellschaftliche Bedingungsfeld die Bezugnahme auf KI eingebettet ist und welche ökonomischen Interessen sich hinter der Weiterentwicklung von künstlich intelligenten Beziehungsangeboten ausmachen lassen. Hiervon ausgehend wird erörtert, welches Menschenbild in intelligente Roboter oder künstlich intelligente Programme eingetragen bzw. mit ihnen kolportiert wird. Anschließend wird reflektiert, welche Auswirkungen dies auf Beziehungsgestaltungen und Resonanzverhältnisse von Menschen haben könnte. Zum Schluss werden theologische und religionspädagogische Perspektiven für eine ethische Reflexion des Themas im Religionsunterricht entworfen.

2. Sehnsucht nach Resonanz und (Welt-) Beziehungen im Kontext kapitalistischer Marktlogik

Die Weiterentwicklung von KI vollzieht sich im Rahmen der gegebenen gesellschaftlichen und ökonomischen Strukturen und ist an vielfältigen wirtschaftlichen Interessen orientiert. Wie Birte Platow zu Recht hervorhebt, sind inzwischen zahlreiche „Wirtschaftszweige (u. a. der Kapitalmarkt, Versicherungswesen) sowie Politik (Analyse, Meinungsbildung u. v. m.)" an „Big Data und ihre[...] vielseitige[...] Verarbeitung" (Platow 2022, 87) gebunden. Die einzelnen Programmierer*innen, die KI gestalten und bestimmen, wie die Programme arbeiten, treffen ihre Entscheidungen also nicht singulär, „sie sind in komplexe Systeme des Marktes eingebunden".

Um zu verstehen, in welche marktwirtschaftlichen Denklogiken die Entwicklung von KI-Beziehungsformen eingebettet ist, können die soziologischen Gesellschaftsanalysen von Hartmut Rosa fruchtbar gemacht werden. Er analysiert die Geschichte der Moderne für Industriegesellschaften als eine Geschichte der Beschleunigung, bei der auf eine stetige Optimierung, Steigerung und Technisierung der Gesellschaft gezielt wird. Diesen Akzelerationstendenzen ist nach Rosa der Drang zur stetigen Reichweitenvergrößerung und zur „Verfügbarmachung" von Welt immanent, weil sie sich auf diese Weise stabilisieren. „Verfügbarmachung von Welt" meint hierbei, dass die Welt „technisch, ökonomisch und politisch in Reichweite" gebracht werden soll, indem es gilt, „Rohstoffe nutzbar zu machen, Märkte zu erschließen, soziale und psychische Potenziale zu aktivieren, technische Möglichkeiten zu vergrößern, die Wissensbasis zu vertiefen, Steuerungs- und Kontrollmöglichkeiten zu verbessern etc." (Rosa 2020b, 16). Damit einher geht der Wunsch, sich Ressourcen zu sichern und der Dinge habhaft zu werden, sie ganz und gar zur Verfügung zu haben, der nach Ansicht von Rosa strukturell in moderne Gesellschaften eingelassen ist. Dies hat Auswirkungen auf die (Welt-)Beziehungen der Einzelnen (Rosa 2020a; 2020b, 16ff., 37–47).

In der kapitalistischen Logik wird die Qualität des Lebens an Besitztümern gemessen. Man glaubt, eine glückliche Weltbeziehung zu führen, wenn man genug besitzt bzw. sich genügend „Weltausschnitte" (Rosa 2020a) aneignet. Individuen versuchen dementsprechend ihre Berufsposition zu verbessern, ihr Einkommen zu erhöhen, gesünder und attraktiver zu werden usw., in der Hoffnung, ein gutes Leben und Resonanz zu finden (Rosa 2020b, 16f.). Rosa spricht von einer „Verheißung der Weltreichweitenvergrößerung" (Rosa 2020b, 16f.), weil damit Versprechen eines besseren Lebens einhergehen. Resonanz wird dabei als Verfügbarkeit missinterpretiert bzw. in der Verfügbarkeit von Waren, Mitmenschen und der Natur gesucht. Hieraus resultiert eine Ökonomisierung der Dinge und des Menschen. Ein solch objektivierender Zugriff auf Dinge im Drang, sich die Umwelt verfügbar und kontrollierbar zu machen, kann sich auch im Umgang mit dem eigenen Körper widerspiegeln. Paula-Irene Villa analysiert dieses „Verfügbarmachen" des Körpers mit Michel Foucaults Gouvernementalitäts-Konzept als „zentralen Modus neuartiger Herrschaftstechniken":

> Für Foucault liegt in der Verfügbarmachung von Dingen, Existenzweisen und Subjektformen eine neue Qualität des Herrschens, die ohne Verbote und externe Zwänge auskommt, sondern auf die Selbstregierung der Menschen im Modus rationaler Auswahl zwischen Alternativen setzt. Wirkmächtige Diskurse – etwa das ökonomisch begründete Optimierungsimperativ – lassen dabei einige Alternativen rationaler als andere erscheinen und so wird aus der Verfügbarkeit ein Einfallstor für die Selbstbeherrschung aus freien Stücken (Villa 2015, 255).

Gleichzeitig entzieht sich die Welt jedoch immer wieder dem Wunsch nach Kontrolle. Der Körper bleibt trotz aller Perfektionierungsbestrebungen vulnerabel, Kontingenzereignisse machen Lebenspläne zunichte, Naturkatastrophen und Klimawandel konterkarieren die Vorstellung einer Beherrschbarkeit der Natur. Infolgedessen verstärkt sich der Wunsch nach verlässlichen, stabilen und tragenden Beziehungen. Nicht zuletzt, weil diese vielen Menschen verwehrt bleiben, eröffnet sich hier ein riesiger Markt mit einem vielfältigen Angebot. Es ist eine Art selbstreferentielles System, da die Sehnsucht nach Resonanz stets neu durch Marktangebote befeuert und vorübergehend befriedigt wird, bis das nächste Produkt Sehnsüchte weckt und suggeriert, dass sein Besitz glücklich machen wird. Dahinter steht ein utilitaristisches Verständnis von Glück als Maximierung, bei dem es „weniger um die Optimierung des menschlichen Lebens durch z. B. die Verbesserung der Lebensumstände oder der Beziehungsqualität zu den Mitmenschen" geht und „[e]ine gesellschaftliche, politische oder ökonomische Reflexion von Kontingenz, Leid oder Ungerechtigkeit" weitestgehend unterbleibt (Gärtner 2022, 372).

Im Kontext dieses an der Marktlogik orientierten Menschenbildes entstehen die genannten KI-Beziehungsangebote. Sie greifen Sehnsüchte und Bedürfnisse der User*innen auf und bieten eine käufliche „Lösung" an.

> „Wenn wir humanoide Roboter konstruieren", so Foerst, „benutzen wir uns selbst als Vorbilder, als Blaupause. Zunächst beobachten wir uns und unsere Mitmenschen, um Daten über die Mechanismen der Intelligenz und unsere systematischen und biologischen Funktionen zu sammeln. Jede Theorie, die auf derartigen Beobachtungen beruht, wird von dem historischen und kulturellen Kontext abhängen, in dem sie entwickelt wurde" (Foerst 2008, 77).

Bei den eingangs angesprochenen Beispielen von KI-Partnerschaften wird überwiegend mit weiblichen Charakteren geworben, die ein altes, gesellschaftlich in den meisten Kreisen nicht mehr salonfähiges Frauenbild bedienen und dadurch wieder verstärken können. In dem Werbevideo zur „Gatebox" ist das Hologramm eine niedliche, willige, folgsame und dienende kleine Hausfrau, die auf den arbeitenden Mann wartet, um sich um ihn und seine Bedürfnisse zu kümmern. Sie schreibt ihm, dass sie ihn sehnsüchtig erwartet, sorgt für ein heimeliges Zuhause (sie schaltet z. B. das Licht an, bevor er nach Hause kommt).[4] Eine der verfügbaren Charaktere heißt „Azuma Hikari" und wird von dem CEO der Firma Gatebox als bewusst gestalteter Charakter bezeichnet, der im Werbevideo als ‚perfekte Frau' für den Mann dargestellt wird.[5] Die Grenze zwischen Virtualität und Realität scheint hierbei, zumindest für den japanischen Markt, zu schwinden. So gibt es Berichte, dass inzwischen ca. 4.000 „Heiraten" zwischen einem Mann und einem virtuellen Charakter stattgefunden haben. Die Firma stellt hierfür ein Zertifikat aus, das nicht rechtsbindend ist, aber darauf hinweist, dass spezifische Sehnsüchte auf das Hologramm projiziert werden.[6] Die künstliche, perfekte, virtuelle Lebenspartnerin ist dabei nicht leiblich oder existenziell

---

4   Siehe auch in Bezug auf Sexroboter: Kubes, Tanja (2021), Befreit die Sexroboter! Wie Fembots ein heteronormatives, binäres Geschlechterbild fortschreiben. Online unter: https://www.tu.berlin/ueber-die-tu-berlin/profil/pressemitteilungen-nachrichten/befreit-die-sexroboter [17.08.2022].
5   Siehe dazu auch O. A. (2021), „I love her and see her as a real woman." Meet a man who "married" an artificial intelligence hologram, CBC, 18.11.2021. Online unter: https://www.cbc.ca/documentaries/the-nature-of-things/i-love-her-and-see-her-as-a-real-woman-meet-a-man-who-married-an-artificial-intelligence-hologram-1.6253767 [21.07.2022]. Vgl. dazu auch den Werbespot zum Produkt: www.youtube.com/watch?v=nkcKaNqfykg [21.07.2022].
6   Siehe dazu auch O. A. (2021), „I love her and see her as a real woman." Meet a man who "married" an artificial intelligence hologram, CBC, 18.11.2021. Online unter: https://www.cbc.ca/documentaries/the-nature-of-things/i-love-her-and-see-her-as-a-real-woman-meet-a-man-who-married-an-artificial-intelligence-hologram-1.6253767 [21.07.2022].

begrenzt, sondern jederzeit auf Knopfdruck für den Nutzenden verfügbar. Derzeit hat die Firma bereits eine lebensgroße Hologramm-Frau entwickelt, die langfristig auch als Verkäuferin in Geschäften eingesetzt werden soll.[7]

Noch plastischer wird dies in Bezug auf künstlich intelligente Sexroboter, die am Genderscript der Pornografie orientiert sind und ein ganz auf sexuelle Reize reduzierten Frauenkörper käuflich machen, wodurch auch die physisch-materielle Ebene erfüllt und die sexuelle Bedürfnisbefriedigung einseitig angeboten wird. Damit schreiben die sogenannten „Fembots ein heteronormatives, binäres Geschlechterbild" (Kubes 2021) fort. Sie laden Männer dazu ein, „Unterdrückungs- und Machtphantasien" (Kubes 2021) an einem zunehmend menschenähnlicheren (wenn auch sexualisiert überzeichneten) Frauenkörper auszuleben. Bei Chatbots wie Replika sind diverse Gegenüber gestaltbar, sie sind aber allein auf Affirmation programmiert und bieten sich als Beziehungspartner*in an, der*die zwar scheinbar responsiv agiert, tatsächlich aber nicht hinterfragt und nur positiv bestätigend kommuniziert.

An den genannten Beispielen wird etwas offensichtlich, das in anderen Bereichen von KI subtiler wirkt, aber nichtsdestotrotz wirkmächtig ist: Durch KI-Innovationen und neue Technologien scheinen sich neu kartierte Möglichkeitsgrenzen zu eröffnen, um das alte Herrschaftsdenken mit seiner Dichotomie von Dominanz und Unterwerfung neu zu bespielen und Raum für eine mangelnde Diversitätskultur zu festigen. Noch komplexer wird die Problematik, wenn man das im Kontext von KI kolportierte Menschenbild einer postkolonialen Analyse unterzieht. So werden beispielsweise im Film erst in jüngerer Zeit KI-Charaktere diverser dargestellt. Sucht man nach Darstellungen von KI im Internet erscheinen überwiegend weiße Roboter. Wenn KI als „ethnisch weiß" erscheint, könnte die Assoziation hergestellt werden, dass „perfekte Intelligenz" ethnisch codiert, d. h. weiß ist (Behme 2021). „Die Geschichten rund um Künstliche Intelligenz sind", so Kanta Dihal, „Zukunftsvorstellungen, in denen es kaum People of Colour (PoC) gibt. Es gibt weiße Menschen, um die sich Roboter kümmern, die durch Akzente und Gesichtszüge ethnisch weiß erscheinen" (zit. n. Behme 2021). Die Art, wie Künstliche Intelligenz gedacht und dargestellt wird, trägt also koloniale Strukturen: „Minorities generally don't have a seat at the virtual table" (Johns 2020), so bringt es Merryn Johns kritisch auf den Punkt.

Hiervon ausgehend stellt sich jedoch die Frage, inwiefern die in KI eingetragene Sehnsucht nach Beziehung und Resonanz tatsächlich durch die Angebote befriedigt werden können, oder ob die darin reproduzierten Herrschaftsstrukturen bzw. die damit käuflich angebotene einseitige Bedürfnisbefriedigung die Einsamkeit nicht eher verstärken. Während die Sexroboter tatsächlich materiell

---

7   Siehe dazu „Angi" (2021), Nach dem Erfolg der Minitaturversion. Gatebox entwickelt lebensgroßes Anime-Hologramm, Sumikai, 10.03.2021. Online unter: https://sumikai.com/nachrichten-aus-japan/gatebox-entwickelt-lebensgrosses-anime-hologramm-289774/ [21.07.2022].

sind, werden auch in die ‚Beziehungen' mit KI-Charakteren wie „Gatebox" und „Replika" körperliche Sehnsüchte nach Nähe eingetragen, was die Frage nach den Auswirkungen auf ‚reale' Beziehungsgestaltungen und den Umgang mit körperlichen Empfindungen aufkommen lässt.

3. Sehnsucht nach Resonanz in KI-Beziehungen

In den letzten Jahrzehnten hat sich die zwischenmenschliche Kommunikation bereits durch soziale Medien verändert. Besonders durch die Corona-Pandemie gewann die digitale Kommunikation in einem bisher ungekannten Ausmaß an Bedeutung. Während die Menschen körperlich Abstand halten mussten, dienten verschiedene Formen der digitalen Kommunikation zur Überbrückung der Distanz. Studien belegen jedoch, dass die Erfahrung von FoMO (Fear of Missing Out) mit dem Konsum der sozialen Medien korreliert (Baker u. a. 2016; Barry u. a. 2020; Burnell u. a. 2019) und Auswirkungen auf das eigene Wohlbefinden und der sozialen Akzeptanz hat (Primack u. a. 2017; Burnell u. a. 2019). Die Minimierung des Konsums sozialer Medien wirkt sich dagegen positiv auf das Wohlbefinden aus und verringert Gefühle der Einsamkeit (Hunt u. a. 2018). Während der Corona-Pandemie wurde die Qualität von sozialen Beziehungen durchschnittlich schlechter wahrgenommen, was zeigt, dass die digitalen Formate die ‚echten' Kontakte nicht ersetzen konnten (Buecker / Horstmann 2021). An dieser Stelle könnte vermutet werden, dass die Nutzenden der künstlich intelligenten Beziehungscharaktere den Wunsch nach einer erfüllenden Beziehung mittels jener Programme zu erfüllen versuchen. Wenn die Erfahrung von FoMO und Einsamkeit durch den Konsum von sozialen Medien steigen und in den letzten Jahren während Corona soziale Beziehungen in ihrer Qualität durchschnittlich schlechter wahrgenommen wurden, könnte man ebenso vermuten, dass der Gebrauch der Chatbots auf Beziehungsebene zukünftig ansteigen könnte. Interessant wären an dieser Stelle Daten der Nutzenden, um zu erheben, ob der Konsum sozialer Medien und das Nutzen von Chatbots korreliert. Auch Erhebungen zum Geschlecht sowie von Symptomen von Einsamkeit, FoMo oder gar Depressionen bei den Konsumierenden wären für eine Bewertung jener KI-Programme hilfreich.

Anhand der oben angeführten Studien kann belegt werden, dass uns Social Media beeinflusst. Es ist daher zu vermuten, dass auch der Einsatz von KI-Chatpartner*innen die Menschen und ihre Beziehungsformen verändern und damit auch wiederum zukünftig das Menschenbild, das in KI eintragen wird. Die Beispiele vom Hologramm und Replika zeigen, dass es Beziehungssehnsüchte gibt, die marktwirtschaftlich bedient werden und derzeit bereits in KI eingetragen werden. Im Falle von Sexrobotern können sie Phantasien der Verfügbarkeit über einen Beziehungspartner und dessen Unterwerfung bedienen, die nicht neu sind, durch Roboter aber neu hervorgebracht und ausgelebt werden können, was die Objektifizierung von Frauen befördern kann (Szczuka u. a. 2019).[8]

Bei der virtuellen Nachbildung eines Menschen in der „Gatebox" oder bei „Replika" gibt es dagegen deutliche Unterschiede zur Körperlichkeit, indem sie sich insofern von einem Menschen unterscheidet, als sie nur eine virtuelle Körperlichkeit besitzt. Bei den Robotern sorgt die menschenähnliche „Oberfläche" dafür, dass man auf einer körperlichen Ebene freundschaftliche, zuneigungsvolle Gefühle bis hin zu sexueller Erregung entwickeln kann (Henning 2021, 181). Beide Formen der KI besitzen nach aktuellem Entwicklungsstand jedoch weder ein Bewusstsein noch Gefühle (Grimm / Hammerle 2021, 170). Es lassen sich deshalb nur einseitige Beziehungen knüpfen: Während der*die User*in tatsächlich Gefühle für den*die künstlich intelligente*n, virtuelle*n Beziehungspartner*in entwickeln kann, ist dies umgekehrt nicht der Fall, hier können Gefühle lediglich suggeriert werden. Zwischen zwei Menschen käme auf diese Weise keine (freiwillige) Beziehung zustande. Es stellt sich bereits hier die Frage, „in welchem Ausmaß [...] die Simulation des Menschlichen Teil des Zwischenmenschlichen werden [darf]. Ist die Würde des Menschen verletzt, wenn er in seinen Bedürfnissen nicht durch einen Menschen wahrgenommen und versorgt wird, sondern technologisch?" (Platow 2022, 90).

Zudem werden mit den KI-Beziehungsformen Grundbedürfnisse des Menschen wie Geborgenheit, Partner- und Freundschaft, sowie Verbundenheit bis hin zu Sexualität adressiert. Die Programme sind jedoch ausschließlich an den Bedürfnissen und Sehnsüchten des*der Users*in orientiert. Die Beziehung ist einseitig, insofern der*die virtuelle Partner*in immer und zu jeder Zeit den eigenen Bedürfnissen entspricht und diese stillt. Von dem*der User*in selbst wird dies nicht verlangt. Möglichen Beziehungskonflikten wird insofern vorgebeugt, als dass das Programm ausschließlich positiv, verständnisvoll und niemals kritisch auf die Handlungen, Meinungen und Äußerungen des*der Users*in reagiert. Der*die User*in hat den*die virtuelle*n Partner*in dauerhaft unter Kontrolle, muss keine Rücksicht nehmen und nicht in die Beziehung investieren. Dies suggeriert, dass es in Ordnung oder gar möglich ist, das Gegenüber innerhalb einer Beziehung zu „besitzen" sowie zugleich zu erwarten, dass sich dieses stets an den eigenen Wünschen orientiert und verfügbar ist, wenn man einen Wunsch nach Nähe hat.

Die britische Anthropologin und Computerwissenschaftlerin Kathleen Richardson hat eine Kampagne gegen „Porn-Bots", wie sie die Sexroboter nennt,

---

8   Siehe auch: Eul, Alexandra (2017), Sexroboter: Wie praktisch!, EMMA, 25.10.2017. Online unter: https://www.emma.de/artikel/sexroboter-wie-praktisch-334969 [14.08.2022]. Sowie auch: Kubes, Tanja (2021), Befreit die Sexroboter! Wie Fembots ein heteronormatives, binäres Geschlechterbild fortschreiben. Online unter: https://www.tu.berlin/ueber-die-tu-berlin/profil/pressemitteilungen-nachrichten/befreit-die-sexroboter [17.08.2022].

initiiert. Sie befürchtet, dass die „Porn-Bots" Einfluss auf das Beziehungsverständnis von Menschen nehmen werden:

> Eine der Kernideen in der Robotik lautet ja: Menschen können Beziehungen mit Objekten führen. Ich frage dann nur zurück: Und, hat das Objekt auch eine Beziehung mit dir? Nein, natürlich nicht. Als diese Sexpuppen auf den Markt kamen, war mir rasch klar, dass sie die Art und Weise, wie Männer und Frauen über Beziehungen und über andere Menschen denken, fundamental verändern werden (Richardson zit. n. Eul 2017).

Ein gelingendes Leben basiert auf Resonanzerfahrungen. Hartmut Rosa beschreibt Resonanz als Affizierung im Sinne eines Berührt- oder Ergriffenseins, das mit Selbstwirksamkeit einhergeht (Rosa 2020a, 755). Neben Anerkennungserfahrungen führt Rosa Resonanzerfahrungen auf, die über zwischenmenschliche Beziehungen hinausgehen, etwa Resonanzerfahrungen in Natur, Kunst oder Religion (Rosa 2020a, 435–499). Zur Resonanz kommt es, wenn man sich auf Fremdes, möglicherweise Irritierendes einlässt, auf etwas, das sich außerhalb einer kontrollierbaren Reichweite befindet. Das Ergebnis dieses Prozesses lässt sich nicht vorhersagen oder planen, daher eignet nach Rosa dem Ereignis der Resonanz immer auch ein Moment der Unverfügbarkeit (Rosa 2020a; Rosa 2020b). Mit „Unverfügbarkeit" meint Rosa jedoch kein vollständiges Entziehen im Sinne von Unerreichbarkeit. Im Gegenteil: Erreichbarkeit ist eine wichtige Voraussetzung eines Resonanzverhältnisses, ebenso wie von Selbstwirksamkeitserfahrungen (Rosa 2018). Wenn „Erreichbarkeit" mit „Verfügbarkeit" verwechselt wird, können keine Resonanzerfahrungen gemacht werden (Rosa 2020b, 48). Eine „responsive Unverfügbarkeit" (Rosa 2020b, 119) ist nach Rosa Voraussetzung dafür, dass etwas ins Schwingen gerät und Resonanz hervorruft. Der Mensch wird, wie Martin Buber es herausstellt, am Du zum Ich (Buber 1923). Von hier aus weitergedacht, stellt sich die Frage, zu welchem Du wir Menschen werden, wenn wir Beziehungen zu KI-Robotern knüpfen? Wenn die Relation zu anderen Menschen die eigene Identität konstituiert, wie wird dies dann in Relation zu einer virtuellen Menschensimulation sein? Wenn User*innen durch die Nutzung von „Replika", „Gatebox" oder Sexrobotern die oben dargestellten Suggestionen einer „verfügbaren Partnerin" verinnerlichen, werden diese Erwartungen auch auf real existierende Menschen in einer zwischenmenschlichen Beziehung übertragen? Werden missbräuchliche Haltungen und Handlungen habituiert?

Gegenüber, wie die KI-Beziehungspartner*innen, die stets zur Verfügung stehen und immer das tun, was wir wollen, hören auf, „ein sprechendes, resonantes Gegenüber zu sein" (Rosa 2018). In diesem Sinne kann KI in Form von Chatbots oder Hologrammen die Sehnsucht nach Resonanz und „in-Beziehung-Sein" nicht stillen. Stattdessen werden menschliche Sehnsüchte nach Beziehung und Resonanz marktwirtschaftlich genutzt, um Produkte zu verkaufen. Dadurch kann die Verwechslung von Resonanz mit Verfügbarkeit und Erreichbarkeit verstärkt, oder sogar Beziehungsmuster gefestigt werden, die auf Dominanz und reine Bedürfnisbefriedigung zielen. Hierbei stellt sich die Frage, wie sehr die Simulation des Menschen zum Zwischenmenschlichen werden darf (Platow 2022, 90) und ob dies nicht auch Entwürdigung evoziert. Auch wenn das Gegenüber keine Gefühle hat, die verletzt werden können, kann durch die Verzweckung des „Beziehungsobjektes", das dabei als Menschersatz fungiert, eine Habituierung des entwürdigenden Umgangs mit Menschen vollzogen werden, was wiederum "reale" zwischenmenschliche Beziehungen beeinflussen kann. Im Falle einer KI gesteuerten Partner*in wird sich diese*r nicht beschweren und auch kein Gefühl von Scham empfinden. Dadurch wird es auch keinen Widerstand gegen das entrechtende und entwürdigende Verhalten geben, was den Eindruck verstärken kann, dass man so mit einem Gegenüber umgehen darf. Die Problematik gründet dabei in der Wechselwirkung zwischen Realität und Virtualität, indem die User*innen dieses Menschenbild verinnerlichen, auf die Mitmenschen projizieren und unrealistische Erwartungen stellen können, oder sich gar selbst den virtuellen Charakteren gegenüber als partiell defizitär wahrnehmen. Jenseits von Chatbots, jedoch in Bezug des Einzelnen im Umgang mit KI, verweist Platow ebenfalls auf diese Problematik:

> [...] Irgendwann wird derart nämlich schleichend aus faktischem Verhalten eine Norm. Gerade in Bereichen, die sich der empirischen Forschung (noch) entziehen, für die es ergo auch keine gesetzlichen Regelungen gibt, und die in besonderer Weise menschliche Identitätsfragen berühren, ist anzunehmen, dass sich Werte und Normen tendenziell in Bottom-Up Prozessen entwickeln (Platow 2020, 40).

Auch die Beziehung zum eigenen Körper kann sich durch virtuelle Realitäten verändern. Oliver Krüger stellt heraus, dass die zunehmende Realitätsnähe der Simulation von Menschen eine Intensivierung des Vergleichs evozieren kann (Krüger 2019, 70). In der Gegenüberstellung zu virtuellen Repräsentationen des Menschen können unterschiedliche Dynamiken entstehen: Es können sich durch die virtuellen Charaktere mit einem nach Wünschen konstruierbaren „Körper" die Erwartungen an den tatsächlich realen biologischen Körper des Einzelnen verändern. Im Zuge der zunehmenden Verfügbarkeit von Schönheitseingriffen sowie transhumanistischer Erweiterungen können Erwartungen an körperliche Optimierungen und die eigene Lebensverlängerung bis hin zur Ermöglichung der Unsterblichkeit entstehen,[9] Andererseits können sich aber auch die Wünsche nach einem ‚echten' Gegenüber und authentischen Begegnungen intensivieren.

---

9   Vergleiche dazu auch den Beitrag von Prof. Dr. Claudia Gärtner in diesem Band.

4. Theologische und Religionspädagogische Perspektiven

Aus der vorangehenden Reflexion ergeben sich Konsequenzen für die Religionspädagogik und die Praxis religiöser Bildung. Hier müssen die Herausforderungen der Veränderungen der Lebenswelt reflektiert und begleitet werden, wenn sich die Religionspädagogik an der „Zeitdiagnostik einer Gesellschaft" beteiligen (Schröder 2020, 151) und „eine medienkritische Medienbildung" unterstützen will (Schröder 2020; Grethlein 2003, 11). Es ist Konsens, dass sich die Digitalisierung auch auf das Selbstverständnis der Kinder und Jugendlichen auswirkt (Simojoki 2020, 60). Auch wenn die dargestellten KI-Beziehungen zum gegenwärtigen Zeitpunkt noch Ausnahmen sind, sollte eine zukunftsgerichtete Bildung von Schüler*innen dazu befähigen, Chancen, Herausforderungen und Grenzen virtueller Beziehungen zu reflektieren. Es bedarf einer ethischen Reflexion und Regulation, wenn Produkte auf dem Markt zunehmen, in welchen der Mensch und Beziehungen virtuell nachgebildet bzw. ersetzt werden und menschenähnliche „Ersatzprodukte" zum Kauf angeboten werden. Schüler*innen wenden sich vor dem Hintergrund pluraler gesellschaftlicher Werteorientierungen dem Thema KI-Beziehungen zu: Die Gegenwartskultur ist gekennzeichnet durch ein vielschichtiges Nebeneinander pluraler Wertorientierungen. Es gibt eine breite Befürwortung von gesellschaftlicher, kultureller, religiöser Vielfalt und von Emanzipationsbestrebungen. Die Body Positivity-Bewegung tritt ein für Empowering von Menschen mit unterschiedlichen Körpern und die Anerkennung von Vulnerabilität. Andererseits erstarken rassistische, homophobe, fremdenfeindliche, antidemokratische und auch mysogyne Stimmen, die häufig im Internet verbreitet werden.

Aufgrund der Komplexität und Vieldimensionalität des Feldes können keine einfachen Handlungsanleitungen und moralisch-theologischen Richtlinien präsentiert werden, sowie auch die Bibel nicht als Steinbruch zur Ableitung konkreter Handlungsempfehlungen genutzt werden:

> Folgt man dabei einem Verständnis von autonomer Moral, wie es z. B. von Alfons Auer (1987) entwickelt wurde, dann normiert die (christliche) Religion oder Theologie hierbei nicht den Abwägungsprozess in der Hinsicht, dass Religion oder Theologie besonders strenge oder spezifisch religiöse Werte und Normen einbringen. Vielmehr besitzt eine theologische Anthropologie eine integrierende, stimulierende oder kritisierende Funktion bei ethischen Abwägungsprozessen (Auer, 1987, S. 189–197). Sie will das autonom denkende und handelnde Subjekt überzeugen (Gärtner 2022, 373).

Um Schüler*innen in ihrer Wertebildung zu unterstützen, kann im Religionsunterricht eine „spezifische[...] Perspektive religiös dimensionierter Bildung" (Simojoki 2020, 61) erschlossen werden. Leiblichkeit, Endlichkeit, Identität, Sozialität, Freiheit, Schuld, Zeitlichkeit, Rationalität und Religiosität (Grümme

2021) sind Grundmerkmale theologischer Anthropologie, ebenso wie Relationalität (Helmus 2020, 268–279). Insbesondere Letzteres kann als orientierendes Merkmal für die ethische Reflexion von KI-Beziehungen hervorgehoben werden. Während in der „Gatebox", „Replika" oder den Sexpuppen ein rein verzwecktes und utilitaristisches Menschenbild aufscheint, kann sich das christlich-jüdische Menschenbild demgegenüber als ein spannungsreiches Menschenbild erweisen, zumal hierbei ein spezifischer religiöser Modus der Weltbegegnung angeboten wird, in dem sich der Mensch nicht allein zu sich selbst relationiert, sondern zu Gott (Platow 2022). Bestrebungen zur Selbstperfektionierung des Menschen werden kritisch angefragt, insofern der Mensch in seiner Unvollkommenheit, Fehlbarkeit und Vulnerabilität als von Gott angenommen verstanden wird. „Hier bildet nicht der optimierte Nutzen für eine größtmögliche Menge an Personen den Ausgangspunkt, sondern der einzelne Mensch" (Platow 2022, 88f.).

Wie vorangehend beschrieben, existiert in der Gegenwartskultur eine „Kultur der Selbstkonstitution und der Selbstverwirklichung" (Schwöbel 2002, 236), bei der Freiheit zumindest unbegrenzt gedacht wird (Schwöbel 2002, 227–256). Kontrastierend hierzu wird in der jüdischen und christlichen Anthropologie eine „Freiheit in Bezogenheit" zwischen Mensch und Gott entfaltet, die beispielgebend für die Beziehungen zum Mitmensch und der Schöpfung sein soll. Nach Dietrich Bonhoeffer ist die menschliche Freiheit eine, die sich am Du vollzieht, in der Begrenzung durch die Bindung an das Gegenüber. Es ist, wie er schreibt, ein „‚frei-sein-für-den-anderen', weil der andere mich an sich gebunden hat. Denn nur in der Beziehung auf den anderen bin ich frei" (Bonhoeffer 1989, 58).

Die Erschaffung als Ebenbild Gottes begründet nach theologischer Vorstellung das menschliche Sein als ein Sein in Beziehung zu Gott, zur Schöpfung und dem Mitmenschen. Durch das Schöpferhandeln wird der Mensch in eine antwortende Beziehung gerufen, die in dem Zuspruch der Würdigkeit und Sinnhaftigkeit der Existenz gründet (Gestrich 1989, 29). Entscheidend für alle Beziehungsbereiche, in denen der Mensch steht, ist die Beziehung zwischen Gott und Mensch (Schwöbel 2002, 193). Das Gegenteil dieses Beziehungsverhältnisses beschreibt die Bibel als „Sünde", nach Schwöbel eine „Dislokation", eine entfremdete Beziehung zu Gott, zu sich selbst, zu den Mitmenschen und zur Natur und Kultur. In einem solchen Zustand der „Dislokation" werden die Beziehungsverhältnisse auf das eigene Wohl hin umfunktioniert und so verzweckt, dass sie der Selbstannahme und Selbstrechtfertigung dienen (Gestrich 1989, 29f.): Der Blick auf den*die Andere*n dient dabei nicht der Würdigung seiner/ihrer „jeweiligen geschöpflichen Besonderheit", sondern der Berechnung des „aus ihnen zu ziehenden Gewinn[s]" für Selbstzwecke (Gestrich 1989, 229).

Eine kritische Betrachtung jener Selbst- und Menschenbilder mittels einer theologischen Perspektive auf die Vulnerabilität und Unvollkommenheit des Menschen, der sich gleichzeitig darin von Gott angenommen weiß, kann dagegen dazu ermutigen, die eigene Unvollkommenheit nicht als einen Zustand des Mangels anzusehen, sondern als dem Menschen zugehörig. Andererseits blickt die christliche Anthropologie in ihrer Wirkungsgeschichte ebenfalls auf Traditionen von Frauenfeindlichkeit und die theologische Legitimierung von Herrschaft und Gewalt und kann nicht einseitig unkritisch der Gegenwartskultur gegenübergestellt werden. Aktuell zeigt der Missbrauchsskandal auf, wie weit sich nicht wenige kirchliche Würdenträger von christlichen Idealen entfernt haben.

Es ist im Religionsunterricht also auch selbstkritisch nach der christlichen Verantwortung für Mensch und Schöpfung sowie auch „Maschine" zu fragen. Zudem ist eine einseitig kritische ablehnende Haltung zu vermeiden und zugleich die Frage zu stellen, inwiefern „reale" zwischenmenschliche Beziehungen dem Anspruch eines resonanten, wertschätzenden und würdigenden Verhältnisses entsprechen und ob es nicht vielleicht sogar sinnvoller sein kann, wenn einsame Menschen einen KI-Freund haben, als wenn sie niemanden haben, an den sie sich in ihrer Not wenden können? Hier wäre es vermessen, die Nutzung dieser Programme und Apps pauschal aus einer religionspädagogischen Perspektive abzulehnen. Zudem ist kritisch zu hinterfragen, inwiefern ‚echte' Beziehungen den Kriterien von Responsivität, Wertschätzung und Gleichberechtigung standhalten. Es gibt viele ‚reale' Beziehungen, die durch Machtgefälle, Entwertung des Gegenübers und Ausbeutung geprägt sind. Wenn also eine KI-Beziehung bestätigendes Empowering einübt, ist dies nicht in dieser Hinsicht besser als entwertende, vernachlässigende oder gewalttätige Eltern oder Partner*in?

Kindern und Jugendlichen ist die Erstellung von künstlichen Charakteren und Avataren sowie das Verfügen über diesen bereits aus Games bekannt. Im Religionsunterricht könnte an diese Erfahrungen der Schüler*innen angeknüpft werden und der Prozess der Erstellung von Avataren bewusst reflektiert werden. Warum entscheide ich mich für jene (optische) Optionen? Der Charakter in Games kann durch den erspielten Spielfortschritt verbessert werden. Durch das Investieren von Zeit durch die Nutzenden wäre zu vermuten, dass die subjektive Bedeutung des artifiziellen Charakters zunimmt, sodass in diesem Sinne zumindest unterschwellig eine Beziehung zum Avatar entsteht. Ausgehend von diesen Überlegungen könnten sich die Schüler*innen im Unterricht mit den Chatbots insofern auseinandersetzen, dass sie ihre Erfahrungen mit Avataren aus anderen medialen Lebenswelten in Beziehung setzen. Zugleich gilt es die Frage nach der Relevanz und Wertschätzung von zwischenmenschlichen Beziehungen zu stellen. Dabei kann sowohl die Differenzierung, Grenze und Bedeutung von Virtualität und Realität reflektiert und individuell bewertet werden und ein Bewusstsein für die Relevanz von zwischenmenschlichen Beziehungen sowie für die Einordnung und kritische Reflexion von digitalen und künstlich intelligenten Beziehungsangeboten unterstützt werden. Dies gilt ebenso für die Interdependenz von Virtualität und Realität. Die im Beitrag angeführten Menschenbilder, die in den künstlich intelligenten Charakteren oder Sexrobotern eingetragen werden, können in höheren Klassenstufen beispielsweise im Themenbereich „Liebe, Sexualität und Partnerschaft" identifiziert und auf diese Weise befragt und bewertet werden. Dabei ist die Schaffung eines Bewusstseins zur Reflexion diverser Menschenbilder in jenen Angeboten und Konsumgütern zu unterstützen.

Literatur

AUER, ALFONS (1987), Autonome Moral und christlicher Glaube, 2. Aufl., Düsseldorf.
BAKER, ZACHARY G. u. a. (2016), Fear of Missing Out: Relationships With Depression, Mindfulness, and Physical Symptoms, in: Translational Issues in Psychological Science 2(3), 275–282.
BARRY, CHRISTOPHER T. / WONG, MEGAN Y. (2020), Fear of missing out (FoMO): A generational phenomenon or an individual difference?, in: Journal of Social and Personal Relationships 37(12), 2952–2966.
BEHME, PIA (2021), Westliche Technologien in Afrika. Die neuen Kolonialmächte, deutschlandfunkkultur, 20.03.2021. Online unter: https://www.deutschlandfunk kultur.de/westliche-technologien-in-afrika-die-neuen-kolonialmaechte-100.html [17.08.22].
BONHOEFFER, DIETRICH (1933/1989), Schöpfung und Fall, München.
BONIN, GABRIELA (o. J.), „Künstliche Intelligenz gibt es eigentlich nicht." Interview mit Ladan Pooyan-Weihs. Online unter: https://hub.hslu.ch/informatik/kunstliche-intelligenz-gibt-es-nicht-wichtig-ist-digitale-ethik/ [21.07.22].
BUBER, MARTIN (1923), Ich und du. Leipzig.
BUECKER, SUSANNE / HORSTMANN, KAI T. (2021), Loneliness and Social Isolation during the COVID-19 Pandemic. A systematic review enriched with empirical evidende from a large-scale diary study, in: Special Issue: sychology, Global Threats, Social Challenge, and the COVID-19 Pandemic: European Perspectives 26(4), 272–284.
BURNELL, KAITLYN u. a. (2019), Passive social networking site use and well-being: The mediating roles of social comparison and the fear of missing out, in: Cyberpsychology 13(3).
CAPLAN, ARTHUR L. (1981), The Unnaturalness of Aging – Sickness Unto Death, in: Caplan, Arthur L. et al (Hg.), Concepts of Health and Disease, Cambridge.
DE GREY, AUBREY (2013), The Curate's Egg of Anti-Anti-Aging Bioethics, in: More, Max/Vita-More, Natasha (Hg.), The Transhumanist Reader. Classical and Contemporary Essays on the Science, Technology, and Philosophy of the Human Future, 215–219.
EUL, ALEXANDRA (2017), Stoppt die Sexroboter!, EMMA, 12.12.2017. Online unter: https://www.emma.de/artikel/stoppt-die-sexroboter-334973 [17.08.2022].
GÄRTNER, CLAUDIA (2022), Optimierung der menschlichen Natur, in: Simojoki, Henrik u. a. (Hg.), Ethische Kernthemen. Lebensweltlich – theologisch-ethisch – didaktisch. Göttingen, 368–378.
GESTRICH, CHRISTOF (1989), Die Wiederkehr des Glanzes in der Welt. Die christliche Lehre von der Sünde und ihrer Vergebung in gegenwärtiger Verantwortung, Tübingen.
GRETHLEIN, CHRISTIAN (2003), Kommunikation des Evangeliums in der Mediengesellschaft, Leipzig.
GRIMM, PETRA / HAMMERLE, NADINE (2021), Künstliche Intelligenz: Was bedeutet sie für die Autonomie des Menschen? In: Grimm, Petra u. a. (Hg.), Digitale Ethik. Leben in vernetzten Welten, Stuttgart, 153–170.
GRÜMME, BERND (2012), Menschen bilden? Eine religionspädagogische Anthropologie. Freiburg.
GUGUTZER, ROBERT (2007), Körperkult und Schönheitswahn – Wider den Zeitgeist, in: ApuZ 18, 3–5.

GUGUTZER, ROBERT (2013), Der Kult um den Körper. Idealtypische Körperpraktiken der Selbstoptimierung, in: EB 2/2013, 67–70.
HENNING, CLARISSA (2021), Nummer 5 lebt! Kriegs-, Pflege- und Sexroboter unter der Lupe, in: Grimm, Petra u. a. (Hg.), Digitale Ethik. Leben in vernetzten Welten, Stuttgart, 171–187.
HELMUS, CAROLINE (2020), Transhumanismus – der neue (Unter-)Gang des Menschen? Das Menschenbild des Transhumanismus und seine Herausforderung für die theologische Anthropologie, Regensburg.
HUNT, MELISSA G. (2018), No More FOMO: Limiting Social Media Decreases Loneliness and Depression, in: Journal of Social and Clinical Psychology 37(10).
JOHNS, MERRYN (2020), Is Artificial Intelligence Queerphobic?, Edge Media Network, 17.08.2020. Online unter: https://www.edgemedianetwork.com/story.php?294639 [14.08.2022].
KONZ, BRITTA (2022), „My Body is a Temple". Körperkult und Selbstoptimierungen theologisch betrachtet, in: RPI-Impulse 2/22, 8–11.
KRÜGER, OLIVER (2019), Virtualität und Unsterblichkeit. Gott, Evolution und die Singularität im Post- und Transhumanismus, Freiburg u. a.
KUBES, TANJA (2021), Befreit die Sexroboter! Wie Fembots ein heteronormatives, binäres Geschlechterbild fortschreiben. Online unter: https://www.tu.berlin/ueber-die-tu-berlin/profil/pressemitteilungen-nachrichten/befreit-die-sexroboter [17.08.2022].
LINSSEN, CHARL / LEMMENS, PIETER (2016), Embodiment in Whole-Brain Emulation and its Implications for Death Anxiety, in: Journal of Evolution and Technology (2)26, 1–15.
LOH, JANINA (2018), Trans- und Posthumanismus zur Einführung, Hamburg.
MERKLE, RALPH C. (2013), Uploading, in: More, Max / Vita-More, Natasha (Hg.), The Transhumanist Reader. Classical and Contemporary Essays on the Science, Technology, and Philosophy of the Human Future, 157–164.
MORAVEC, HANS (1988), Mind Children. The Future of Robot and Human Intelligence.
MORE, MAX / VITA-MORE, NATASHA (2013), The Transhumanist Reader. Classical and Contemporary Essays on the Science, Technology, and Philosophy of the Human Future.
PLATOW, BIRTE (2020), „Gott mit seinem perfekten Ebenbild zu konfrontieren …". Religionspädagogische Reflexionen zu Künstlicher Intelligenz, in: RpB 82, 37–47.
PLATOW, BIRTE (2022), Digitalisierung / Big Data / Künstliche Intelligenz, in: in: Simojoki, Henrik et al (Hg.), Ethische Kernthemen. Lebensweltlich – theologisch-ethisch – didaktisch. Göttingen, 85–95.
PRIMACK, BRIAN A. u. a. (2017), Social Media Use and Perceived Social Isolation Among Young Adults in the U.S., in: American Journal of Preventive Medicine 53(1), 1–8.
ROSA, HARTMUT (2020a), Resonanz. Eine Soziologie der Weltbeziehung, 3. Aufl., Berlin.
ROSA, HARTMUT (2020b), Unverfügbarkeit, Wien / Salzburg.
ROSA, HARTMUT (2018), Der Zauber des Unverfügbaren, deutschlandfunk, 26.12.2018. Online verfügbar unter: https://www.deutschlandfunk.de/soziologe-hartmut-rosa-der-zauber-des-unverfuegbaren-100.html [14.08.2022].
SCHRÖDER, BERND (2020): Religionspädagogik und Digitalität, in: Verkündigung und Forschung 65(2), 142–151.
SCHWÖBEL, CHRISTOPH (2002), Gott in Beziehung. Studien zur Dogmatik, Tübingen.
SIMOJOKI, HENRIK (2020): Digitalisierung – Herausforderung und Chance für den RU. Forschungsbezogene Einordnungen aus religionspädagogischer Perspektive, in: Religionspädagogische Beiträge 82, 57–63.
SZCZUKA, JESSICA M. u. a. (2019), Negative and Positive Influences on the Sensations Evoked by Artificial Sex Partners: A Review of Relevant Theories, Recent Findings, and Introduction of the Sexual Interaction Illusion Model, in: Zhou, Yuefang / Fischer, Martin H. (Hg.), AI Love You. Developments in Human-Robot Intimate Relationships, 3–19.

VILLA, PAULA-IRENE (2008): Habe den Mut, dich deines Körpers zu bedienen! Thesen zur Körperarbeit in der Gegenwart zwischen Selbstermächtigung und Selbstunterwerfung, in: dies. (Hg.): Schön normal. Manipulationen am Körper als Technologien des Selbst, Bielefeld, 245–272.

WEIDELMANN, AXEL (2020), Chatbots als Gesprächspartner. Hab keine Angst, Ayane, FAZ, 12.11.2020. Online unter: https://www.faz.net/aktuell/feuilleton/debatten/hab-keine-angst-ayane-chatbots-als-gespraechspartner-17047354.html [21.07.2022].

WOLFANGEL, EVA (2016), Kritiker waren vor gefährlichen Nebenwirkungen. Artikel der Stuttgarter Zeitung vom 22.12.2016. Online unter: https://www.stuttgarter-zeitung.de/inhalt.gesellschaft-liebe-in-zeiten-der-roboter-page1.0875658d-3ebc-403c-a4d3-dfa9aed9925c.html [10.08.2022].

YOUNG, SIMON (2006), Designer Evolution. A Transhumanist Manifesto.

„Ohne Kleid keinen Streit". Der Beginn der Josefnovelle (Gen 37) als „Untergewand" des Judasbriefs

Karl-Heinrich Ostmeyer

1. Einleitung

Theolog*innen durften für sieben Stunden eine KI (Künstliche Intelligenz) nutzen. Geeinigt hatte man sich zuvor auf das Thema „Bibel" und auf die Vorgabe: *„Unter Nutzung sämtlicher verfügbarer Datenbanken ist eine wissenschaftlichen Ansprüchen genügende Untersuchung zu erstellen – unter Ausschluss all dessen, was in den vergangenen 2000 Jahren an Thesen und Ergebnissen bereits formuliert wurde"*. Die KI musste ihre Fragestellung also selbst entwickeln. Angaben zur Bibelversion, zu den Sprachen oder Methoden wurden nicht gemacht.

Die Theolog*innen spekulierten über mögliche Ergebnisse: Die KI könnte sich mit der Rhetorik, der Semantik oder den Lauten verschiedener Übersetzungen beschäftigen, möglicherweise mit der Ästhetik von Bibeleinbänden, sie würde vielleicht einen frommen Traktat formulieren oder gleich eine neue Bibel oder eine neue Religion kreieren oder einfach „42" ausspucken, doch Letzteres wäre ja nicht neu ... Man war sich weitgehend einig: Echte Theologie, noch dazu etwas Wissenschaftliches war kaum zu erwarten. Das nach sechs Stunden vorab ausgedruckte Fazit schien den gedämpften Erwartungen Recht zu geben. Die KI formulierte: „Ohne Kleid keinen Streit". Und eine halbe Stunde später ein Arbeitsbericht; die KI hatte nach denjenigen literarischen Einheiten gesucht, die auf Seiten des Alten Testaments die engsten Übereinstimmungen mit einer in sich geschlossenen Einheit des Neuen Testaments aufwiesen. Auf neutestamentlicher Seite waren das die 25 Verse des Judasbriefes und im griechischen Alten Testament, der Septuaginta, entsprach dem der isoliert vom Rest der Erzählung (Gen 39–50) stehende Beginn der Josefnovelle (Gen 37).

„Auf so eine Idee kann auch nur eine KI kommen", sprachen die Theolog*innen und lasen nach einer halben Stunde das Gesamtergebnis: Bereits während der Lektüre fragten sie sich – zunehmend elektrisiert –, ob sich hier nicht ganz neue Perspektiven für die Forschung auftäten ...

2. Vorbemerkung

Die Wort- und Motivwahl in den 25 Versen des Judasbriefs ist eigenwillig. Es begegnet eine Reihe von neutestamentlichen und auch gesamtbiblischen Hapaxlegomena.[1] Bisher konnten die motivische Vielfalt des Judasbriefs und seine zahlreichen Besonderheiten nicht schlüssig als Teil einer literarisch-theologischen Gesamtstrategie erklärt werden. Einzelphänomene wie z. B. das in Jud 23 genannte Kleid, das die Gläubigen hassen sollen, blieben Fremdkörper.[2]

Die im Folgenden erwähnten Parallelen zwischen dem Judasbrief und dem Beginn der Josefgeschichte im 37. Kapitel der Genesis[3] sind sowohl sprachlicher als auch motivischer Natur.[4]

In einem ersten Schritt benennt die Untersuchung verschiedene Techniken der Textgestaltung im Judasbrief: Lautmalerisches zeugt von bewusster Setzung nicht nur einzelner Worte, sondern auch von einer gezielten Auswahl und Anordnung von Silben und Silbenbestandteilen. Im Weiteren werden neben den deutlichen motivischen Parallelen auch Einzelheiten thematisiert, die nicht unmittelbar ins Auge springen, jedoch auf einer Linie mit den zuvor genannten Phänomenen liegen.[5]

Wenn sich die Anknüpfungen an den Beginn der Josefgeschichte als bewusste Gestaltung des Autors des Judasbriefs wahrscheinlich machen lassen,[6] hat das zum einen Konsequenzen für die Interpretation des Briefs, wirft zum anderen aber auch ein Licht auf das Verständnis der Josefgeschichte in neutestamentlicher Zeit.

---

1   Hapaxlegomena sind Wörter, die nur ein einziges Mal in einer Schrift belegt sind. Eine Übersicht bietet Frey 2015, 8f.
2   Frey 2015, 129, nennt den Passus schwer „zu interpretieren" und fragt: „Was ist mit diesem ‚vom Fleisch befleckten Gewand' gemeint?" ohne zu einem abschließenden Ergebnis zu gelangen; vgl. Frey 2015, 127.
3   Zugrunde gelegt wird der Text der Septuaginta nach Rahlfs (1935, 1979).
4   Lockett 2015, 329, erkennt im Judasbrief „a rich tapestry of OT allusions", erwähnt jedoch nicht Gen 37.
5   Gerdmar 2001, 159, bietet eine Liste alttestamentlicher und auch außerbiblischer Bezüge.
6   Charles 1991a, 131.133, benennt eine Reihe von Parallelen zu den Testamenten der zwölf Patriarchen, nicht jedoch deren Grundlage in der Josefgeschichte der Genesis; vgl. Fuchs / Reymond 1980, 139.

3. Lautliches[7]

πα- πα- πα- πα- πα- πα- πα. Siebenmal in nur anderthalb Versen anlautend ein solches Plosiv zu verwenden (Jud 3–4a),[8] ohne dass es penetrant wirkt, ist eine Kunst.[9] Die hämmernden πα-Laute unmittelbar nach den beiden einleitenden Versen des Briefs (Jud 1f.) münden in einen anderweitig in der Septuaginta und im Neuen Testament nicht belegten mit πα- anlautenden griechischen Begriff: παρεισδύω (Jud 4a). Zerlegt man das Hapaxlegomenon, lassen sich seine Bestandteile (παρά – εἰς – δύω) mit „gegen – hinein – ankleiden" wiedergeben. Es legt sich nahe, an ein „Verkleiden" zu denken. Die häufig gewählte Übersetzung mit „einschleichen"[10] lässt die Grundbedeutung des Verbs (δύω – anziehen, ankleiden) nicht zur Geltung kommen.

Die πα-Anlaute in Jud 4 bezeichnen lautmalerisch „die Eingravierten" (Jud 4b; προγεγραμμένοι). Das Urteil (τὸ κρίμα) in Jud 4c über diejenigen, die in Jud 4a mit dem seltenen Wort παρεισδύω bezeichnet sind, ist siebenfach (in Stein) gemeißelt („eingraviert").

Der Autor belässt es nicht bei diesem einen Beleg seiner Sprachkunst.[11] Wie ein Musiker, der sein Instrument stimmt, „stimmt" er die 25 Verse seines Briefs. Im ersten Teil des Briefs (Jud 1–6), in dem es u. a. um Ägypten (Jud 5b; Α-ἴγυπτος) oder Engel (Jud 6a; ἄ-γγελοι) geht, dominiert der Vokal Alpha. Dagegen treten o-Laute vor allem im Anlaut fast vollständig zurück.[12]

Davon abgegrenzt begegnen unmittelbar im Anschluss an den mit „a" gefärbten Anfang des Briefs Verse, die regelmäßig mit auf o-lautenden Anaphern begonnen werden. Die Versanfänge in Jud 7–12 lauten:

V. 7)	ὡς Σόδομα καὶ Γόμορρα ...
V. 8)	Ὁμοίως μέντοι καὶ οὗτοι ...
V. 9)	Ὁ δὲ Μιχαὴλ ὁ ἀρχάγγελος, ὅτε...

---

7   Im Mittelpunkt der Untersuchung stehen Phänomene, die in der Sekundärliteratur noch nicht expressis verbis benannt wurden.
8   Frey 2015, 9, weist hin auf die weiteren π-Alliterationen in V. 3 und bemerkt: „Auffällig ist weiter der kunstvolle Gebrauch rhetorischer Figuren wie z. B. Paronomasie, Alliteration, Assonanz, Homoioteleuton, Rhythmus und Wortspiel."
9   Unabhängig davon, ob das Optische oder das Akustische, also das Schriftbild oder das Hören des Textes im Vordergrund standen, das Hervorheben von Merkmalen funktioniert auf beiden Ebenen.
10 Charles 1993, 169, „they 'worm their way in through the side' (pareisdyein, v 4)"; vgl. Charles 1994, 2.
11 Charles 1991b, 124: „We become witnesses to a literary-rhetorical artist at work"; vgl. Charles 1993, 48.
12 In den ersten drei Versen begegnet kein einziger Anlaut auf o.

V. 10) οὗτοι δὲ ὅσα μὲν οὐκ οἴδασιν ...[13]
V. 11) οὐαὶ αὐτοῖς, ὅτι τῇ ὁδῷ ...
V. 12) οὗτοί εἰσιν οἱ ...

Auch wenn die heutigen Wort-, Vers- und Kapitelabgrenzungen zur Zeit der Abfassung des Judasbriefs noch nicht in der heutigen Weise festgelegt und üblich waren, wird doch die bewusste und regelmäßige lautliche Markierung des Anfangs von Sinneinheiten deutlich.[14] In ihnen geht es lautlich zum o-Grundton der Anapher passend um *Sodom* und *Gomorrha* (Jud 7a), das *Soma* des *Mose*[15], den Teufel (Jud 9b; διάβολος) und *Korach* (Jud 11c; Κόρε). Seine Stimmungen auf „a" und „o" orchestriert der Autor im Wechsel. Es wirkt, als stießen lautlich zwei Parteien aufeinander, die sich in der zweiten Hälfte des Briefs vereinigen.[16] Da Texte in der Antike laut gelesen und so ihr Sinn „Laut wurde", dürfte die sprachliche Gestaltung ihre Wirkung nicht verfehlt haben.[17] Deutlich wird von Anfang an, dass der Autor des Briefs jedes seiner Worte bewusst wählt.

4. Jud 23 als Schlüsselvers des Briefs

Von παρεισδύω als einem seltenen Begriff im Eingangsteil des Judasbriefs (Jud 4a) sei übergeleitet zu einer markanten Wendung im Schlussteil: In Jud 23 geht es um das Herausreißen (ἁρπάζω) von Zweiflern (Jud 22b) aus dem Feuer (Jud 23b). Ihrer gilt es, sich zu erbarmen (Jud 22f.),[18] während ihr laut Jud 23cd vom Fleisch (σάρξ) beflecktes Kleid[19] (χιτών) zu hassen ist (μισέω).[20]

---

13 Zu bedenken ist, dass die Verse 10–12 zwar mit dem Buchstaben Omikron beginnen, die Kombination οὐ oder οὗ jedoch als u- oder hu-Laut gesprochen wurde. Das Interesse des Autors galt sowohl der lautlichen Gestaltung als auch dem Schriftbild.
14 Weitere Beispiele zur „sound-structure" in des Wortes doppelter Bedeutung bei Charles 1991b, 114f.
15 Durch die Genitivkonstruktionen in Jud 9c vermehrt der Verfasser noch die Zahl der o-Laute (z. B. τοῦ Μωϋσέως σώματος).
16 Eine vokalische „Stimmung" von Strophen findet sich in der deutschsprachigen Literatur programmatisch in Liliencrons „Ballade in U-Dur"; Liliencrons [1961], 40–42.
17 Zurecht macht Charles 1991b, 109, darauf aufmerksam, dass zur Gestaltung des Judasbriefs auch „sound-play" zählt „to affect the audience in a striking way."
18 Lockett 2015, 324.328.336, macht die Rolle des Erbarmens gegenüber der Verdammung stark.
19 „Kleid" wird hier im Sinne von *Kleidungsstück* gebraucht.
20 Fuchs / Reymond 1980, 186: „Ce réalisme de la souillure est assez difficile à comprendre"; Frey 2015, 127, spricht bezogen auf Jud 22f. von „sachlich schwierigen" Versen, von einem „der schwierigsten Probleme der Exegese des Jud" und von „dem angefügten, dunkel mit Gewandmetaphorik operierenden Partizipialausdruck". Als alttestamentliche Parallelen

„Ohne Kleid keinen Streit"   147

Die Parallelstellenverzeichnisse des Novum Testamentum Graece (Nestle-Aland 28) und der Elberfelder Übersetzung (ELB 2006) verweisen mit Blick auf das Kleid (χιτών) in Jud 23d auf zwei Stellen im Zwölfprophetenbuch (Am 4,11; Sach 3,2-4) und auf Offb 3,4. In der gesamten Sammlung der zwölf kleinen Propheten und in der Apokalypse fehlt jedoch der in Jud 23d gebrauchte griechische Begriff für Kleid (χιτών). Sacharja und die Offenbarung sprechen von „Gewand" (ἱμάτιον).[21]

Darüber hinaus werden auch die in Jud 23 genannten Wörter *Hassen* (μισέω), *Fleisch* (σάρξ) und *(heraus-)Reißen* (ἁρπάζω)[22] weder im Zwölfprophetenbuch noch in der Johannesapokalypse in einem gemeinsamen Kontext gebraucht.

Von den vier hier hervorgehobenen Termini verwendet der zweite Petrusbrief, der den Judasbrief in weiten Teilen übernimmt, nur einen einzigen, nämlich *Fleisch* (2 Petr 2,10.18; σάρξ).

Gen 37 als diejenige alttestamentliche literarische Einheit,[23] in der alle vier in Jud 23 genannten griechischen Termini: χιτών (Kleid), μισέω (hassen), σάρξ (Fleisch) und ἁρπάζω ([heraus-]reißen) innerhalb eines Sachzusammenhangs erscheinen,[24] kommt in den erwähnten Listen von Parallelstellen (Nestle-Aland und ELB) zu Jud 23 nicht vor.

Sowohl in Judas 23 als auch im ersten Teil der Josefgeschichte (Gen 37) spielt ein gefärbtes Kleidungsstück eine Hauptrolle: Gen 37,3 erwähnt, dass Jakob seinem Lieblingssohn Josef ein buntes *Kleid* (χιτὼν ποικίλος) „macht".[25] Josefs Brüder deuten das *Kleid* als Zeichen ihrer Zurücksetzung und *hassen* nicht sein Kleidungsstück, sondern ihn selbst dafür (Gen 37,4; μισέω).[26] Um nicht Hand an das

---

erwähnt er Am 4,11 und Sach 3,2. Beide Stellen sind auch vorausgesetzt in Blumenthal 2008, 200.
21   Die Septuaginta und das Neue Testament halten die Unterscheidung der Termini ἱμάτιον (Gewand) und χιτών (Kleid) in ihren Einzelschriften bewusst durch. So wird z. B. in der Josefgeschichte das Gewand, das die Frau des Potifar dem Josef entreißt, immer als ἱμάτιον bezeichnet (Gen 39,12f.15f.18), das bunte Kleid, das ihm sein Vater Jakob anfertigt, heißt jeweils χιτών (Gen 37,3.23.31-33). In Mt 5,40 bedeutet der Verzicht auf das Gewand (ἱμάτιον) die Steigerung der Wegnahme des Kleides (χιτών).
22   Ostmeyer 2021, 191f., nennt in Verbindung mit Gen 37 nur die ersten beiden der hier erwähnten Termini (χιτών und μισέω).
23   Gen 37 ist durch die in Gen 38 eingeschobene Tamar-Novelle textlich und inhaltlich deutlich von den Schilderungen über Josefs Ergehen in Ägypten (Gen 39ff.) abgegrenzt.
24   Charles 1994, 2, merkt an, dass „not a single eplicit citation from the OT is found in Jude". Die beispiellose Nennung charakteristischer Termini im Rahmen eines festumrissenen Kontextes kommt einer ausdrücklichen Zitation zumindest nahe.
25   Gen 37,3: ἐποίησεν δὲ αὐτῷ χιτῶνα ποικίλον. Eine ähnliche Wortwahl begegnet bei den Kleidern, die Gott für Adam und Eva „macht"; Gen 3,21: ἐποίησεν κύριος ὁ θεὸς […] χιτῶνας.
26   Weil der vom Vater bevorzugte Josef sich seinen Brüdern verhasst gemacht hat, waren sie nicht mehr imstande, ihm ein freundliches Wort zu sagen (Gen 37,4; οὐδὲν εἰρηνικόν). Den Empfänger*innen des Judasbriefs hält sein Autor vor, Unfreundliches (Jud 15; wörtlich: „Hartes", σκληρά) zu sprechen. Hartes (σκληρά) wiederum äußert Josef im zweiten

Fleisch (Gen 37,27; σάρξ) ihres Bruders zu legen, schlägt Judas,[27] einer der Brüder, vor, Josef zu verkaufen (Gen 37,27). Sie präsentieren ihrem Vater Jakob das blutbefleckte *Kleid* (Gen 37,31f.; χιτών).[28] Jakob erkennt das Kleidungsstück und meint, ein wildes Tier habe Josef *gerissen* (Gen 37,33; ἁρπάζω)[29].

Vom besudelten Kleid (Jud 23d; χιτών), das zu hassen ist (Jud 23c; μισέω),[30] fällt ein Licht zurück auf das zunächst unverständliche "Sich-Verkleiden" (παρεισδύω) in Jud 4a.[31] Wenn ein beflecktes Kleid gehasst, also abgelegt werden soll, muss es zuvor angezogen worden sein. Anders als in vielen Interpretationen vorausgesetzt, bietet Jud 4 keine Hinweise auf Menschen oder Gruppen, die sich *von außen* in die Gemeinde einschleichen. Vielmehr handelt es sich bei den Abweichlern der Judas-Gemeinde um auffällig gewordene Insider, die sich wie Josef von ihren Geschwistern abgrenzen oder von ihnen ausgegrenzt werden. Anders als etwa im ersten Korintherbrief (z. B. 1 Kor 5,1–6) wird den Abweichlern im Judasbrief nichts Konkretes vorgeworfen. In Jud 4 geht es um Christusgläubige, die sich durch ihr Verhalten bei anderen Gemeindegliedern verhasst machen.

Der Autor des Judasbriefs parallelisiert durch seine besondere Wortwahl die Situation seiner Leserschaft mit der Familie Jakobs in Gen 37 und intendiert eine wechselseitige Interpretation. Übertragen gesprochen, haben einzelne Glieder der Gemeinde des Judas das bei den Brüdern Hass erregende (Gen 37,4b; μισέω) Kleidungsstück (Gen 37,3b; χιτών) übergestreift. Sie haben sich verkleidet (Jud 4a; παρεισδύω). Doch ihr *hassens*wertes (Jud 23c; μισέω) *Kleid* (Jud 23d; χιτών) ist wie in Gen 37,23 auszuziehen (ἐκδύω), seine Träger jedoch sind aus

---

    Teil der Erzählung gegenüber seinen Brüdern, als er sich ihnen zunächst nicht zu erkennen gibt (Gen 42,7.30).

27 Die griechische Schreibweise des Namens des Jakobsohns (Gen 37,26) und des Autors des Judasbriefs (Jud 1) ist im Neuen Testament und in der Septuagintafassung der Genesis meist identisch: Ἰούδας. Das Funktionieren des Namens Judas sowohl auf der Ebene der Joseferzählung als auch auf der des Judasbriefs und die enge Verbundenheit mit Jakob als Vater und mit Jesus als Bruder des Judas machen plausibel, „warum ein Autor das Pseudonym einer so obskuren Figur wie Judas aufnehmen konnte", Frey 2015, 21.
    Frey 2003, 186.205 distanziert sich mit Recht von der Argumentation Bauckhams, der für die Authentizität des Judasbriefs eintritt; vgl. Bauckham 1990, 178. DeSilva 2012, 182, diskutiert ebenfalls Argumente dafür „that it is an authentic document", entstanden in „the life span of Jesus's younger half brother" (a. a. O. 183).

28 χιτών begegnet in Gen 37 siebenmal (Gen 37,3.23.31–33). Die Genesis gebraucht den Terminus ansonsten nur noch in Gen 3,21. Im Neuen Testament begegnet χιτών außerhalb der Evangelien und der Apostelgeschichte nur in Jud 23.

29 Außer in Gen 37,33 begegnet der Terminus im Pentateuch nur noch in Lev 5,23; 19,13 und Dtn 28,31.

30 Frey 2003, 193, nennt Jud 23 eine „merkwürdige Mahnung".

31 Ellis 1978, 231, sieht eine Parallele zwischen Jud 4 und Gal 2,4.

„Ohne Kleid keinen Streit" 149

dem Gerichtsfeuer zu *reißen* (Jud 23a; ἁρπάζω) und in Erbarmen einzuhüllen (Jud 22f.).[32]

5. Einzelpersonen und Gruppen im Judasbrief

5.1 Zur Person des Josef[33]

Die Figur des Josef ist in der (aktuellen) christlichen Rezeption weitgehend positiv besetzt. Man hegt Sympathien für den Träumer (Gen 37,19; ἐνυπνιαστής), der sich von seinen eher derb gezeichneten Brüdern[34] schon äußerlich durch seine Bekleidung abhebt. Ein solches Bild wird weder der hebräischen Fassung von Gen 37 noch dem Text der Septuaginta gerecht. Gleich zu Beginn der Erzählung denunziert Josef seine Brüder bei ihrem Vater mit übler Nachrede (Gen 37,2; ψόγος).[35] Josef hatte sich unter anderem durch sein buntes Kleid (Gen 37,3b; χιτών ποικίλος) und seine sichtbare Bevorzugung als Lieblingssohn (Gen 37,3f.) den Hass seiner Brüder zugezogen (Gen 37,4; μισέω). Nun vermehrt er diesen Hass noch durch sein Träumen (Gen 37,5; ἐνυπνιάζομαι), mit dem er sich zunächst nur über seine Brüder (Gen 37,5f.), dann aber auch über seine Eltern erhebt (Gen 37,9f.).

5.2 Träumer[36] und Tadel (Jud 5f.8f. und Gen 37,9f.19)

Seine Träume erwecken dem Josef nicht nur Hass bei seinen Brüdern (Gen 37,4; vgl. Jud 23c; μισέω), sondern bringen ihm eine Schelte (Gen 37,10; ἐπιτιμάω) seines Vaters Jakob ein.[37]

---

32 Die hier wie auch im Folgenden benannten sprachlichen Parallelen belegen die Adaption des Wortlauts der Septuaginta durch den Autor des Judasbriefs; gegen Bauckham 1990, 136f.

33 Wolthuis 1987, passim, benennt eine Reihe zeitgenössischer jüdischer Traditionen als Parallelen zum Judasbrief. Die Josefgeschichte der Genesis ist nicht darunter.

34 Ausnahmen bilden Ruben (Gen 37,21f.), der Josef nicht töten, sondern „nur" in eine wasserlose Zisterne werfen lassen will und plant, ihn später zu retten, sowie Judas (37,26f.), der Josef „nur" verkaufen möchte. Benjamin, der jüngste Bruder, kommt erst später ins Spiel (Gen 42,4).

35 Vgl. Test Gad 1,6.

36 Außerhalb der Josefgeschichte begegnet in der Genesis der Terminus für „träumen" (ἐνυπνιάζομαι) nur im Zusammenhang mit Jakobs Traum von der Himmelsleiter in Gen 28,12.

37 Ellis 1978, 231, sieht eine Parallele zwischen Jud 8 und Kol 2,18.

Gemeinsam finden sich die Termini für Träumen (Gen 37,5f.9f.; Jud 8; ἐνυπνιάζομαι) und Schelten (Gen 37,10; Jud 9; ἐπιτιμάω)³⁸ nur im ersten Teil der Josefgeschichte und im Judasbrief. Es handelt sich um griechische Termini, die sonst selten in den biblischen Schriften begegnen.³⁹

In Jud 8a werden scheinbar unmotiviert *Träumende* (ἐνυπνιαζόμενοι) kritisiert,⁴⁰ die ihr *Fleisch* (Jud 8b; σάρξ, vgl. Gen 37,27) beflecken. Im Folgevers heißt es in Jud 9c vom Erzengel Michael, er habe es dem Herrn (κύριος) anheimgestellt, den Teufel zu *schelten* (ἐπιτιμάω, vgl. Gen 37,19).⁴¹

Trotz seiner Kritik *bewahrt* Jakob die Träume seines Lieblingssohnes (Gen 37,11; διατηρέω).⁴² Der Stamm des hier gebrauchten Kompositums von *bewahren* (τηρέω) ist Leitwort im Judasbrief (Jud 1.6.13.21). Ein weiteres der Leitwörter im Judasbrief ist ἀγαπάω (lieben).⁴³ Derivate finden sich in Jud 1–3.12.17.20f. Der von Jakob *geliebte* Josef wird in Gen 37,3a mit einer Form von ἀγαπάω als bevorzugt gekennzeichnet (Ιακωβ δὲ ἠγάπα τὸν Ιωσηφ).

Die Parallelität auffälliger Termini legt nahe, dass es sich um eine bewusste Wortwahl handelt, die bei der Interpretation des Judasbriefs zu berücksichtigen ist.⁴⁴ In Jud 9 wird als eine Absicht des Judasbriefautors erkennbar, seine Gemeinde zu animieren, nicht zur Selbstjustiz zu greifen, sondern Sanktionen und Verurteilungen dem Herrn zu überlassen, so wie es sogar der Erzengel Michael in einem viel gravierenderen Fall praktizierte.

5.3 Nörgler, Aufschneider und üble Nachrede (Jud 16 u. Gen 37,2)

Es verwundert, dass auf der einen Seite in Jud 14f. ein apokalyptisches Weltgericht aufgefahren wird, dass aber auf der anderen Seite die davon Betroffenen zunächst in Jud 8 als Träumende (ἐνυπνιαζόμενοι) und in Jud 16 als Nörgler

---

38 Diejenigen Schriften der Septuaginta, die ein Pendant im hebräischen Kanon haben, bieten ἐπιτιμάω außer in Gen 37,10 und in wenigen Psalmen (9,6; 67,31; 105,9; 118,21) nur in Ruth 2,16 und Sach 3,2.
39 ἐπιτιμάω gebrauchen neben den Synoptikern nur 2 Tim 4,2 und Jud 9. „Träumen" (ἐνυπνιάζομαι) hat im Neuen Testament außer Jud 8 nur noch ein Zitat aus Joel 3,1 in Apg 2,17.
40 In Gen 37,19 wird Josef von seinen Brüdern als Träumer (ἐνυπνιαστής) verhöhnt.
41 So auch Frey 2003, 197, der darüber hinaus ebd. erklärt: „Die Frage nach der Textgrundlage ist hier besonders schwer zu beantworten."
42 Auch Maria scheint die Worte des zwölfjährigen Jesus nicht zu verstehen, bewahrt sie jedoch „in ihrem Herzen" (Lk 2,51; διατηρέω).
43 Beide Leitwörter (τηρέω und ἀγαπάω) nennt auch Charles 1991b, 111f., neben weiteren für den Judasbrief zentralen Termini.
44 Frey 2015, 9: „Der Autor hat seinen Text planvoll gestaltet."

(γογγυσταί) und als Aufschneider, wörtlich als solche, die Hochfahrendes (ὑπέρογκος) reden,⁴⁵ tituliert werden.

Bereits zu Beginn der Untersuchung wurde auf klangliche Aspekte verwiesen, die den Autor des Judasbriefs zu einer bestimmten Wortwahl motivierten. Inhaltlich-lautliche Parallelen legen nahe zu überprüfen, ob Häufungen von Wörtern, die scheinbar in keiner direkten Beziehung zueinander stehen, über das Zufällige hinausgehen.

Jud 16 bezeichnet bestimmte Menschen in der Gemeinde als *Nörgler* (γ-ογ-γυσταί).⁴⁶ Im selben Vers wird den Kritisierten vorgeworfen, *Hochmütiges* zu äußern (ὑπέρ-ογ-κος).⁴⁷ Laut Gen 37,2 macht sich Josef bei seinen Brüdern verhasst durch üble Nachrede (ψ-όγ-ος πονηρός). In allen Fällen handelt es sich um verbale Äußerungen, vorgebracht in negativer Weise. Gemeinsam ist ihnen allen die Buchstabenkombination ογ.⁴⁸ Es ist nicht ganz leicht, gleich zwei Wörter zu finden, die (wie in Jud 16) sowohl inhaltlich als auch lautlich zueinander passen und die darüber hinaus mehr sind als schlichte Ableitungen von λ-όγ-ος.

Das Phänomen, auf das hier aufmerksam gemacht wird, verdankt sich mehr dem Schriftbild als der Lautlichkeit. Die zweifache ογ-Kombination in Jud 16 (γ-ογ-γυσταί und ὑπέρ-ογ-κος) wurde vermutlich nasaliert gesprochen, die Kombination in Gen 37,2 (ψ-όγ-ος) hingegen nicht. Das bedeutet: Wenn es sich nicht um einen glücklichen Zufall handelt, dann hatte hier der Autor des Judasbriefs den geschriebenen Text des Genesiskapitels vor Augen, und es ist eine literarische Abhängigkeit zu konstatieren.

5.4 Gebundene und Garben (Jud 6 und Gen 37,7)

Das Motiv der gefangenen Geister (1 Petr 3,19) oder der aufbewahrten (2 Petr 2,4) oder gebundenen Engel (Jud 6) begegnet in beiden Petrusbriefen und auch im Judasbrief. Allein in Jud 6 ist von *Band* (δεσμός) die Rede. Mit einem Derivat dieses griechischen Terminus wird im ersten Traum Josefs (Gen 37,7), der den Hass seiner Brüder erweckt (Gen 37,8b), das Binden (δεσμεύω) von Garben bezeichnet.

---

45 Ellis 1978, 231, erkennt eine Parallele zwischen Jud 16 und Tit 1,10.
46 Das Nomen (γογγυστής) leitet sich ab von γογγύζω, der Bezeichnung für das Murren des Volkes Israel beim Durchzug durch die Wüste (Ex 17,3; Num 11,1; 14,27.29; 17,6.20). Die Verbform erscheint außerhalb der Evangelien nur in 1 Kor 10,10 und auch dort im Kontext der Wüstenwanderung. Bei der Substantivierung in Jud 16 handelt es sich um ein gesamtbiblisches Hapaxlegomenon.
47 Innerbiblisch begegnet das Wort nur noch in der Übernahme durch den zweiten Petrusbrief in 2 Petr 2,18 sowie in Klgl 1,9; Ex 18,22.26; Deut 30,11; 2 Sam 13,2 und Dan 5,12 bzw. in der Danielfassung nach Theodotion in 11,36.
48 Die Buchstabenkombination ογ erscheint ebenfalls in Jud 10 (ἄλ-ογ-ος) und in Jud 11 (ἀντιλ-ογ-ία).

Zwar werden Glieder der Adressatengemeinde des Judasbriefs nicht direkt mit den gefangenen Engeln gleichgesetzt, jedoch stehen alle, die ihr Fleisch beflecken (Jud 7f.23) und für das Feuer vorgesehen sind (Jud 7.23), in einem gemeinsamen semantischen Kontext und Erwartungshorizont. Erst im Feuergericht (Jud 23a) wird unterschieden (διακρίνω, vgl. Jud 9) zwischen dem Kleid (Jud 23d) und seinen Trägern (Jud 22b; διακρινόμενοι). Durch Erbarmen sollen am Ende die Zweifler bzw. die Unterscheidenden (Jud 22b; διακρινόμενοι) aus dem Feuergericht (Jud 23a) gerissen (Jud 23a; ἁρπάζω) und so gerettet werden (Jud 22f.). Die Aufforderung in Jud 23c zum Hassen (μισέω) des vom Fleisch (Jud 23d; σάρξ) befleckten Kleids (Jud 23d; χιτών) lässt sich als Anweisung verstehen, ein solches Kleid dem Gerichtsfeuer zuzuführen.

6. Die Mahlszenen (Jud 12 und Gen 37,25)

Die ungewöhnlichen Formulierungen in Jud 11–13[49] bezogen auf die Liebesmähler (Jud 12; ἀγάπαι) lassen sich aus der Absicht erklären, eine sprachliche und motivische Parallelität zu den Geschehnissen rund um das Mahl der Brüder Josefs in Gen 37,25 herzustellen.

Jud 4a und Jud 23 werden dadurch zueinander in Beziehung gesetzt, dass es an der ersten Stelle um ein als falsches Bekleiden beschriebenes *Anziehen* geht (παρεισδύω) und in Jud 23 um das *Ablegen* eines hassenswerten Kleidungsstücks. So umrahmen die Kleiderszenen sowohl im Judasbrief (Jud 4 und 23) als auch in Gen 37 (Gen 37,3 und 31–33) jeweils ein Gemeinschaftsmahl (Jud 12 und Gen 37,25).

In Gen 37,25 essen die Brüder ihr Brot (ἄρτος) am Rande einer wasserlosen Zisterne,[50] in die sie ihren Bruder Josef geworfen haben. Statt Hand an sein Fleisch (Gen 37,27; σάρξ) zu legen und ihn zu töten (Gen 37,20–22), verkaufen sie ihn an Händler (Gen 37,28), die ihn nach Ägypten bringen zu Potifar, dem Erzleibwächter Pharaos (Gen 37,36; ἀρχιμάγειρος).

Die Glieder der Judasgemeinde sind laut Jud 5 wie die späteren Nachkommen der Jakobsfamilie *aus Ägypten* gerettet worden (ὅτι Ἰησοῦς λαὸν ἐκ γῆς Αἰγύπτου

---

49 Vögtle 1994, 63, identifiziert in Jud 11–13 drei „gerichtsverfallene Sündertypen".
50 Gen 37,24; ὁ δὲ λάκκος κενός ὕδωρ οὐκ εἶχεν – „die Zisterne aber war leer, Wasser hatte sie nicht".

σώσας).⁵¹ Durch die Parallelen in Jud 12 werden sie hier denen an die Seite gestellt, die Josef *nach Ägypten* (Gen 37,28; εἰς Αἴγυπτον) verkauft haben.⁵²

6.1 Irrtum und Verirrte (Jud 11 und Gen 37,15.22)

Der in Jud 11 erwähnte „Irrtum" (πλάνη) und das „Verirren" Josefs in Gen 37,15⁵³ sind Derivate des griechischen πλανάω. Josef irrt auf der Suche nach den Weideorten seiner Brüder planlos in der Ebene umher. In Jud 11 richtet sich die Kritik gegen diejenigen, die sich dem Irrtum (τῇ πλάνῃ) Bileams für Lohn hingaben (τοῦ Βαλαὰμ μισθοῦ ἐξεχύθησαν). Das in Jud 11 gebrauchte Verb für „sich hingeben" findet sich in Gen 37,22 in seiner aktiven Form (ἐκχέω). Dort mahnt Ruben, der Älteste der Brüder, kein Blut zu vergießen (μὴ ἐκχέητε αἷμα).

6.2 Flecken und Beflecktes (Jud 12a.23 und Gen 37,3f.)

Jud 12 bezeichnet einige derer, die bei den *Liebe*smählern der Gemeinde (ἐν ταῖς ἀγάπαις ὑμῶν) mitschmausen als *Beflecku*ngen (σπ-ιλ-άδες).⁵⁴ Parallel dazu steht in Jud 23 die Aufforderung zum Hass auf das vom Fleisch (μισοῦντες καὶ τὸν ἀπὸ τῆς σαρκός) *befleckt*e Kleid (ἐσπ-ιλ-ωμένον χιτῶνα).⁵⁵

Gen 37,3 erwähnt, dass das bunte Kleid (χιτῶνα ποικ-ίλ-ον), das Jakob für Josef aus besonderer *Liebe* gemacht hat (Ιακωβ δὲ ἠγάπα τὸν Ιωσηφ),⁵⁶ bei seinen Brüdern Hass erweckte (Gen 37,4; μισέω).

Die partielle Übereinstimmung im Griechischen von σπ-ιλ-άδες (Flecken; Jud 12) ἐσπ-ιλ-ωμένος (befleckt: Jud 23) und ποικ-ίλ-ος (bunt; Gen 37,3.23.32)⁵⁷ ist neben der inhaltlichen Parallelität auch lautlich und im Schriftbild kenntlich.

---

51 Textkritisch ist die Zuschreibung der Rettung höchst umstritten. Nestle-Aland 28 spricht sich für das handschriftlich stärker bezeugte Ἰησοῦς als Subjekt aus; so auch Blumenthal 2008, 50–52.54 nach eingehender Analyse. Vögtle 1994, 40, und Frey 2015, 70, entscheiden sich nach ausführlicher Diskussion für κύριος als ursprüngliche Lesart.

52 Die ausführlichste textkritische Analyse der Ursprünglichkeit der Jesus-Lesung bietet Wasserman 2006, 262–266. Wasserman selbst neigt zur Lesart κύριος, diskutiert jedoch auch die Möglichkeit einer vom Autor beabsichtigten Josua-Jesus-Typologie. Die Option einer Josef-Jesus-Typologie wird nicht in Erwägung gezogen.

53 Gen 37,15: εὗρεν αὐτὸν ἄνθρωπος πλανώμενον ἐν τῷ πεδίῳ.

54 Frey 2003, 193, spricht von „rätselhaften und schwer übersetzbaren σπιλάδες Jud 12a".

55 Watson 1988, 61, deutet die σπιλάδες als „'dangerous reefs' in the agape meal"; vgl. ders. 1988, 76. Gerdmar 2001, 50, spricht sich für „storms" aus. Die Verbindung mit dem befleckten Kleid in Jud 23 ist in den Übersetzungsvorschlägen nicht erkennbar.

56 Gemeinsam werden u. a. „Judas", „Jakob", „Vater", „Bruder" und „Geliebte" auch in Jud 1a erwähnt.

57 Einige der Schafe, die Jakob bei seinem Schwiegervater Laban züchtet, sind ebenfalls ποικίλος (bunt; Gen 30,39f.; 31,10.12).

In Gen 37,23 und Jud 23 geht es um ein durch dasselbe griechische Wort bezeichnetes Kleid (χιτών), das sich durch seine Färbung negativ auswirkt und das ausgezogen werden muss (vgl. Gen 37,23; ἐκδύω). Die Buntheit (bzw. Befleckung) des Kleides für den geliebten Sohn Jakobs wird auf die Liebesmähler der Gemeinde des Judas übertragen (Jud 12; οἱ ἐν ταῖς ἀγάπαις ὑμῶν σπιλάδες).[58]

6.3 Weiden und Wasserlosigkeit (Jud 12b und Gen 37,13.24)

Jud 12 bietet ein Beispiel für die Rezeption der Josefgeschichte am Ende des ersten Jahrhunderts. Gen 37 wird verstanden als Beispiel für den Ungehorsam der Jakobssöhne: In Gen 37,13 (vgl. Gen 37,2) schickt Jakob seinen Sohn Josef dahin, wo seine Brüder *weiden* (οἱ ἀδελφοί σου ποιμαίνουσιν). Doch die Brüder Josefs sind nicht da auffindbar, wo sie eigentlich die Schafe ihres Vaters hätten weiden lassen sollen. Der umherirrende Josef muss einen Menschen (Gen 37,15.17; Jud 4) nach dem Ort fragen (Gen 37,15f.). Statt den Erwartungen ihres Vaters gerecht zu werden, schmausen die Brüder ihr Brot am Rande einer *wasserlosen* Zisterne (Gen 37,24; ὁ δὲ λάκκος κενός ὕδωρ οὐκ εἶχεν), die sie ihrem Bruder Josef als Grab zugedacht hatten.

In Jud 12 wirft der Autor des Judasbriefs den Teilnehmerinnen und Teilnehmern der Liebesmähler vor, sie *weideten* sich selbst (Jud 12; ἑαυτοὺς ποιμαίνοντες). Analog zur *wasserlosen* Zisterne in Gen 37,24 lautet in Jud 12b einer der Vorwürfe des Judasbriefs, die Angesprochenen seien *wasserlose* Wolken (νεφέλαι ἄνυδροι).

6.4 Sterne und Planeten (Jud 13 und Gen 37,15)

Jud 13 hält den Kritisierten der Gemeinde vor, sie seien *umherirrende Sterne* (ἀστέρες πλανῆται).[59] Die Kombination der beiden eigentlich gegensätzlichen Termini ist auffällig, denn in der Antike war der Unterschied zwischen den Fixsternen (ἀστέρες, vgl. Gen 37,9) und den Planeten allgemein bekannt („Wandelsterne"; abgeleitet von πλανάω, vgl. Gen 37,15).

Ein Ursprung der Formulierung liegt in der Gegenüberstellung von Josef und seinen Brüdern: Gen 37,15 beschreibt *Josef* als jemanden, der auf der Suche nach den Weideorten seiner Brüder umherirrt wie ein Planet (πλανώμενον ἐν τῷ

---

58 Charles 1993, 162f., behandelt die Befleckungen unter der Überschrift: „Pagan Tradition-Material in Jude".
59 Vgl. OrJak 1,16b (Ostmeyer 2019, 174f.).

πεδίῳ), und in Gen 37,9 werden Josefs *Brüder* im zweiten Traum Josefs mit *elf Sternen* verglichen (ἕνδεκα ἀστέρες).[60]

Mit „umherirrende Sterne" (ἀστέρες πλανῆται) fasst Jud 13 beide Seiten in einer einzigen Wendung zusammen: Die Brüder als Sterne (Gen 37,9) und Josef als Planeten (Gen 37,15).

Mit dem Hinweis auf die Irrläufer (πλανῆται) in Jud 13 schließt sich die Klammer, die in Jud 11 mit dem Hinweis auf das andere Derivat von πλανάω, den Irrtum (πλάνη) in der Nachfolge Bileams,[61] geöffnet worden war.

7. Täter und Tun

7.1 Die Handelnden

Negative Aspekte beziehen sich sowohl auf Josef als auch auf seine Brüder. Der eine ist ein planloser Träumer (Gen 37,15.19), der gegen seine Brüder hetzt (Gen 37,2), die anderen weiden sich selbst (Gen 37,25) und geben sich ihrer Gier hin (Gen 37,28f.).

Der Autor des Judasbriefs möchte gerade nicht die eine Gruppe gegenüber der anderen in ein besseres Licht stellen.[62] Im Gegenteil, jede Seite hat Schuld auf sich geladen. Jud 15 gebraucht viermal Formen von „jeder" bzw. „alle". Kein anderer Einzelvers des Neuen Testament verwendet mehr Derivate von πᾶς. Trotzdem werden alle Adressaten des Briefs als „Geliebte" angesprochen (Jud 3.17.20; ἀγαπητοί).[63] *Allen* wird das väterliche Erbarmen zugesprochen (Jud 2.21; ἔλεος). *Alle* sind sie in der Liebe[64] des Vaters bewahrt (Jud 1f.; τηρέω).[65] Während sich in Gen 37,3 die Liebe Jakobs auf Josef konzentrierte, gilt Gottes väterliche Liebe *allen* Gläubigen (Jud 1f.).

Alle, die „den Weg Kains" (Jud 11a) gegangen sind, stehen in einer Reihe mit dem Urbild des Brudermörders aus Gen 4,10f. Dieser Vorwurf aus Jud 11 lässt sich auf Josefs Brüder beziehen, die planten, Josef zu töten (Gen 37,18.20). Als Menschen, die ihren Bruder für Gold verkauft haben (Gen 37,28), haben sie

---

60 Die Parallele zu Gen 37,9 wird verständlich vor dem Hintergrund des geozentrischen Weltbildes. In der Antike wurden Sonne und Mond zu den sieben Planeten, also den „Wandelsternen" gerechnet.
61 Auf die Beziehung zwischen dem Lohn Bileams (Jud 11; Βαλαὰμ μισθοῦ) und dem Verkauf Josefs für Gold (Gen 37,28) wird im folgenden Abschnitt eingegangen.
62 Vögtles 1994, 5, Bezeichnung als „Kampfbrief" verfehlt den Charakter des Schreibens.
63 Mehr Belege für ἀγαπητοί haben in der Septuaginta und im Neuen Testament nur der erste Johannesbrief und der zweite Petrusbrief; beide haben einen mehrfach größeren Umfang.
64 ἀγαπάω ist Leitwort des Judasbriefs und begegnet in Jud 1–3.12.17.20f.
65 τηρέω ist Leitwort des Judasbriefs und begegnet in Jud 1.6(2x).13.21.

Bileam, den Urtyp für Habgier, zum Vorbild (Num 22,18; 24,13). Bileam hat sich für Gold verkauft; Gliedern der Gemeinde des Judas wird vorgeworfen, sich um des Lohnes willen dem Irrtum Bileams preisgegeben zu haben (Jud 11b). Sie ähneln in ihrer Widersetzlichkeit gegen ihren Vater dem Aufrührer Korach (Num 16,2; Jud 11c): Während Korach von der Erde verschlungen wird (Num 16,30–34; 26,9f.), werfen sie ihren Bruder in ein Erdloch (Gen 37,20.24).

Jud 11 bezieht sich direkt auf Gen 37 als Subtext des Judasbriefs und vermittels dieses Umwegs wieder zurück auf die Judasgemeinde. Die Leserschaft des Judasbriefs soll sich in Josef und seinen Brüdern wiedererkennen. Warnungen und Parallelisierungen, die den Jakobssöhnen gelten, beziehen sich auch auf die Glieder der Gemeinde des Judasbriefs, die eigentlich wie Brüder miteinander umgehen sollten. Auch sie haben Anteile von Kain, Bileam und Korach. Unabhängig von der Josefgeschichte ist die Argumentation mit den Personen in Jud 11 kaum plausibel.

7.2   Erbarmung als das neue Kleid

Auffällig ist die Rahmung der 25 Verse des Judasbriefs. Zu einem apokalyptischen Drohschreiben will die Rede vom Erbarmen zu Beginn des Briefs und an dessen Ende (Jud 2.21; ἔλεος) nicht recht passen. Bereits in Jud 2 werden die Adressat*innen ihrer Teilhabe an der Liebe des Vaters und an seinem Erbarmen versichert. Dieses Erbarmen ist durch Christus für sie *bewahrt* (Jud 1).[66] In der Schlusspartie des Briefs greift der Autor in Jud 21 den Indikativ des Erbarmens auf und verändert ihn in Jud 22 zu einem Imperativ.[67] Der Aufruf, sich zu erbarmen, also das empfangene Erbarmen weiterzugeben, steht betont in der Mitte des kürzesten Verses des Briefs (Jud 22) und mündet in den Schlüsselvers des Briefs in Jud 23. In Jud 22 trennt das aktive *Erbarmen* (ἔλεος) sprachlich-syntaktisch diejenigen, die gerettet und aus dem Feuer gerissen werden sollen, von dem befleckten Kleid, das zu hassen ist.[68]

Die Träger des Kleides werden eingehüllt in aktives Erbarmen. Ihr beflecktes Kleid wird als Auslöser allen Übels erkannt und dem Feuer überlassen (Jud 23). Dem Autor des Judasbriefs kommt es auf die Wahrung der Einheit an: Wenn das Kleid beseitigt ist und seine Träger gerettet sind und Erbarmung erfahren, ist die Voraussetzung zur Reintegration der vormals falsch Gekleideten (vgl. Jud 4; παρεισδύω) in die Gemeinde geschaffen.[69] Der Wegfall dessen, was die Brüder

---

66   Zu den Derivaten von τηρέω und ἀγαπάω als Leitworten des Judasbriefs vgl. die beiden vorangegangenen Anmerkungen.
67   Ostmeyer 2021, 167f.189.
68   οὓς δὲ σῴζετε ἐκ πυρὸς ἁρπάζοντες, – οὓς δὲ ἐλεᾶτε ἐν φόβῳ – μισοῦντες καὶ τὸν ἀπὸ τῆς σαρκὸς ἐσπιλωμένον χιτῶνα.
69   DeSilva 2012, 224, erwägt eine Analogie zu den Menschen in Ninive, derer sich Gott trotz ihrer Gerichtsverfallenheit erbarmt hat.

wie auch die Gemeindeglieder voneinander unterscheidet, ermöglicht das Erbarmen gegenüber allen, die sich zuvor ausgegrenzt haben oder ausgegrenzt wurden.[70]

8. Das Gesamtkonzept des Judasbriefs

Bei den genannten Gruppen oder Personen handelt es sich *nicht* um realexistierende Parteiungen der Gemeinde des Judas,[71] sondern um Personifikationen allgemeiner, bereits in den alttestamentlichen Schriften verurteilter Handlungsweisen und Eigenschaften. Bei Berücksichtigung der Josefgeschichte als Matrix der Situation in der Gemeinde des Judas wird deutlich:

Alle Seiten haben sich schuldig gemacht und sind zu tadeln. In der Bezeichnung als „irrende Sterne" (Jud 13) werden beide Seiten (Gen 37,9.15) vereint. Während die Liebe Jakobs allein seinem Sohn Josef galt (Gen 37,3) und seine Kinder entzweite, wendet sich Gott als Vater *allen* Gemeindegliedern zu (Jud 15). Unterschiedslos werden sie als Geliebte angesprochen (Jud 3.17.20; ἀγαπητοί), denn *alle* Jakobsöhne und *alle* mit ihnen parallelisierten Gemeindeglieder bedürfen der väterlichen Liebe und des durch Christus bewahrten Erbarmens (Jud 1f.).

Wie bei den Jakobsöhnen kommt es auch für die Glieder der Judasgemeinde darauf an, geschwisterlich zu leben. Jakob hielt seinen Sohn für *gerissen* von einem Tier (Gen 37,33; θηρίον ἥρπασεν τὸν Ιωσηφ), dagegen betont Jud 23, die Zweifler sollen heraus*gerissen* werden aus dem Feuer (ἐκ πυρὸς ἁρπάζοντες). Das, was entzweit, ist zu hassen und zu verbrennen (Jud 23).

Es spricht für die Kunstfertigkeit des Autors, dass sich die als Folie verwendete Josefgeschichte[72] trotz ihrer mehrfachen wörtlichen und motivischen Anleihen nicht in den Vordergrund schiebt. Auf den ersten Blick hat die angesprochene christliche Gemeinde nichts mit dem Zwist in einer Großfamilie zu tun,

---

70 Grundsätzlich anders z. B. Joubert 1995, 87, demzufolge es das Ziel des Briefs ist, „to persuade the readers to reject the teachers in their midst."
71 Laut Heiligenthal 1992, 59, gibt es „Hinweise darauf, daß die Gegner aus dem Milieu der paganen Skepsis stammen, mit Sicherheit jedoch sind sie Heidenchristen"; konkretisiert a. a. O., 149f. Methodische Überlegungen und weitere in der Forschung vertretene Positionen zur Frage der Gegner bei Frey 2015, 27–37.
72 Charles 1990, 113, arbeitet zutreffend an verschiedenen Beispielen die den Brief prägende typologische Grundstruktur heraus (auf Gen 37 geht er nicht ein): „The past speaks prophetically to the present". A. a. O., 118: „Of primary concern has been the writer's application of typological exegesis, through which familiar models of ungodliness associated with Israel's past have been linked to the present."

die auf der Erzählebene in einer viele hundert Jahre zurückliegenden Zeit verortet wird.[73]

Als ein Schlüssel zum Gesamtverständnis erweist sich gegen Ende des Briefs das zu hassende Kleid (Jud 23). Von ihm aus fällt ein Licht auf die anderen Parallelen.[74]

Gelesen vor dem Hintergrund von Gen 37[75] bietet der Judasbrief einen Aufruf zur Geschlossenheit.[76] Sein Autor möchte die Geschwisterlichkeit in der Gemeinde stärken. Er versucht also nicht, zwei, drei oder mehr fremde Parteien zu identifizieren,[77] um sie anschließend aus der Gemeinde zu entfernen, sondern ist stattdessen bestrebt, Gespaltenes („Sterne" und „Planeten"; Jud 13c; Gen 37,9.15) zusammenzuführen.

Falsch war es, – metaphorisch gesprochen – sich abgrenzend zu kleiden (Jud 4; Gen 37,3).[78] Das Spaltende ist abzulegen wie ein beflecktes Kleid, die ehemaligen Träger des Kleids sind dagegen in Erbarmen zu hüllen (Jud 22f.).

9. Fazit

Es dürften kaum zwei weitere in sich geschlossene Texteinheiten existieren, eine aus dem Alten und eine aus dem Neuen Testament, die so weitgehende sprachliche und motivische Überschneidungen aufweisen, wie die beiden hier untersuchten Abschnitte. Dass die Parallelen nicht ins Auge springen, mag daran liegen, dass die jeweiligen Texteinheiten gänzlich unterschiedlichen Genres entstammen. Das eine ist ein Erzähltext, der einen Familienkonflikt thematisiert, das andere eine apokalyptische Mahnpredigt in der Gestalt eines Kurzbriefs.

---

73 Joubert 1998, 70: „History thus holds the key for Jude to help solve the crisis in his community."
74 Charles 1991b, 123: The „writer applies a typological exegesis in associating past paradigms of ungodliness with his opponents of the present"; vgl. ders. 1993, 105: „The past in Jude explains the present and serves as a token for the future."
75 Der Autor des Judasbriefs liest die parallelisierten alttestamentlichen Texte als Komplementärtexte. Einiges, was in der Josefgeschichte grundgelegt wurde, hat Jesus vollendet (z. B. Gen 37,36 und Jud 5).
76 Das Richten oder Tadeln (ἐπιτιμάω) der Abweichler ist in Analogie zu Jud 9 Sache des Herrn (κύριος.) Wenn nicht einmal der Erzengel Michael es wagt, in einer so gravierenden Angelegenheit wie dem Streit um den Leib des Mose den Teufel selbst zu kritisieren, sondern das Schelten (ἐπιτιμάω) dem κύριος überlässt, um wieviel weniger steht ein solches Verurteilen dann den Gemeindegliedern an?
77 Charles 1993, 169, beschreibt drei verschiedene Gruppen.
78 Charles 1991a, 131, „the midrashic treatment of Jewish tradition in Jude is significant in that it applies lessons of the past to present needs of the Christian community."

Hinzu kommt, dass die Kenntnis des Wortlauts der Septuaginta als eines „bloßen" Übersetzungstextes weniger Beachtung erfährt als der originale hebräische Text.

Der Autor des Judasbriefs bedient sich einer Vielzahl von Einzelmotiven der Josefgeschichte und nutzt sie als kontinuierlichen Subtext. Erst, wenn der Beginn der Josefgeschichte (Gen 37) als Grundlage „mitgelesen" wird, tritt die Botschaft des Judasbriefs vollumfänglich zu Tage. Aus dem Handeln Josefs und seiner Brüder und aus dem, was ihnen und ihrem Vater Jakob widerfahren ist, sollen die Glieder der Gemeinde für ihre Situation in der Gemeinde lernen.

Der Autor des Judasbriefs setzte bei seiner jüdisch geprägten Leserschaft die Kenntnis der Josefgeschichte voraus. Er legte seinen Brief von vornherein als „Zwillingstext" an, der ohne sein Pendant an vielen Stellen nicht funktioniert.

Die Adressaten sollen den Wortlaut der Septuagintafassung nicht nur kennen, sondern Gen 37 als Matrix ihrer eigenen Situation *erkennen* und bereit sein, Lehren daraus zu ziehen. Schon der Autor des zweiten Petrusbriefs, der in seinem zweiten Kapitel den Judasbrief in weiten Teilen übernimmt, hat den genannten Subtext nicht mehr als solchen verstanden, oder er hat bewusst seine eigene und davon unabhängige Agenda verfolgt.

Versteht man Gen 37 als Grundlage des Judasbriefs und zieht die Josefgeschichte zu seiner Deutung heran, gibt sich der Brief statt als schwer verständliche apokalyptische Gerichtsdrohung als Anleitung zur Versöhnung der Gemeindeglieder untereinander zu erkennen (z. B. Jud 22f.).

10. Epilog

Damit hatten die Theolog*innen nicht gerechnet. Einige versuchten die Ergebnisse klein zu reden: Der „Judas" und der „Jakob" des Judasbriefes und der Josefnovelle hätten nichts miteinander zu tun; das „Reißen" sei doch jeweils ganz anders gemeint usw.

Andere ärgerten sich, dass sie einzelne Übereinstimmungen nicht selbst längst entdeckt hatten. Denn einige Funde der KI verdankten sich keineswegs einer überlegenen Intelligenz oder Belesenheit. Dafür hätte es keiner künstlichen Intelligenz bedurft. Wie der „entwendete Brief"[79] in der Detektivgeschichte von Edgar Allen Poe lag das Entdeckte jederzeit offen zu Tage für jede und jeden – und wurde gerade deshalb nicht als etwas Entdeckenswertes erkannt. Im Falle des selbst oft verkannten Judasbriefes seit mehr als 1000 Jahren.

Der letzte Fund dieser Art dürfte noch nicht gemacht sein – ob mit oder ohne KI.

---

79 Poe 1940, passim.

Literatur

BAUCKHAM, RICHARD (1990), Jude and the Relatives of Jesus in the Early Church, Edinburgh.
BLUMENTHAL, CHRISTIAN (2008), Prophetie und Gericht. Der Judasbrief als Zeugnis urchristlicher Prophetie (BBB 156), Göttingen.
CHARLES, J. DARYL (1991a), Jude's Use of Pseudepigraphical Source-Material as Part of a Literary Strategy, in: NTS 37, 130–145.
CHARLES, J. DARYL (1991b), Literary Artifice in the Epistle of Jude, in: ZNW 82, 106–124.
CHARLES, J. DARYL (1993), Literary Strategy in the Epistle of Jude, Scranton u. a.
CHARLES, J. DARYL (1990), Those' and ‚These': The Use of the Old Testament in the Epistle of Jude, in: JSNT 38, 109–124.
CHARLES, J. DARYL (1994), The Use of Tradition-Material in the Epistle of Jude, in: BBR 4, 1–14.
ELLIS, EDWARD EARLE (1978), Prophecy and Hermeneutic in Jude, in: Ders.: Prophecy and Hermeneutic in Early Christianity (WUNT 18), Tübingen, 221–236.
FREY, JÖRG (2015), Der Brief des Judas und der zweite Brief des Petrus (ThHKNT), Leipzig.
FREY, JÖRG (2003), Der Judasbrief zwischen Judentum und Hellenismus, in: Kraus, Wolfgang / Niebuhr, Karl-Wilhelm, (hg., unter Mitwirkung von Lutz Doering): Frühjudentum und Neues Testament im Horizont Biblischer Theologie (WUNT 162), Tübingen, 180–210.
FUCHS, ERIC / REYMOND, PIERRE (1980), La deuxième épître de Saint Pierre, l'épître de Saint Jude (CNT 2ème sér. 13b), Neuchâtel / Paris.
GERDMAR, ANDERS (2001), Rethinking the Judaism. Hellenism Dichotomy. A Historiographical Case Study of Second Peter and Jude (CB.NT 36), Stockholm.
HEILIGENTHAL, ROMAN (1992), Zwischen Henoch und Paulus. Studien zum theologiegeschichtlichen Ort des Judasbriefes (TANZ 6), Tübingen.
JOUBERT, STEPHAN J. (1995), Persuasion in the Letter of Jude, in: JSNT 58, 75–87.
JOUBERT, STEPHAN J. (1998), Facing the Past. Transtextual Relationships and Historical Understanding in the Letter of Jude, in: BZ 42, 56–70.
LILIENCRON, DETLEF VON (o.J. [1961]), „Ballade in U-Dur", ders., Balladen und Lieder (kl. Lesering-Bibliothek Bd. 53), Gütersloh, 40–42.
LOCKETT, DARIAN (2015), Objects of Mercy in Jude: The Prophetic Background of Jude 22–23, in: CBQ 77, 322–336.
OSTMEYER, KARL-HEINRICH (2021), Die Briefe des Petrus und des Judas (BNT), Göttingen.
OSTMEYER, KARL-HEINRICH (2019), Jüdische Gebete aus der Umwelt des Neuen Testaments. Ein Studienbuch. Text – Übersetzung – Einleitung (Biblical Tools and Studies 37), Leuven u. a.
POE, EDGAR ALLAN (1940), The purloined Letter. Illustr. with lithographs by William Sharp, New York (NY).
DESILVA, DAVID A. (2012), Jude, in: Painter, John / deSilva, D. A. (Hg.), James and Jude (Paideia. Commentaries on the New Testament), Grand Rapids (Mi).
VÖGTLE, ANTON (1994), Der Judasbrief / Der zweite Petrusbrief (EKK XXII), Solothurn u. a.
WASSERMAN, TOMMY (2006), The Epistle of Jude. Its Text and Transmission, in: CB.NT 43, Stockholm, 262–266.
WATSON, DUANE FREDERICK (1988), Invention, Arrangement and Style. Rhetorical Criticism of Jude and 2 Peter (SBL.DS 104), Atlanta.
WOLTHUIS, THOMAS (1987), Jude and Jewish Traditions, in: CThJ 22, 21–41.

„Die Furcht JHWHs ist der Anfang der Erkenntnis" (Spr 1,7): Das Verhältnis von Mensch und künstlicher Intelligenz aus der Sicht des Alten Testaments

Thomas Pola

Um[1] die „künstliche Intelligenz" (KI) aus der Sicht des Alten Testaments (AT) beurteilen zu können, bedarf es zunächst der Klärung des alttestamentlichen Wissenschaftsbegriffs: Was sind die Anfänge wissenschaftlicher Wirklichkeitsbewältigung? Welches Prinzip erwartet das AT vom betroffenen Wissenschaftler? Gibt es für das AT eine Art „Ziel" der wissenschaftlichen Arbeit? Das Thema wird daher in drei Teilen behandelt: 1. Die schwache KI im Lichte der antiken Listenwissenschaft, 2. Die schwache KI im Lichte grundlegender Aspekte der alttestamentlichen Wirklichkeitsauffassung und 3. Fragen an die schwache KI im Lichte des Alten Testaments.

Es wird im Folgenden von künstlicher Intelligenz im Sinne der *schwachen* KI gesprochen, also von Systemen, die nur einzelne Aufgaben bewältigen können (z. B. einen Schachgegner zu simulieren), obwohl viele Überlegungen dieses Beitrags auch die *starke* KI im Sinne von autonomen, lernfähigen Robotern betreffen.[2]

1. Die schwache KI im Lichte der altorientalischen und alttestamentlichen Listenwissenschaft

1.1 Zählen in der antiken Lebenswelt

Die Bücher des alttestamentlichen Kanons sind im Laufe der gut tausend Jahre zwischen 1.100 und 150 v. Chr. entstanden und weisen zahlreiche Überschneidungen mit den altorientalischen und ägyptischen Kulturen des zweiten und ersten Jahrtausends auf. Es handelt sich soziologisch bei der Bevölkerung um

---

1 Die sich an Hörer *aller* Fakultäten richtende Vortragsform wurde beibehalten. – Der Vf. dankt besonders Frau WM Anna Reich und Herrn stud. phil. Simon Rudolph für Ihre Hilfe.
2 Altenburger 2021, 2.

Bauern, Viehzüchter, auch Handwerker. Sie hatten eine überschaubare Lebenswelt. Das spiegelt auch die althebräische Sprache: Zahlwörter gibt es bis Tausend (hebräisch אֶלֶף *'ælæp*), das multipliziert werden kann. Das selten gebrauchte „Zehntausend" bezeichnet auch das *nicht* mehr Zählbare.[3] Diese alltägliche Überschaubarkeit zeigt sich auch in den gefundenen Wirtschaftstexten des Zweistromlandes.[4] Darüber hinaus tritt uns eine Auffassung von Zahlen gegenüber, die nicht nur quantitativ gemeint ist, zum Beispiel bei den hohen Altersangaben in der Genealogie Gen 5* mit ihrem quantitativen und qualitativen Gefälle zur sich literarisch anschließenden Sintflut (Gen 6–9*) ab Jered (Gen 5,18–20). Die Redensart „alt wie Methusalem" beruht auf V.25–27. Metuschelach soll dem hebräischen Wortlaut zufolge 969 Jahre alt geworden sein. Eine nachprüfbare Erklärung für die hohen Zahlen in Gen 5 (und 11) gibt es bis heute nicht. Hohe Altersangaben finden sich abgeschwächt auch bei den Erzvätern in Gen 12–50[5] so wie bei den hohen Opferzahlen infolge komplexer Kampfhandlungen (Ri 8,10; 1 Sam 4,10 u. ö.).

1.2   Die Listenwissenschaft – eine Wurzel der KI

Für den antiken Menschen wäre die anonym funktionierende KI unvorstellbar gewesen, da man sich eine unpersönliche Kausalität grundsätzlich nicht vorstellen konnte (Frankfort 1981, 15ff). Nahezu *un*überschaubar waren allerdings die Phänomene in der Schöpfung, z. B. in Flora, Fauna, Sternenwelt, in menschlichen Eigenschaften und Verhaltensweisen. Außerbiblisch betraf dies auch diejenigen Religionen, in denen die Götter assimilierter Ethnien den eigenen Gottheiten hinzugefügt worden sind. Die Hethiter beispielsweise hatten offiziell mehr als tausend Götter, so dass sie genötigt waren, von deren Namen Listen (s. u.) anzufertigen (Beckman 2008, 334).[6] Man sortierte die Götter synoptisch nach Zuständigkeitsbereichen, also Fruchtbarkeit, Krieg, Unterwelt u. m. Bei der kaum überschaubaren Fülle an Phänomenen galt dabei das Axiom einer *erforschbaren Ordnung*. Hier treffen wir das Phänomen der antiken „Weisheit" (bzw. der Weisheitsliteratur). Präziser ist von „weisheitlicher Wirklichkeitsauffassung" zu sprechen. Hartmut Gese hat sie folgendermaßen definiert:

> Als Weisheit wird in der Altorientalistik der Ägyptologie und der alttestamentlichen Wissenschaft eine geistige Bewegung, eine altorientalische Vorläuferin der griechischen und hellenistischen Philosophie verstanden, auf die die didaktische Literatur,

---

[3]   Hebräisch רְבָבָה *rᵉbābâ* od. (א)רִבּוֹ *ribbô*, Num 10,36; Dtn 33,17 bzw. Jon 4,11; Esr 2,64 u. ö.
[4]   TUAT NF 1: Texte zum Rechts- und Wirtschaftsleben, 2004, 45–48. 124f. u. ö.
[5]   Die Zahlen in Gen 5 und bei den Erzvätern gehören zu einem den Tetrateuch durchziehenden System chronologischer Angaben der sog. Priesterschrift der babylonischen und frühpersischen Zeit, so dass die Bedeutung der einzelnen Zahlen über das Quantitative weit hinausgeht (Jepsen 1929). Hier besteht ein Forschungsdesiderat.
[6]   Aus Ehrfurcht kam man nicht auf die Idee, Götternamen zu streichen.

die Weisheitsdichtung als entsprechender Gattungskomplex zurückgeführt wird. Es handelt sich dabei um die Bemühung des Menschen, das Leben, die menschliche und natürliche Welt, in die er sich gestellt sieht, als Ordnung auf empirischem Wege zu verstehen. [...] Diese gnomisch-empirische Apperzeption kennt kein induktives Zurückführen der Phänomene auf ein Prinzip wie das spätere philosophisch-systematische Denken, so daß die Ordnung als ein den Menschen forderndes Gegenüber, auch und gerade insoweit sie uneinsichtig bleibt, als Unterordnung heischendes Göttliches erfahren wird (Gese 1962, 1574).[7]

Salomo (Ende des 10. Jh. v. Chr.) soll dem AT zufolge der weise König schlechthin gewesen sein. Von ihm heißt es in 1 Kön 5,9–14, einer Quelle, die das deuteronomistische Geschichtswerk (Jos 1 bis 2 Kön 25) aufgenommen hat:

> Und Gott gab Salomo Weisheit und sehr große Einsicht
> und Weite des Herzens wie der Sand am Ufer des Meeres.
> [10] Die Weisheit Salomos war größer als die Weisheit aller Söhne des Ostens
> und als alle Weisheit Ägyptens.
> [11] Und er war weiser als <u>alle Menschen</u>,
> als Etan, der Esrachiter, und Heman und Kalkol und Darda, die Söhne Mahols.
> Und sein Name war berühmt <u>unter allen Nationen ringsum</u>.
>
> [12] Und er verfaßte 3.000 Sprüche,
> und die Zahl seiner Lieder war 1.005.
> [13] Und er redete über die Bäume, von der Zeder, die auf dem Libanon steht,
> bis zum Ysop, der an der Mauer herauswächst;
> und er redete über das Vieh und über die Vögel
> und über das Gewürm und über die Fische.
>
> [14] Und man kam <u>aus allen Völkern</u>, um die Weisheit Salomos zu hören,
> <u>von allen Königen der Erde her</u>, die von seiner Weisheit gehört hatten.[8]

An der ersten Zeile ist bereits bemerkenswert: Weisheit kommt von *Gott* (vgl. 3,12). Sie ist eine Gabe und besitzt entsprechend hohe Autorität: Ihre Erkenntnisse sind ethisch *verbindlich*. Der Ausdruck „alle Nationen" ist im Layout unterstrichen, da er in V.14 nochmals aufgeführt wird. Die Verse 12f. sind für unseren Zusammenhang entscheidend: Der Inhalt der zahlreichen Weisheitssprüche und Lieder Salomos betrifft zunächst die Bäume, angefangen vom größten, der Zeder, bis zum Ysop, der kleinsten holzigen Pflanze. Die Extreme schließen alles dazwischenliegende ein. Hinzu kommt in V.13b komplementär die Tierwelt, nach dem jeweiligen Lebensraum geordnet. Mit dieser die Gesamtheit bezeichnenden Aufzählung der Flora und der Fauna wird zum Ausdruck gebracht, Salomo habe *Listen* geführt und versucht, die Vielfalt der Pflanzen und der Tiere durch Listen *zu ordnen*. Sie müssen eine Gliederung aufweisen, um memorierbar

---

7 Vgl. ähnlich Beate Ego: „Weisheit ist die Fähigkeit des Menschen, die Wirklichkeit als geordnetes Sein zu erkennen und sich in diese Ordnung verstehend und handelnd einzufügen. Aus der Einsicht in diese Zusammenhänge der Schöpfung resultiert das richtige, d. h. der Situation gemäße Handeln" (Ego 2003, 1450).
8 Rev. Elberfelder Übs. (1985/91).

sein zu können (vgl. Knauf 2016, 183f.). Salomo wird hier in den Kontext der altorientalischen *Listenwissenschaft* gestellt (Ungnad 1938). Setzt man für Salomo ein von seinem Vorgänger David geerbtes Großreich voraus,[9] das *kulturell* erst unter Salomo zur Entfaltung kam, muss es im Palast zur Bildung eines identitätsstiftenden Lehrbetriebes gekommen sein. In Ägypten und im Alten Orient galt der König als der Weise schlechthin (Brunner 1958 / 1988; Janowski 2019, 445f.). Die Betonung der Nationen in 1 Kön 5,11.14 stellt den *internationalen Charakter* der Weisheit heraus.[10] Die Erforschung der Systematik der Pflanzen und Tiere erfolgt durch die menschliche Vernunft nach unterschiedlichen Kriterien (vgl. Lev 11), aber unabhängig von der Religion.

Dreierlei ist in diesem Abschnitt festzuhalten: *Erstens:* Das Anlegen gegliederter *Listen* war eine frühe Form von Wissenschaft.

> Sie wurde in der Neuzeit methodisch fortgeführt von Carl von Linné (1707–1778) als Pionier einer Systematik von Pflanzen, Tieren, Fossilien und Mineralien, die er mit Hilfe von Listen je erstellt hat. Charles Darwin (1809–1882) hat nach 1836 als Auswertung seiner zahlreichen Beobachtungen aus seinen Weltreisen Listen der entdeckten Arten angelegt.

Zweitens sei der *internationale Charakter der Weisheit* festgehalten und *drittens* der angenommene *göttliche Ursprung* der weisheitlichen Wirklichkeitserkenntnis.

1.3   *Das Prinzip der wissenschaftlichen Erkenntnis (Spr 1,1-7)*

Das Buch der „Sprüche Salomos" enthält vor- und nachexilische Teilsammlungen von Volks- und Kunstweisheit. In der judäischen Weisheitsliteratur der persischen Zeit zeigt sich eine reflektierte Verhältnisbestimmung der sapientialen Wirklichkeitsauffassung gegenüber dem monotheistisch verehrten Schöpfergott JHWH:[11] Sie wird ihm in der äußerlich nicht sichtbaren Welt untergeordnet

---

9   Die Forschungsmehrheit *bezweifelt* derzeit einen historischen Hintergrund des in den Büchern Samuel und Könige dargestellten davidisch-salomonischen Großreiches (z. B. Frevel 2018, 136). Auf Gründe und Gegenargumente wird hier nicht eingegangen.

10 Das Buch der Sprüche enthält in 30,1-14 und 31,1-9 auch als solche gekennzeichnete *ausländische* Weisheit (vgl. auch 22,17-24,22 mit ägyptischer Vorlage TUAT III/2, 1991, 225-250).

11 Das AT bekennt sich zu demjenigen Gott, der sich an Israel am Berg Sinai (bzw. Horeb) mit seinem Namen „JHWH" geoffenbart hat (Ex 3,14f.; 20,1f. par.; 34,5-8 u. ö.). Bedingt durch Ex 20,7 par. setzte sich jedoch im Frühjudentum eine Namensscheu durch, die zum Verbot, diesen Namen auszusprechen, führte (Lev 24,16 griech.: „Wer aber den Namen des Herrn *nennt*, soll durch den Tod hingerichtet werden ..."). Die deutschen Bibelübersetzungen geben den Namen „JHWH" mit „der Herr" wieder in Fortführung des Sprachgebrauchs der antiken griechischen Übersetzung des ATs (Septuaginta) und des Neuen Testaments.

(Gese 1984; vgl. besonders Spr 8). Das „Buch der Sprüche" wird daher in 1,1–7 redaktionell durch ein poetisch gestaltetes[12] Motto der persischen Zeit eröffnet:

> Die SPRÜCHE Salomos, des Sohnes Davids, des Königs von Israel,
> ² um zu lernen Weisheit und Disziplin   und zu verstehen verständige Rede,
> ³ um anzunehmen Disziplin, die da klug macht, Gerechtigkeit, Recht und Redlichkeit;
> ⁴ um zu geben den Unverständigen Klugheit   u. die Jünglinge vernünftig u. besonnen,
> ⁵ wer weise ist, der höre zu und wachse an Tradition,
>   und wer verständig ist, der lasse sich raten,
> ⁶ um zu verstehen SPRÜCHE und Gleichnisse,   die Worte der Weisen und ihre Rätsel:
> ⁷ Die Furcht JHWHs ist der Anfang der Erkenntnis.
>   Die Toren aber verachten Weisheit und Disziplin.[13]

Während die Volksweisheit (Kap. 10,1–22,16) meist kurze Sätze aufweist, liegt in der Kunstweisheit (Kap. 1–9) mit 1,1–7 ein *einziger* Satz vor. Er gibt unter reflektierter Aufbietung fast des ganzen Wortfeldes „Weisheit" den Zweck bzw. das Ziel sapientialer Erkenntnis an: Die positiv zu verstehende JHWH-Furcht (V.7) ist Anfang und Ende, das Kopfstück und das Prinzip aller Erkenntnissuche. Der Endgestalt des Proverbienbuches ist die Achtung der JHWH-Furcht so wichtig, dass die Mahnung dazu am Ende von Kap. 1–9, in 9,10, wiederholt wird. Darüber hinaus erscheint sie in 15,33, ungefähr in der Mitte des Buches. Die „Gottesfurcht" ist im AT geradezu der Inbegriff von Religion (Gen 20,11).[14]

Daraus wäre für jede Art von Wissenschaft, also auch für die KI, zu folgern: Wer KI programmiert, konstruiert bzw. anwendet, sollte sich im Klaren sein: Das Erste ist die Ehrfurcht vor dem offenbaren Gott im Sinne von Spr 1,7; 9,10 und 15,33.

2. Die schwache KI im Lichte grundlegender Aspekte der alttestamentlichen Wirklichkeitsauffassung

Das AT umfaßt etwa 1.000 Kapitel in einer Literargeschichte von ca. 1.000 Jahren (s. o.). Dabei ist die kanonische Endgestalt das Ergebnis eines fortwährenden Selektions- und Reduktionsprozesses. Geblieben ist das Unverzichtbare, die „eiserne Ration". Für antike Verhältnisse ist das AT eine umfangreiche Bibliothek,

---

12 Die antik-semitische Poesie kennt keinen Endreim, sondern mit dem *parallelismus membrorum* einen „Gedankenreim" (Assmann 1982). Er zeigt sich als synonymer, seltener als antithetischer Parallelismus (z. B. in Spr 1,7). In jedem Fall drückt jeweils die zweite Hälfte eine Steigerung gegenüber der ersten aus. Die Druckanordnung von Spr 1,1–7 versucht, die Parallelismen optisch zu verdeutlichen.
13 Layout und Übersetzung des Vf.
14 Vgl. zur Gottesfurcht im Neuen Testament Balz 1973, 204–214 (208f).

seinerzeit aufwendig auf Rollen geschrieben. In der Gegenwart könnte man daher aus praktisch-theologischer Sicht fragen: Ging das denn nicht noch erheblich kürzer? Eigenartigerweise haben sich Auswahl-Ausgaben des ATs wie Zink 1966 oder „Die Blaue Bibel. Was ein Christ aus der Heiligen Schrift braucht" (sic!; 1975) nicht durchsetzen können.

Grundsätzlich darf der Ausleger nicht Kriterien von außen an das zu erforschende Werk, hier: an das AT, herantragen, sondern muss es so verstehen, wie es unübersehbar signalisiert, verstanden werden zu wollen (Gese 1985 / 91, 43 / 249). Das AT besitzt in seiner hebräisch-aramäischen Fassung[15] eine *innere Logik*.[16] Davon sei für das gestellte Thema hervorgehoben:

2.1 Die aspektivische Darstellung

Jeder Abschnitt des Alten Testaments will *aspektivisch* bzw. *stereometrisch* verstanden sein (Brunner-Traut 1996; Janowski 2009, 13–21), hervorgebracht von bestimmten Menschen an einem bestimmten Ort und Zeitpunkt (Frey 1978, 47; Hempelmann 2015, 518ff.). Das ganze AT (und NT) versteht sich also zutiefst *zeitgebunden*. Das gilt auch für alt- bzw. neutestamentliche Passagen oder Verse, die auf uns allgemeingültig, überzeitlich wirken, z. B. aus den Psalmen, dem Prediger Salomo (Kohelet), dem paulinischen Schrifttum[17] und als Gattung die Bekenntnisformulierungen (z. B. Dtn 4,24.31.39; 1 Joh 4,8.16). Es gibt also keinen einzigen Vers, der Allgemeingültigkeit beansprucht, alles ist zutiefst zeitgebunden. Der jüdische Gelehrte Shemaryahu Talmon (1920–2010) faßt zusammen:

> Es scheint, daß die biblische Denkweise Ideen nicht systematisch-theoretisch umreißt, sondern sie vielmehr durch die Akkumulation von Einzelgedanken, die in bestimmten Situationen vorgebracht werden, zum Ausdruck kommen läßt (Talmon 1992, 48f.).

Das AT ist als Schriftensammlung deswegen so umfangreich, weil ihm die reflektierte Zusammenstellung von Einzelerfahrungen, dem Zustandekommen von Teilsammlungen und von ganzen Büchern zu Grunde liegt. Zu einer Synthese im systematisch-theoretischen Sinne bestand bezeichnenderweise kein Bedürfnis. Zwar gibt es Zusammenstellungen mit dem Charakter eines Summariums (z. B.

---

15 Auch die antike griechische Übersetzung, die Septuaginta, ist hinzuzuziehen, weil sie an manchen Stellen textgeschichtlich einen gegenüber dem Hebräischen älteren Wortlaut erkennen läßt. Vielfach weist die Septuaginta in Teilsammlungen und Büchern eine *eigene* innere Logik auf, die wahrgenommen sein will (z. B. im Sacharjabuch).
16 Zum Folgenden siehe Pola / Hempelmann 2019.
17 Wenngleich die sog. Klagen des Einzelnen (z. B. Ps 13) von einem Kollektiv überliefert worden sind, setzen sie eine einmalige individuelle Notsituation voraus. – Paulus pflegte an einen konkreten Adressaten zu schreiben, dessen Stärken und Schwächen er vor Augen hatte (vgl. z. B. 1 Kor 14,40 mit 1 Thess 5,19).

Ex 29,45f.; Lev 26 oder Jes 1), aber selbst in Jes 1 als Kompendium der Endgestalt des Jesajabuches (Gosse 1992) werden „Einzelgedanken" zusammengestellt.

> Wie Saul König geworden sein soll, wird in 1 Sam 9–11 in drei aspektivischen, also unterschiedlichen, voneinander unabhängigen Versionen erzählt: 1. Auf der Suche nach verlorenen Eselinnen (1 Sam 9,1–10,16), 2. in einem öffentlichen Losverfahren (10,17–27) und 3. infolge seines glänzenden Sieges über das Nachbarvolk der Ammoniter (11). Diese drei Versionen stehen in der Komposition Kap 9–11 ohne Harmonisierung nebeneinander.

Das sog. synoptische bzw. johanneische Problem des Neuen Testaments tritt uns bereits im AT entgegen, z. B. in den zahlreichen Dubletten im Pentateuch. Er wird aspektivisch eröffnet durch zwei unterschiedliche Schöpfungsdarstellungen (Gen 1,1–2,4a / 2,4b–25; Pola 2009), die Redaktoren hatten dabei kein Bedürfnis nach einer Synthese oder Harmonisierung. Man hat seinerzeit diese „multiplicity of approaches" (Frankfort 1981, 28f.) nicht als Problem, sondern als Bereicherung empfunden.

2.2 Ausdruck von Schärfe durch Unschärfe

Das AT drückt also, unserer Ästhetik zuwiderlaufend, Schärfe durch Unschärfe aus. Die für uns anstößig empfundene Unschärfe ist keine literarische Schwäche, sondern ein angewandtes Prinzip. Als Beispiel sei auf den bereits genannten „Gedankenreim", den *parallelismus membrorum* in der Poesie verwiesen (s. Anm. 12). Er benutzt Stereometrie als sein Ausdrucksmittel (s. o. Spr 1,1–7). Es gibt also im AT keinen eindimensionalen Photorealismus. Jede Verfilmung von Bibelteilen tut der Bibel mit ihrer Einheit von Form und Inhalt (v. Rad 1987, 47) gröbste Gewalt an, ist *Sach*kritik. Daher sind Bibelfilme, gemessen am Selbstverständnis der Bibel, als didaktisches Medium völlig ungeeignet.

2.3 Die Illusion einer objektiven Wirklichkeit

Die aspektivische Darstellung der Königswerdung Sauls in 1 Sam 9–11 weckt bei uns die Frage nach dem historischen Hintergrund, konkret: Welche der drei Darstellungen „stimmt" denn nun? Dieser Frage verweigert sich das AT. Alle drei Darstellungen beanspruchen Verbindlichkeit, also auch das, was aus heutiger Sicht historisch unwahrscheinlich sein dürfte (in diesem Falle also die nicht öffentliche Salbung in 1 Sam 10,1). *Das Alte Testament kennt keine objektive Wirklichkeit* (v. Rad 1987, 442–446; Dever 1992, 365). Für *wen* soll es diese objektive Wirklichkeit geben? Sie wäre für den jeweiligen Menschen bedeutungslos.[18]

---

18 Konstatiert man in Bezug auf Jesus von Nazareth, es sei geschichtlich nur gesichert, er habe als apokalyptischer Prophet gewirkt (ohne Neues zu verkünden) und sei am Kreuz

Vielmehr liegen uns ausschließlich subjektive Darstellungen vor, die je durch die *Selektion und Gewichtung bestimmter Einzelheiten* gekennzeichnet sind. Die Teildisziplin „Geschichte Israels" versucht daher hermeneutisch ein Unding, nämlich aus Quellen, die subjektive Standpunkte bezeugen, ein angeblich objektives Bild zu gewinnen. Hier hilft auch die Archäologie nicht weiter, denn auch sie ist eine hermeneutisch arbeitende Wissenschaft. Funde und Befunde müssen gedeutet werden.

2.4 Der Maßstab für die subjektive Selektion und Gewichtung von Einzelheiten ist im AT deren angenommene Bedeutung

Die Erzählungen des Alten Testaments verstehen sich nicht als Verlaufsprotokolle, sondern weisen *inhaltliche Lücken* auf.

> Über den Tod von König Josia (Ende 7. Jh.), der vom deuteronomistischen Geschichtswerk wegen seiner Kultreform 622 v. Chr. besonders positiv beurteilt wird, heißt es in 2 Kön 23,29: „In seinen Tagen zog der Pharao Necho, der König von Ägypten, gegen den König von Assur hinauf an den Strom Euphrat. Und der König Josia zog ihm [= Necho] entgegen; aber Necho tötete ihn bei Megiddo, als er ihn sah". Was ist da geschehen? Kam es zur Schlacht, wie es die späte Parallele 2 Chr 35,20–24 meint? Oder wurde Josia wider Diplomatenrecht beim Versuch von Verhandlungen umgebracht? Der Darstellung in 2 Kön 23,29 ist an solchen Einzelheiten nicht gelegen. Sie stellt den als „gerecht" beurteilten König Josia ohne Umschweife als Märtyrer hin.

Die alttestamentlichen Darstellungen bieten also lediglich diejenigen selektierten Motive, die zum Verstehen der subjektiv zugespitzten Bedeutung benötigt werden. Bedeutungslose „Fakten" werden ausgelassen.

2.5 Das Alte Testament und seine Lebenswelt sind durchdrungen von der Struktur einer personalen, reziprok-exklusiven Relationalität (Ex 20,1f. par.)

Die zeitgebundene Darstellungsweise mit namentlich genannten Personen an einem konkreten Ort und zu einem bestimmten Zeitpunkt (s. o.) im AT geht einher mit dem Prinzip, alle handelnden Personen, auch Nebenfiguren, mit Namen aufzuführen (z. B. in Ex 31,1–11; 1 Sam 1,1f.). Dieses Prinzip besitzt dem AT zufolge seinen Ursprung in der Art und Weise, wie JHWH sich dem Volk Israel erstmals selbst vorstellt auf dem Berg Sinai in der sog. Präambel des Dekalogs:

---

gestorben (weshalb?), so wird damit nichts Relevantes ausgesagt.

> „Und Gott redete alle diese Worte und sprach:
> Ich bin JHWH, dein Gott,
> der ich dich aus dem Land Ägypten, aus dem Sklavenhaus herausgeführt habe"
> (Ex 20,1f. = Dtn 5,6; Übs. des Vf.).

Hierbei handelt es sich nicht um die im Polytheismus reichlich belegte (Diesel 2006, 119–186) Identifikationsformel, sondern um die Selbstvorstellung des sich in seinem Wesen ganz offenbarenden Gottes JHWH an Israel als dem konkreten menschlichen Gegenüber. Mit der erweiterten Selbstvorstellungsformel wird eine reziprok-exklusive Relation gesetzt. Dem monotheistischen Anspruch auf der Seite Gottes entspricht Israel als dem menschlichen Gegenüber aus den Völkern. Die Belege der Selbstvorstellungsformel im Grundtext des Hoseabuches (12,10; 13,4) setzen für das Nordreich deren mündliche Bekanntheit spätestens im 9. Jh. voraus. Der Prophet Hosea (8. Jh.) verglich das Verhältnis JHWH-Israel mit dem Ehebund eines Ehemannes mit seiner Frau (Kap. 3),[19] so dass die Gottesbeziehung Israels zusätzlich durch einen kontaktiv kognitiv-emotionalen Aspekt entfaltet wird. Hosea fordert Gotteserkenntnis (4,1.6; 6,3.6 u. m.).[20]

In der deuteronomischen und deuteronomistischen Theologie ab dem 7. Jh. wurde dieses reziprok-exklusive Gottesverhältnis mit den Bezeichnungen der „Erwählung" und des „Bundes"[21] zwischen JHWH und Abraham bzw. seinem Volk gefüllt (Gen 15*; Ex 24,4–8; Dtn 7 u. m.). Der Beginn des spätvorexilischen Ur-Deuteronomiums mit dem sogenannten *Sch^{e}ma Jisraël* Dtn 6,4–9 fordert analogielos gegenüber den Nachbarkulturen gar, den sich ganz offenbarenden Gott zu *lieben* (es spricht Mose zum Volk):

> Höre, Israel: JHWH ist unser Gott, JHWH allein!
> 5 Und du sollst JHWH, deinen Gott, l i e b e n
>   mit deinem   ganzen Herzen
>   und mit deiner   ganzen Seele
>   und mit deiner   ganzen Kraft.
> 6 Und diese Worte, die ich dir heute gebiete, sollen in deinem Herzen sein.
> 7 Und du sollst sie deinen Kindern einschärfen,
> und du sollst davon reden,
>   wenn du in deinem Hause sitzt   und wenn du auf dem Weg gehst,
>   wenn du dich hinlegst   und wenn du aufstehst.
> 8 Und du sollst sie als Zeichen auf deine Hand binden,
> und sie sollen als Merkzeichen zwischen deinen Augen sein,
> 9 und du sollst sie auf die Pfosten deines Hauses und an deine Tore schreiben
> (Übs. des Vf.).

---

19 Zum Ehebild tritt im Hoseabuch komplementär das Sohnesbild in Hos 11,1–9 mit dem Motiv der liebevollen Erziehung hinzu.

20 Die Parallele zum „profanen" Gebrauch von „erkennen" in Gen 4,1.17.25; 1 Sam 1,19 u. ö. ist reflektiert.

21 Vgl. zu „Bund" (hebr. בְּרִית b^{e}rît) aus dem Grundtext des Buches Hos 6,7–10.11a.

Mose richtet sich hier – dem Rahmen des Dtn zufolge – an seinem Todestag an das Volk Israel. Der einleitende Imperativ „Höre, Israel!" ist seelsorgerlich ermahnend, nimmt den Verstand ernst, ist jedenfalls keine direkte Konfrontation wie im apodiktischen Gebotsstil (Ex 20,13–15 u.ö.), sondern liebevoll, werbend. „JHWH ist unser Gott, JHWH allein!"[22] ist ein Bekenntnis. „Und du sollst JHWH, „deinen Gott" (wird hier wiederholt) „lieben". Alle Nachbarreligionen sind gekennzeichnet von der Haltung der Furcht gegenüber den Gottheiten. Das haben wir auch im Deuteronomium (4,10; 5,29 u.ö.), aber zur Gottesfurcht tritt im Dtn hinzu die Forderung der *Liebe des Menschen zu JHWH*. Der *personale Charakter* der im Alten Testament bezeugten JHWH-Religion soll nicht nur vertikal Gott gegenüber gelebt werden, sondern ebenso horizontal zwischen den Einzelnen des Gottesvolkes. Hier liegt eine der Grundlagen für das neutestamentliche Doppelgebot der Liebe (Mk 12,29–31 par.).

2.6 Glauben: Die äußerlich nicht sichtbare Wirklichkeit ist relevant

Die Verfasser und Tradenten der älteren Anteile des ATs teilten selbstverständlich mit den Nachbarvölkern die Auffassung der Existenz einer über die sichtbare Welt hinausgehenden äußerlich *nicht* sichtbaren *Wirklichkeit Gottes* (bzw. der Götter) *und seiner* (ihrer) *Umgebung*. Der Ende des 8. Jh.s in Jerusalem wirkende Prophet *Jesaja* hat jedoch dazu mit nachhaltiger Wirkung eine entscheidende Zuspitzung gefordert: Gerät der Einzelne in einer Krise zur Alternative, um des puren Überlebens im Diesseits willen seine Beziehung zu JHWH zu verwerfen oder sich ohne Rücksicht auf sein diesseitiges Ergehen zur Wirklichkeit JHWHs zu bekennen, so kommt für Jesaja aus der Sicht JHWHs nur das Letztgenannte in Frage (Jes 7,1–17). *Das* nennt Jesaja „*glauben*" (7,9; 28,16)! Der spezifisch jesajanische Glaubensbegriff wurde traditionsgeschichtlich (Gen 15,6; Ex 4,31; 14,31; Hab 2,4 u.ö.) über die Wirklichkeitsauffassung der Apokalyptik hinaus bis zum Neuen Testament (Joh 20,29; Hebr 11,1 u.ö.) prägend (Haacker 1984, 280–282): Gegenüber der allein verbindlichen, äußerlich nicht sichtbaren Wirklichkeit Gottes erscheint das bloße Durchkommen im Diesseits als substanzlos.

---

22 Die Übersetzung ist umstritten, vgl. Otto 212, 794f.; Bauks 2019, 311f.

3. Fragen an die schwache KI im Lichte des Alten Testaments

Angesichts des angedeuteten alttestamentlichen Wirklichkeitsverständnisses, seien Entwickler und Benutzer der KI[23] gefragt: Unterliegt die KI der Illusion einer objektiven Wirklichkeit, z. B. bei der Datenauswertung? Könnten KI-Programme die Aspektivität von Darstellungen bzw. die Stereometrie des „Gedankenreims" in der Poesie hervorheben? Wie geht die KI mit dem alttestamentlichen Prinzip „Schärfe durch Unschärfe" um? Kann die KI die Gewichtung von selektiv dargestellten Details nachvollziehen? Wird es ein Übersetzungsprogramm geben, das nicht der Illusion einer Universalsprache unterliegt, sondern im Althebräischen die Einheit von Form und Inhalt beachtet? Wird die KI den biblischen Glaubensbegriff, sich ohne Rücksicht auf das diesseitige Ergehen von der äußerlich nicht sichtbaren Welt Gottes und Jesu Christi bestimmt zu sehen, nachvollziehen können? Seit der Industrialisierung ist in unserer Lebenswelt das Persönliche zunehmend verdrängt worden.[24] Die bei der „electronic church" getroffene Unterscheidung von Inhalt und personaler Vermittlung ist schlichtweg in einer Sackgasse. Wird nicht die staatlich eingesetzte globale Gesichtserkennung totalitäre Staaten unüberwindbar machen? Wird die KI das Persönliche wieder stärken und der Anonymität entgegenwirken?

An der altorientalischen Listenwissenschaft im Rahmen der internationalen Weisheitsbewegung soll sich 1 Kön 5 zur Folge auch die Palastschule Salomos und seiner Nachfolger beteiligt haben (Spr 25,1). Damit gilt im Alten Testament diese zunächst „säkulare" Frühform der Wissenschaft als legitim. Das Motto des Buches der Sprüche 1,1–7 präzisiert bei dieser Legitimität: Der Anfang, das Prinzip, das Kopfstück der Erkenntnis ist die Furcht JHWHs, die Gottesfurcht. Angewandt auf die Entwickler und Benutzer der schwachen und starken KI bedeutet das mindestens, nicht an die Stelle des Schöpfers treten zu wollen.

Zuletzt soll Gerhard von Rad (1901–1971; s. o.) in seiner epochalen „Theologie des Alten Testaments" zu Worte kommen (in einem Anhang ab der vierten Auflage 1965): Befragen wir das AT faktenorientiert nur auf Informationen, kann sich

> jedes Elektronenhirn [...] dann das Fazit ausrechnen: mit der historischen Glaubwürdigkeit ist es bei der Geschichtsbetrachtung des alten Israel schlecht bestellt! Alles kommt darauf an, daß wir die Spannung, die zwischen dem modern-historischen und dem antik-kerygmatischen Geschichtsbild besteht, aushalten [...]. (v. Rad 1987, 443).

---

23 Auch der Vf. benutzt KI, unbewusst (z. B. bei der Bedienung von Büromaschinen oder Fahrzeugen), aber auch wissentlich.

24 Dazu sei nur auf die Automaten im Einzelhandel und beim öffentlichen Verkehr hingewiesen. Dass manche Schüler ihr Pausenbrot wegwerfen, liegt v. a. daran, dass ihre Mutter kein Brot (mehr) bäckt und ihr Vater nicht (mehr) das Getreide sät, erntet und mahlt.

Literatur

ALTENBURGER, REINHARD (2021), Künstliche Intelligenz im Spannungsfeld Innovation, Effizienz und gesellschaftliche Verantwortung, in: DERS., CSR und Künstliche Intelligenz (Management-Reihe Corporate Social Responsibility), Berlin, 1–13.

ASSMANN, JAN (1982), Art. Parallelismus membrorum, in: LÄ IV, 900–910.

BALZ, HORST u. a. (1973), Art. φοβέω κτλ., in: ThWNT IX, 186–216.

BAUKS, MICHAELA (2019), Theologie des Alten Testaments. Religionsgeschichtliche und bibelhermeneutische Perspektiven: (Basiswissen Theologie und Religionswissenschaft), Göttingen.

BECKMAN, GARY MICHAEL (2008), Art. Religion B. Bei den Hethitern, in: RLA XI, 2007, 333–338.

BRUNNER, HELLMUT (1958/1988), Gerechtigkeit als Fundament des Thrones, in: VT 8, 426–428 (= ders., Das hörende Herz. Kleine Schriften zur Religions- und Geistesgeschichte Ägyptens, ed. Wolfgang Röllig [OBO 80], 393–395).

BRUNNER-TRAUT, EMMA (1996), Frühformen des Erkennens. Aspektive im Alten Ägypten: 3. Aufl., Darmstadt.

DEVER, WILLIAM G. (1992), Art. Archaeology, Syro-Palestinian and Biblical, in: ABD I, New York 354–367.

Die blaue Bibel. Was ein Christ aus der Heiligen Schrift braucht (1975), München.

DIESEL, ANJA ANGELA (2006), „Ich bin Jahwe". Der Aufstieg der Ich-bin-Jahwe-Aussage zum Schlüsselwort des alttestamentlichen Monotheismus: (WMANT 110), Neukirchen.

EGO, BEATE (2003), Art. Weisheit, in: CBL 2, 1450f.

FRANKFORT, HENRI u. a. (1981), Alter Orient. Mythos und Wirklichkeit (UT 9), 2. Aufl., Stuttgart u. a.

FREVEL, CHRISTIAN (2018), Geschichte Israels (Kohlhammer Studienbücher Theologie), 2. Aufl., Stuttgart 2018.

FREY, HELLMUTH (1978), Handkommentar zum Buch Jesaja. Der heilige Gott, der Messias und der autonome Mensch (Jesaja Kapitel 6–12), Bad Liebenzell.

GESE, HARTMUT (1962), Art. Weisheit, in: RGG³ 6, 1574–1577.

GESE, HARTMUT (1984), Wisdom Literature in the Persian period, in: CHJud, ed. W.D. Davies u. a., Bd. 1: Introduction; The Persian Period, Cambridge, 189–218.

GESE, HARTMUT (1986/1991), Hermeneutische Grundsätze der Exegese biblischer Texte, in: Standort und Bedeutung der Hermeneutik in der gegenwärtigen Theologie. Vorträge anläßlich des Bonner Hermeneutischen Symposiums 1985, ed. A. H. J. Gunneweg u. a. (BAR 61), Bonn 43–62 (= Gese, Hartmut, Alttestamentliche Studien, Tübingen 1991, 249–265).

GOSSE, BERNARD (1992), Isaïe 1 dans la rédaction du livre d'Isaïe, in: ZAW 104, 52–66.

HAACKER, KLAUS (1984), Art. Glaube II. Altes und Neues Testament, in: TRE 13, 277–304.

HEMPELMANN, HEINZPETER (1990/2015), „Das dürre Blatt im Heilgen Buch." Mt 1,1–17 und der Kampf wider die Erniedrigung Gottes, in: ThBeitr 21, 6–23 (= ders., Die Wirklichkeit Gottes: Bd. 1: Theologische Wissenschaft im Diskurs mit Wissenschaftstheorie, Sprachphilosophie und Hermeneutik, ed. Th. Pola, Neukirchen, 505–524).

JANOWSKI, BERND (2009), Konfliktgespräche mit Gott. Eine Anthropologie der Psalmen, 3. Aufl., Neukirchen.

JANOWSKI, BERND (2019), Anthropologie des Alten Testaments. Grundfragen – Kontexte – Themenfelder, Tübingen.

JEPSEN, ALFRED (1929), Zur Chronologie des Priestercodex, in: ZAW 47 251–255.

KNAUF, ERNST AXEL (2016), 1. Könige 1–14 (HThK.AT), Freiburg.

Otto, Eckhardt (2012), Deuteronomium 1–11. Zweiter Teilband: 4,44–11,32. Übersetzt und ausgelegt: (HThK), Freiburg.

Pola, Thomas – Hempelmann, Heinzpeter (2019), Art. Hebräisches Denken, in: ELThG² 2, 971–978.

Pola, Thomas, Die Schöpfung auf den ersten Seiten der Bibel (Gen 1,1–2,25) – Bericht oder Darstellung? in: ThBeitr 40 (2009) 167–174.

Talmon, Shemaryahu (1992), Die Wertung von „Leben" in der Hebräischen Bibel, in: ders., Juden und Christen im Gespräch. Gesammelte Aufsätze 2 (InfJud 11), Neukirchen, 48–60.

TUAT NF 1: Texte zum Rechts- und Wirtschaftsleben, 2004.

Ungnad, Arthur u. a. (1938), Art. Datenlisten, in: RLA 2, 131–196. 256f.

von Rad, Gerhard (1987), Theologie des Alten Testaments. Band II. Die Theologie der prophetischen Überlieferungen Israels (EETh 1), 9. Aufl., München.

Zink, Jörg (1966), Das Alte Testament, ausgewählt, übertragen und in geschichtlicher Folge angeordnet, Berlin.

III. KÜNSTLICHE INTELLIGENZ IN KULTUR UND LITERATUR

Vom Hapaxlegomenon über die Kabbala zum Cyborg – Veränderungen im Verständnis der Figur des Golem

Görge K. Hasselhoff

1. Die Legende vom Golem

In den 1960er Jahren erhielt ein Großcomputer in Israel die Bezeichnung „Golem". Damit wurde ein Begriff in Verbindung mit den Grundlagen der KI gebracht, der aus einem gänzlich anderen literarischen wie religiösen Bereich stammte. Diese geistesgeschichtliche Linie von dem ersten Auftauchen des biblischen Begriffs „Golem" bis zur Computertechnologie im 20. Jahrhundert soll auf den nachfolgenden knapp dargestellt werden.

Die Legende vom „Golem" kursiert in verschiedenen Variationen. So erzählt der Literaturnobelpreisträger Isaac Bashevis Singer (1902–1991) in der 1982 erstmals in englischer Sprache erschienenen Fassung die Geschichte wie folgt:[1]

Während der Regentschaft des Kaisers Rudolf II. (1552–1612, Kaiser ab 1576) verspielt in Prag ein Adeliger, Jan Bratislawski, seinen Besitz. Da der Versuch, von dem jüdischen Bankier Eliezer Polner, einen weiteren Kredit zu erhalten, fehlschlägt, bezichtigt der Adelige jenen, seine Tochter Hanka entführt zu haben, um ihr Blut zum Matzenbacken des bevorstehenden Pessachfestes zu verwenden. Mithilfe von manipulierten Zeugen wird der Jude verhaftet und ohne Urteil in den Kerker geworfen. Davon erhält Rabbi Löw, der als berühmter Kabbalist eingeführt wird, Kenntnis. Während des mitternächtlichen Gebets sucht ihn einer der 36 Heiligen, derentwegen die Welt existiert, auf und fordert ihn auf, unter Wahrung des Geheimnisses einen Golem aus Lehm zu formen. Das Einritzen eines der Gottesnamen auf der Stirn verleihe diesem Leben. Der Golem dürfe aber nur verwendet werden, um Juden zu helfen. Unter Mithilfe seines Dieners Todrus formt Rabbi Löw tatsächlich den riesenhaften Golem, verleiht ihm durch das Einritzen des Gottesnamens „Leben" und nennt ihn Josef. Unbemerkt von der Einwohnerschaft Prags soll der Golem die Tochter Bratislawskis finden und am Tag des Prozesses zum Gericht bringen. Das geschieht auch und Bratislawski wird in aller Öffentlichkeit der Falschaussage überführt und zum Tode verurteilt. Allerdings verbreitet sich nun, dass es einen Golem in Prag gebe.

---

1 Singer, Isaac Bashevis (1982), The Golem, New York; dt. von Gertrud Baruch, Gertrud (1988), Der Golem. Eine Legende, München / Wien.

Zwar tilgt Rabbi Löw den heiligen Namen, so dass der Golem sich nicht bewegen kann, aber nach dem Pessachfest muss er ihn zum Kaiser bringen. Dort verspricht er, den Golem wieder zu zerstören. Bevor er das tun kann, überredet die Frau des Rabbis, Genendel, ihn, den Golem noch einmal einzusetzen, nun, um einen Stein zu bewegen. Der Golem verweigert sich dieser Aufforderung, lässt sich aber auch nicht zerstören. Wie ein zu groß geratenes Kleinkind mit riesigen Kräften lebt der Golem nun im Haus des Rabbis und entwickelt langsam menschliche Eigenschaften und Gefühle. Dort verliebt er sich in das Waisenmädchen Miriam, das vom Rabbi den Auftrag erhält, den Namen von der Stirn zu tilgen. Das bringt Miriam zunächst nicht über sich, bis eines Tages der Golem zur Armee eingezogen werden soll. Sie lockt den Golem in den Keller, wo er sich betrinkt und im Rausch einschläft. Nun kann der Rabbi den Namen von der Stirn tilgen und so den Golem aus der Welt schaffen. Wie für einen Menschen spricht er für den Golem das Totengebet (*Qaddish*). Der Golem lebt in Erzählungen weiter; Miriam verschwindet; womöglich hat sie sich aus Liebeskummer ertränkt.

Abgesehen von einzelnen Details und Ausschmückungen enthält Singers Fassung alle wesentlichen Elemente der weit verbreiteten Golemlegende, insbesondere die Verbindung von Kabbala, Magie und der Figur des Rabbi Löw, die wir nun näher in den Blick nehmen wollen (2), bevor ich mich der Figur des Golem selbst widme (3).

2. Der MaHaRaL und die Kabbala

Die Legende vom Golem hat, wie es in der referierten Fassung Singers zum Ausdruck kommt, einen historisch bestimmbaren, realen Hintergrund: So residierte der Habsburger Rudolf II. tatsächlich in Prag, ebenso der Rabbi Löw. Dessen Name ist eigentlich Judah bzw. Yehuda ben Bezel'el Löw. Bekannt ist er auch mit dem Akronym MaHaRaL, das für Moreinu ha-Rav Loew (= Unser Lehrer Rabbi Löw) steht.

Dieser Rabbi Löw wurde zwischen 1512 und 1525 mutmaßlich in Posen in eine bekannte aschkenasische Rabbinerfamilie geboren.[2] Von 1553 bis 1573 war er (Landes-)Rabbiner in Nikolsburg (heute Mikulov in Tschechien), bevor er nach Prag ging, wo er mit Unterbrechungen bis zu seinem Tod am 17. September 1609 lebte. Er stand im Ruf hoher Gelehrsamkeit, wovon nicht zuletzt zahlreiche Publikationen halachischer Texte zeugen. Im Mittelpunkt seines Wirkens stand

---

2 Zu weiteren möglichen Lebensdaten vgl. Mattern, Asher J. (2018), Zur Möglichkeit des Traditionswandels im Denken des Maharal von Prag. Diskurse und Wahrheit, in: TrumaH 24, 27–46, hier 29; Sládek, Pavel (2020), Jehuda Leva Ben Besal'el-Maharal Obrana uzavřeného světa v židovském myšlení raného novověku, Prag (non vidi).

dabei eine Art konservativer Reform, die ihren Ausdruck in einer stärkeren Betonung der Bedeutung der schriftlichen Tora und eines weniger intensiven Pilpul der rabbinischen Talmudinterpretation fand. Zugleich hob er die Einzigartigkeit Israels auch im Exil hervor, wie sie ja auch in der Golemgeschichte zum Ausdruck kommt. In pädagogischer Hinsicht betonte er wie später Amos Comenius (1592–1670) einen altersgemäßen Unterricht. Der MaHaRaL wird gemeinhin als Kabbalist mit ausgeprägter Messiaserwartung angesehen.[3]

Die Kabbala[4] ist eine Bewegung innerhalb des Judentums, die ihren Ursprung in der spätantiken Hekhalot-Literatur hat und eine erste Blüte im ausgehenden 13. Jahrhundert im nordiberischen Raum (insbesondere in Katalonien) sowie in Südfrankreich erlebte. Wörtlich bedeutet „Kabbala" in etwa „Empfang" oder auch „Überlieferung", d. h. die Lehre wird vom Lehrer an den Schüler weitervermittelt, weswegen sie oft auch als eine Art „Geheimlehre" gilt, der oft Magisches angedichtet wurde. Unabdingbar ist für einen Kabbalisten jedoch das Studium des Talmud, der „mündlichen Tora".[5] In literarisch-gelehrter Hinsicht bilden das antike *Sefer jezira*[6] („Buch der Schöpfung") sowie das *Sefer bahir*[7] („Buch der Helle", ein dialogischer Kommentar zur Schöpfung, der anonym überliefert wird und das wahrscheinlich in der Mitte des 12. Jahrhunderts entstanden ist) als Grundlage, die ihrerseits zum Gegenstand der Interpretation wurden. Zu den wichtigsten Lehrern der Frühzeit gehören Abraham Abulafia (1240–1291/2), Josef Gikatilla (1248–1325) und Moshe de Leon (ca. 1250–1305). Letzterer verfasste eines der herausragendsten kabbalistischen Werke, den *Zohar*, eine vielbändige Erläuterung der Mysterien der Schöpfung, die ab 1275 entstanden ist. Eine immer wieder aufgegriffene Lehre ist die Lehre von den zehn *Sefirot* (Abbilder der Eigenschaften Gottes in Mensch und Welt), in deren bildlicher Darstellung und Interpretation kabbalistisches Denken zum Ausdruck kommt; in der „Lurianischen Kabbala" (nach Isaak Luria, 1534–1572) kommen ab dem 16. Jahrhundert Spekulationen über das *En sof* („das Unendliche") und die *Tikkun Olam* („Heilung der Welt") dazu. Daneben gehören zum kabbalistischen Denken auch Spekulationen zum Zahlenwert hebräischer Buchstaben und

---

3   Vgl. z. B. Gross, Benjamin (1994), Le messianisme juif dans le pensée du Maharal de Prague, Paris (zuerst 1969).
4   Für eine erste Einführung vgl. Dan, Joseph (2012), Die Kabbala. Eine kleine Einführung, 2. Aufl., Stuttgart; Scholem, Gershom (1973), Judaica III. Studien zur jüdischen Mystik, Frankfurt/M.; Grözinger, Karl Erich (2006), Jüdisches Denken. Theologie – Philosophie – Mystik, Bd. 2: Von der mittelalterlichen Kabbala zum Hasidismus, Frankfurt/M. / New York.
5   Insofern ist es ein großes Missverständnis, wenn Esoteriker oder Schlagersängerinnen in den USA sich der „Kabbala" zugehörig fühlen (wollen).
6   Eine ältere deutsche Übersetzung liegt vor von von Meyer, Johann Friedrich (1830), Leipzig, (ND Berlin, 1993); eine neuere einsprachige Ausgabe liegt vor in: Herrmann, Klaus (2008), Sefer Jezira – Buch der Schöpfung, Frankfurt/M. u. a.
7   Scholem, Gerhard (1923), Das Buch Bahir. Ein Schriftdenkmal aus der Frühzeit der Kabbala (1923), Darmstadt, 1970 (mehrere Nachdrucke).

Worte.⁸ Diese eher mediterranen Formen jüdischer „mystischer" Theologien fanden früh einen Widerhall in Mitteleuropa;⁹ zu den Repräsentanten im ausgehenden 16. Jahrhundert zählt auch der genannte Rabbi Judah Löw.

Der jüdische Prager Historiker David Gans (1541-1613) bericht in seiner Chronik *Zemach David*, dass Rabbi Löw – im Februar?¹⁰ – des Jahres 1592 zu einer Audienz bei Rudolf II. gewesen sei.¹¹ Über den Inhalt der Gespräche ist nichts bekannt, was den Raum für Legenden schuf, wie sie auch in der Erzählung vom Golem zum Ausdruck kommen.

3. Der Golem

Nun stellt sich die Frage, wer oder was der Golem denn eigentlich ist.¹²

Seinen Ursprung hat der „Golem" in einem Wort des 139. Psalms. Dort heißt es: „Den *golmi* sehen deine Augen." (Ps 139,16) Das Wort *golmi* (גָּלְמִי) ist ein Hapaxlegomenon, taucht also nur an dieser Stelle in der Bibel auf und wird von der Wurzel גלם (sinngemäß: „einwickeln", „umwickeln"¹³) hergeleitet und als Substantiv mit dem Suffix für die 1. Person Singular verbunden. Nun stellt sich die Frage, was mit dem Wort gemeint sein könnte: „mein Eingewickeltes"? In den antiken Übersetzungen wird der Begriff unterschiedlich wiedergegeben. Die Septuaginta übersetzt mit: τὸ ἀκατέργαστόν μου εἴδοσαν („mein Ungeformtes"), wohingegen Hieronymus in der lateinischen Fassung die Stelle mit *inperfectum meum viderunt* („mein Unvollendetes") wiedergibt. Doch auch die spätantiken und mittelalterlichen jüdischen Exegeten haben sich über die Bedeutung des Wortes Gedanken gemacht. Einige dieser Interpretationen sollen im Folgenden kurz vorgestellt werden.

---

8   Dass diese Tradition schon vor dem Aufkommen der großen Werke der Kabbala bekannt war, belegt der christliche Hebraist Ramon Martí (ca. 1220-1284/94) in seinem Hauptwerk Pugio fidei I-III,9 (vgl. ed. Hasselhoff, 126-130).

9   Vgl. z. B. Eichhorst, Dana (2020), Quia Verbum est Dibur – Kabbalah from Ashkenaz: El'azar of Worms and Egidio da Viterbo, Diss. phil. Tel Aviv University.

10 So z. B. Bokser, Ben Zion (1994), The Maharal. The Mystical Philosophy of Rabbi Judah Loew of Prague, Northvale, NJ und London, [zuerst: 1954], 47; Februar 1592 wäre der Monat Adar, vgl. http://www.cgsf.org/dbeattie/calendar/?roman=1592 [31.03.2022].

11 Das Datum ist unsicher, die Begegnung aber belegt, vgl. z. B. Neher, André (1972), „David Gans (1541-1613), disciple du Maharal de Prague et assistant de Tycho Brahé et de Jean Képler", in: Revue d'histoire et de philosophie religieuses 52, 407-413, hier 413.

12 Zu dieser Frage grundlegend Scholem, Gershom (1960), Die Vorstellung vom Golem in ihren tellurischen und magischen Beziehungen, in: ders., (Hg.), Zur Kabbala und ihrer Symbolik, Zürich, 209-259, 279-292; Idel, Moshe (2007), Der Golem. Jüdische, magische und mystische Traditionen der künstlichen Anthropoiden [Aus dem Englischen von Christian Wiese], Frankfurt/M., (engl. 1990).

13 In diesem Sinne wird das Verb 2. Könige 2,8 verwendet.

Zu den ersten Interpretationen (im weitesten Sinne) gehört ein Abschnitt aus dem rabbinischen Sammelkommentar zum dritten Buch Mose, dem *Midrasch Leviticus Rabba*.[14]

Diese umfassende rabbinische Homiliensammlung entstand ungefähr im 5. christlichen Jahrhundert im palästinischen Raum und gehört zu den aggadischen Midraschim, also erzählenden Kommentaren. Hier heißt es:

> In der ersten Stunde stieg er [Adam] in das Denken [Gottes] auf. In der zweiten [Stunde] besprach Er die [Erschaffung des Menschen] mit den Dienstengeln. In der dritten sammelte Er einen Staub. In der vierten knetete er ihn. In der fünften formte Er [seine Glieder]. In der sechsten machte er ihn zu seinem Golem. In der siebten hauchte Er ihm die Seele ein. In der achten versetzte Er ihn ins Paradies (LevRab § 29).[15]

Aus dieser Interpretation wird deutlich, dass mit „Golem" zunächst der erste, unbeseelte Mensch gemeint ist. Die einzuhauchende Seele wird diesen Menschen dann von dem bloßen Ausgangsmaterial Erde unterscheiden.

Etwa zur gleichen Zeit entsteht in den babylonischen Akademien eine Erzählung, nach der es nicht allein Gott, sondern auch Menschen möglich ist, einen künstlichen Menschen zu erschaffen; der Begriff „golem" wird dabei jedoch nicht verwendet. Diese Erzählung wird im talmudischen Traktat Sanhedrin wie folgt überliefert:

> Rava sagte: Wenn die Frommen wollten, könnten sie eine Welt erschaffen, denn es heißt: ‚denn eure Sünden trennten' (Jes 59,2). Rava schuf einst einen Menschen [rava bera gavra] und sandte ihn zu R. Zera; als dieser aber mit ihm sprach und er keine Antwort gab, sprach er: Du bist also von den Genossen, kehre zum Staub zurück (bSanh 65b).[16]

Nach dieser Erzählung wäre es einem Frommen, also einem Toraobservanten zwar möglich, eine Art Leben aus Erde – möglicherweise unter Verwendung einer bestimmten Buchstabenfolge – zu erschaffen, aber diesem künstlichen Produkt fehlt ein entscheidendes Element, um als Mensch erkannt zu werden: die Sprache.

---

14 Zum Midrasch vgl. Stemberger, Günter (2002), Midrasch. Vom Umgang der Rabbinen mit der Bibel; Einführung – Texte – Erläuterungen, München; Langer, Gerhard (2016), Midrasch, Tübingen; zum Midrasch Leviticus Rabba vgl. Stemberger, Günter (2011), Einleitung in Talmud und Midrasch, 9. vollständig neubearb. Aufl., München, 319–323.

15 LevRab § 29 (Auslegung zu Lev 23,24), zit. n. Idel 1990, 81f; vgl. https://www.sefaria.org/Vayikra_Rabbah.29.1?ven=Sefaria_Community_Translation&vhe=Midrash_Rabbah_--_TE&lang=bi [31.03.2022]. – Diese Auslegung hat eine Parallele in einem Text aus bSanh 38b, vgl. Scholem 1960, 213. – Hier und im Folgenden sind die Übertragungen durchgesehen und orthografisch vereinheitlicht.

16 bSanh 65b; zit. n. Idel 1990, 72; vgl. auch Scholem 1960, 218, der in der Fortsetzung darauf verweist, dass diese Erzählung als Fortsetzung die prinzipielle Möglichkeit der Erschaffung von „künstlichem" Fleisch (in Form eines Kalbs) thematisiert, das seinerseits jedoch nicht die Ausmaße eines echten Tiers hat.

Aus diesen beiden relativ frühen Texten werden schon zwei Elemente deutlich, die später wichtig werden: Dem „Golem" fehlt eine Seele und ihm fehlt die Sprache. Ist in dem einen Fall noch die Erschaffung durch Gott die Voraussetzung, so wird im anderen diese Möglichkeit prinzipiell in die Hände eines besonders dafür qualifizierten Menschen gelegt.

Dies wird erkennbar in einer Interpretation der letztgenannten Stelle im *Sefer ha-Bahir*, einem Buch, das zu den Grundtexten der frühen Kabbala des 12. Jahrhunderts gehört:

> § 136 Rava sagte: Wenn die Gerechten wollten, könnten sie eine Welt schaffen. Und was scheidet [so dass sie es nicht könnten]? Ihre Sünden, denn es heißt: ‚Denn nur eure Sünden machen eine Scheidung zwischen euch und eurem Gott' (Jes 59,2) – wären also eure Sünden nicht, würde keine Trennung sein zwischen euch und ihm. So erschuf Rava einen Menschen, und schickte ihn zu Rabbi Zera. Der sprach mit ihm und er antwortete nicht. Wären aber ‚eure Sünden' nicht, hätte er geantwortet. Und wodurch hätte er antworten können? Durch seine Seele. Hat denn der Mensch eine Seele, die er [auf ein anderes Wesen] übertragen könnte? Ja, denn es heißt: ‚Und er hauchte in seine Nase eine Seele des Lebens' (Gen 2,7) – so hat der Mensch eine Seele [mit der er] Leben [verleihen kann], wären nur ‚eure Sünden' nicht, durch die die Seele nicht [mehr] rein ist, und dies[e Unreinheit] ist die Trennung zwischen ihnen und ihm. Und so heißt es: ‚Du ließest ihm wenig von Gott fehlen.' (Ps 8,6) §137 Was [bedeutet] ‚wenig'? Dass er Sünden hat; Gott aber, gelobt sei Er und gelobt sein Name, hat keine (Scholem 1923, 150f.).

Aus dieser Stelle erhellt, dass die Fähigkeit, ein lebendiges Wesen zu schaffen, an der Reinheit der Seele hängt. Die Seele ihrerseits ist jedoch durch die Sünde daran gehindert, lebenschaffend aktiv zu werden.

In einer ähnlichen Linie steht in der Folge auch eine Interpretation derselben Talmudstelle im Wirken des MaHaRaL, der die Perspektive ein wenig verschiebt. Obgleich dessen Interpretation keinerlei direkte Linie zu der späteren Verbindung mit der Golem-Legende erkennen lässt, ist sie für das Verständnis eines „künstlichen Menschen" hilfreich:

> Als er [Rava] sich reinigte und [daraufhin] die göttlichen Namen im *Sefer Jezira* studierte, band er sich dadurch an Gott, Er sei gepriesen, und [dann] schuf er. Doch er [der künstliche Mensch] konnte nicht sprechen, da seine [Ravas] Kraft nicht ausreichte, dem Menschen eine sprechende Seele zu verleihen, so dass dieser [der Mensch] sich wie er verhielt; denn er [Rava] ist ein Mensch, und wie könnte er daher [etwas] schaffen, das ihm gleich ist, denn schließlich ist es auch unmöglich, dass Gott, der alles überragt, einen [Gott] schafft, der ihm gleich wäre.[17]

Judah Löw verbindet in seiner Interpretation die bereits bekannte Passage aus Sanhedrin 65b mit dem Studium des *Sefer Jezira*, einem weiteren Werk, das in der Kabbala eine große Bedeutung erlangte.[18] Diese eigenartige Interpretation der

---

17 Chiddusche Aggadot Maharal me-Prague, Bne Brak, 1950 Bd. II, 166, zit. n. Idel 1990, 516.
18 Vgl. oben Anm. 6; Grözinger 2006, 29–64.

Schöpfung verbindet die zehn *Sefirot*, fünf Gegensatzpaare mit Bezug auf temporale (vorher – nachher), geschlechtliche (männlich – weiblich), moralische (gut – schlecht) und räumliche (hoch – niedrig, bzw. die Himmelsrichtungen) Aspekte, mit den zweiundzwanzig Buchstaben des hebräischen Alphabets; die Schöpfung der Welt ist eine Folge der Kombination der *Sefirot* mit den Buchstaben. In der Interpretation des MaHaRaL ist dabei von Bedeutung, dass Rava sich in dieses vorkabbalistische Werk vertieft hatte und dabei zu einer Einheit mit Gott gelangt war, die ihn seinerseits befähigte, einen künstlichen Menschen zu erschaffen. Allerdings fehlte diesem sowohl die Sprachkraft als auch eine Seele, denn dann wäre der künstliche dem echten Mensch gleich gewesen. Im Schöpfungsakt ist es jedoch nicht möglich, etwas zu erschaffen, dem die gleiche Seinsstufe zukommt: So wie Gott keinen zweiten Gott schaffen kann, so kann auch der Mensch keinen zweiten Menschen schaffen.

Die Erwähnung des *Sefer Jezira* verweist zugleich auf ein weiteres Merkmal der mit dem „Golem" verbundenen Merkmale, nämlich die magisch-wirkmächtige Verbindung von Buchstaben zu Wörtern, wie sie in der eingangs zusammengefassten Golem-Legende zum Tragen kommt, in der der Golem vermittelst eines eingeritzten Namens lebendig wurde. Ein gutes Beispiel ist dafür ein Bericht, den Schüler von Juda dem Frommen aus Speyer (gestorben 1217 in Regensburg) überliefert haben. In diesem Bericht heißt es:

> Ben Sira wollte das Buch Jezira studieren. Da erging eine himmlische Stimme: Du kannst ihn [ein derartiges Geschöpf] allein nicht machen. Er ging zu seinem Vater Jeremia. Sie befassten sich damit, und nach drei Jahren wurde ihnen ein Mensch erschaffen, auf dessen Stirn *'emet* [אֱמֶת] stand, wie auf der Stirn Adams. Da sagte der Mensch, den sie erschaffen hatten, zu ihnen: Gott allein hat Adam erschaffen, und als er den Adam sterben lassen wollte, löschte er das *'Alef* von *'emet* weg, und er blieb *met* [מֵת], tot. So sollt ihr auch an mir tun und nicht nochmals einen Menschen schaffen, damit die Welt dadurch nicht wie den Tagen des Enosch in Götzendienst abirrt [vgl. Gen 4,26]. Der erschaffene Mensch sagte zu ihnen: Kehrt die Buchstabenkombinationen [durch die er erschaffen war] um und tilgt das *'Alef* des Wortes *'emet* von meiner Stirn – und sofort zerfiel er zu Staub.[19]

Aus dieser Erzählung wird deutlich, dass das Studium des *Sefer Jezira* und die damit implizit einhergehende Vertiefung in die Geheimnisse des Schöpfungshandelns Gottes Ben Sira und seinen Vater Jeremia dazu befähigt hatten, einen künstlichen Menschen zu schaffen. Dieser offenbart ihnen (und v. a. den Leserinnen und Lesern), dass er analog zum ersten Menschen durch das Wort *'emet* (Wahrheit) zum Sprechen – und damit zum Leben – gebracht wurde. Wie auch

---

19 Sefer gematriot, ed. Epstein, Abraham (1887), Beiträge zur jüdischen Alterthumskunde, Bd. 1. Abhandlungen. Midrasch Tadsche, nach Handschriften edirt, Wien, 122f., zit. n. Scholem 1960, 233. Schäfer, Peter (1995), The Magic of the Golem. The Early Development of the Golem Legend, in: Journal of Jewish Studies 46, 249–261, sieht in der Europäisierung der Golem-Legende im mittelalterlichen Deutschland den Beginn der Magiisierung des Golem.

Adams Leben von Gott durch das Tilgen des Anfangsbuchstabens beendet wurde, so sollen nun auch die beiden das Leben ihres Geschöpfs beenden, indem sie ihm diesen Buchstaben tilgen.[20]

Sind bis hierher die Erzählungen dergestalt, dass der Golem kurz nach der Erschaffung wieder zu Lehm zerfällt, so bringt im 17. Jahrhundert Josef Salomo Delmedigo ein weiteres Element ins Spiel, das zwar in der Erzählung vom Golem von Prag nicht zum Tragen kommt, dagegen aber im Bereich der mechanischen Homunculi von Bedeutung wird. Er erzählt davon, wie der Dichter und Philosoph Salomo ibn Gabirol sich eine Puppe aus Holz mit Scharnieren als Gelenken baute, die in belebtem Zustand als Dienerin im Haus arbeitete.[21] In der Folge kommen dann auch Erzählungen im Bereich des polnischen Judentums (u. a. im Umkreis des Rabbis Elija Baal Schem) auf, denen zufolge die Erschaffung eines Golem keine einmalige Tat ist, sondern regelmäßig geschieht, um sich Hausdiener zu erschaffen.[22] Eine der letzten dieser Legenden ist dann ab dem Beginn des 19. Jahrhunderts die eingangs zitierte vom Golem des MaHaRaL, die ihrerseits zur wirkmächtigsten wurde. Zu etwa dieser Zeit wird zudem in halachischer Literatur die Frage diskutiert, ob ein Golem einen Minjan vervollständigen könne.[23] Auch wenn diese Frage verneint wird, zeigt sich hierin, dass die Diskussion um den Golem sich von der Spätantike bis ins beginnende 20. Jahrhundert in eine sehr eigene Richtung verändert hatte.

4. Ausblick: Der Golem in Literatur und Technik

Bereits mit Paracelsus (bürgerlich: Theophrastus Bombast von Hohenheim, 1493/4–1541) hatte die Idee vom Golem den engeren Bereich der jüdischen Diskussionen um den Golem verlassen.[24] Aber erst mit Beginn des 20. Jahrhunderts scheint sich die Golem-Legende literarisch verselbständigt zu haben.[25] Dabei finden sich sehr unterschiedliche Gattungen von der Poesie über das Drama bis zur

---

20 Scholem 1960, 234f, führt noch eine weitere Erzählung an, in der zudem der Gottesnahme der Schrift hinzugefügt wird.
21 Der Bericht wird von Scholem 1960, 254, zitiert.
22 Vgl. dazu Scholem 1960, 255–259.
23 Vgl. die detaillierte Übersicht bei Idel 1990, 311–336.
24 Vgl. dazu Scholem 1960, 252f.; Idel 1990, 277f.
25 Auf die Verwendung des Golem-Motivs im Film und in der darstellenden Kunst muss hier verzichtet werden. Auch die Darstellung literarischer Repräsentationen ist angesichts der Breite der Rezeption nur auswahlweise geschehen.

fantastischen Literatur. Zu den bekanntesten poetischen Verarbeitungen gehören die Ballade „Der Golem" (1903) von Detlef von Liliencron (1844–1909)[26] sowie das Gedicht „El golem" (1964) von Jorge Luis Borges (1899–1986).[27] Eine bekannte größere dramatische Bearbeitung erfuhr das Material durch Arthur Holitscher (1869–1941) in dem Drama „Der Golem. Ghettolegende in drei Aufzügen" von 1908;[28] Eugen d'Albert (1864–1932) verarbeitete und vertonte das Drama 1926 seinerseits als Oper.[29] Eine weitere Opernfassung entstand 1991 durch den englischen Komponisten John Arthur Casken (* 1949);[30] die Aufnahme der Uraufführung durch Richard Bernas mit Music Projects London erhielt den Gramophone Award desselben Jahres.[31] Die mutmaßlich bekannteste und weitverbreiteste Verarbeitung in Romanform erfuhr die Legende durch Gustav Meyrink, (1868–1931) im Jahr 1913/14 bzw. 1915, hier in Kombination mit der Ahasverlegende von der ewigen Wanderschaft.[32] Viel kürzer sind die eingangs referierte Erzählung von Isaac Bashevis Singer (1902–1991), die in englischer Sprache erstmals 1982 veröffentlicht wurde,[33] und die ein Jahr später ebenfalls erstmals auf Englisch publizierte Fassung von Elie Wiesel (1928–2016).[34] Eher in den Bereich des Jugendbuchs gehört die Fassung von Mirjam Pressler (1940–2019).[35] Das Thema wurde auch von Harry Mulisch (1927–2010) in dem Roman „Die Prozedur" (1998) aufgegriffen, in dem das „Dritte Teil" des ersten Akts mit „Der Golem" überschrieben ist.[36]

---

26 Liliencron, Detlev von (1903), Der Golem, in: Völker, Klaus (Hg.), Künstliche Menschen. Dichtung und Dokumente über Golems, Homunculi, Androiden und lebende Statuen, München, 1971, 29f.
27 Das Gedicht von Borges ist leicht zugänglich über: https://www.poemas-del-alma.com/jorge-luis-borges-el- golem.htm [31.3.2022].
28 Holitscher, Arthuer (1908), Der Golem. Ghettolegende in drei Aufzügen, Berlin.
29 Vgl. d'Albert, Eugen (1926), Der Golem. Musikdrama in drei Akten; Dichtung von Ferdinand Lion, Wien, 1926 (zuletzt eingespielt vom Beethoven-Orchester und dem Chor des Theaters Bonn unter Stefan Blunier, als Doppel-CD veröffentlicht von Dabringhaus und Grimm, 2010).
30 Casken, John (1991), Golem. Chamber opera: prelude – legend; words and music by John Casken. Libretto created in collab. with Pierre Audi, London u. a.: Schott.
31 Vgl. https://www.infoplease.com/culture-entertainment/awards/music/1991-gramophone-[31.3.2022]. Die Einspielung mit Music Projects London erschien bei Virgin Classics.
32 Meyrink, Gustav (1915), Der Golem, Leipzig (seitdem zahlreiche Nachdrucke und Neuauflagen).
33 Zu Singer, vgl. o. Anm. 1.
34 Wiesel, Elie (1983), The Golem. The story of a legend, New York, (dt. Das Geheimnis des Golem, Freiburg u. a. 1985).
35 Pressler, Mirjam (2007), Golem stiller Bruder, Weinheim.
36 Mulisch, Harry (1998), De procedure, Amsterdam. (dt.: Die Prozedur, München; Wien, 1999). – Ein Auszug fand auch Eingang in eine Sammlung Unterrichtsmaterialien, vgl. Kähler, Jutta (2020), Maschinenmenschen. Von Golems, Robotern und Cyborgs; Für die Sekundarstufe II, Stuttgart, 46–50.

In eine ganz andere fiktionale Richtung weist die Science-Fictionversion von Stanisław Lem (1921–2006) unter dem Titel „Golem XIV" von 1981, in der der Golem ein Computer ist, der von der schlichten Rechenmaschine zu einer unabhängigen Intelligenzform mutiert.[37] In dieser Richtung scheinen auch der auflagenstarke Science Fiction Thriller „Golem" von Matthew Delaney von 2010[38] sowie die seit 2019 publizierte Serie „Golem im Zeitalter der KI" (insgesamt bislang 12 Bde.) von Michael Rodewald (ca. *1954) zu zielen; letzterer hat seiner Fantasywelt auch gleich eine ganze Website gewidmet.[39] Dass sich auch in diesem Bereich die Thematik verselbständigt hat, lässt sich an einem der jüngsten Titel zeigen: Im Jahr 2021 erschien von Martina Kald (*1989) das Buch „Girlem. Wiedergeboren als Golem?! Monsterfriseurin in einer anderen Welt!",[40] in dem in einer Art Totenbeschwörung versehentlich eine falsche Seele – die einer Friseuse – in einen Golem verpflanzt wird. Zur Popularisierung im Science-Fiction-Bereich scheint ungeplant der aus Deutschland stammende Kabbala-Forscher Gershom Scholem beigetragen zu haben, der 1965 vorschlug, einen in Israel entwickelten Computer „Golem Alpha" zu nennen.[41] Eine wiederum andere Richtung ist in Verbindung mit dem Computerspiel Minecraft entstanden, in der ein Golem ein eiserner Schutzroboter ist, der mit Blumen verziert wird und Kindern, wenn er sie trifft, eine Blume schenkt.[42] Hier sind u. a. von Karl Olsberg (eigentlich: Karl-Ludwig Max Hans Freiherr von Wendt, *1960) „Das Dorf 5. Der Golem" von 2015[43] sowie der 2019 erschienene Minecraft-Comic „Der Golemkönig. Ein Comic aus der Welt von Minecraft Freedom" des insbesondere bei Teenies beliebten Youtubers Paluten (eigentlich: Patrick Meyer, *1988), der diesen gemeinsam mit Haiko Hörnig (* 1984) und Irina Zinner (* 1988) entwickelt hat,[44] zu nennen.

Dieser Überblick möge genügen. Es dürfte sich gezeigt haben, dass die relativ bekannte Geschichte vom Golem, den der MaHaRaL, der Rabbi Judah Löw von

---

37 Lem, Stanislaw (1981), Golem XIV, Kraków (dt. Also sprach Golem, Frankfurt/M. 1984). – Zu Lem vgl. auch Gräfrath, Bernd (1996), Lems Golem. Parerga und Paralipomena, Frankfurt/M.; Schwartz, Matthias (2021), „Die Traurigkeit des Golems. Stanisław Lems Figuration posthumaner Intelligenz als Poetik der Erinnerung", in: Alexander Friedrich u. a. (Hg.), Kosmos Stanisław Lem. Zivilisationspoetik, Wissenschaftsanalytik und Kulturphilosophie, Wiesbaden, 43–72.
38 Delaney, Matthew (2010), Golem. Thriller, Köln.
39 Vgl. https://www.michael-rodewald-autor.de/golems-welt/ [31.3.2022].
40 Kald, Martina (2021), Girlem. Wiedergeboren als Golem?! Monsterfriseurin in einer anderen Welt!, Berlin.
41 Vgl. hierzu seine Rede bei der Inbetriebnahme des Rechners: Scholem, Gershom (1970), Der Golem von Prag und der Golem von Rehovot, in: ders., Judaica II, Franbkfurt/M., 77–86.
42 Für diesen Hinweis danke ich Eleasar C. F. Hasselhoff, Mülheim an der Ruhr.
43 Olsberg, Karl (2015), Das Dorf 5. Der Golem; Roman für Minecrafter, Berlin.
44 Paluten u. a. (2019), Der Golemkönig. Ein Comic aus der Welt von Minecraft Freedom, Köln.

Prag, aus Lehm geformt hatte, um einem in Not geratenen Juden zu helfen, der Kristallisationspunkt einer langen Erzähltradition ist. Ausgehend von einem nur undeutlich bestimmbaren Wort in Psalm 139 beginnt in spätantiker Zeit die Überlegung, ob es möglich ist, aus Lehm einen Menschen zu bauen. Die frühen Ausleger waren sich noch einig, dass Entscheidendes fehlt, um den Plan eines künstlichen Menschen zu realisieren, nämlich Sprache und Seele. Unter Einbezug des rätselhaften *Sefer Jezira* entwickelt sich eine Tradition, derzufolge zur Belebung eines künstlichen Menschen die Kombination von hebräischen Buchstaben nötig ist. Schon die kleinste Veränderung in der Buchstabenfolge kann entscheidende Veränderungen zeitigen. Erst im 19. Jahrhundert entsteht die legendarische Tradition, dass es einen Golem in Prag (und an anderen Orten in Osteuropa) gegeben habe, der unterschiedliche Formen des Eigenlebens entwickelte. In der Mitte des 20. Jahrhunderts wird der Golem mit der sich weiter verbreitenden Computertechnik in Verbindung gebracht und in Science Fiction-Literatur und in der Jugendkultur in den Zusammenhang mit Cyborgs gestellt. Das „Golem" dabei mitunter nur noch eine dekontextualisierte Chiffre ist, steht auf einem anderen Blatt.

Literatur

Bokser, Ben Zion (1954), The Maharal. The Mystical Philosophy of Rabbi Judah Loew of Prague, Northvale, NJ / London.
Casken, John (1991), Golem. Chamber opera: prelude – legend; words and music by John Casken. Libretto created in collab. with Pierre Audi, London u. a.
d'Albert, Eugen (1926), Der Golem. Musikdrama in drei Akten; Dichtung von Ferdinand Lion, Wien.
Dan, Joseph (2012), Die Kabbala. Eine kleine Einführung, 2. Aufl., Stuttgart.
Delaney, Matthew (2010), Golem. Thriller, Köln.
Eichhorst, Dana (2020), Quia Verbum est Dibur – Kabbalah from Ashkenaz: El'azar of Worms and Egidio da Viterbo, Diss. phil. Tel Aviv University.
Epstein, Abraham (1887), Beiträge zur jüdischen Alterthumskunde, Bd. 1. Abhandlungen. Midrasch Tadsche, nach Handschriften edirt, Wien.
Goodmann-Thau, Eveline u. a. (1993), Das Buch Jezira, in der Übersetzung von Johann Friedrich von Meyer, Leipzig 1830, Nachdruck, Berlin.
Gräfrath, Bernd (1996), Lems Golem. Parerga und Paralipomena, Frankfurt am Main.
Grözinger, Karl Erich (2006), Jüdisches Denken. Theologie – Philosophie – Mystik, Bd. 2: Von der mittelalterlichen Kabbala zum Hasidismus, Frankfurt am Main / New York.
Gross, Benjamin (1969), Le messianisme juif dans le pensée du Maharal de Prague, Paris, 1994 (zuerst 1969).
Herrmann, Klaus (2008), Sefer Jezira – Buch der Schöpfung, Frankfurt am Main u. a.
Holitscher, Arthur (1908), Der Golem. Ghettolegende in drei Aufzügen, Berlin.
Idel, Moshe (1990), Der Golem. Jüdische, magische und mystische Traditionen der künstlichen Anthropoiden [Aus dem Englischen von Christian Wiese], Frankfurt am Main, 2007 (engl. 1990).

KÄHLER, JUTTA (2020), Maschinenmenschen. Von Golems, Robotern und Cyborgs; Für die Sekundarstufe II, Stuttgart.

KALD, MARTINA (2021), Girlem. Wiedergeboren als Golem?! Monsterfriseurin in einer anderen Welt!, Berlin.

LANGER, GERHARD (2016), Midrasch, Tübingen.

LEM, STANISŁAW (1981), Golem XIV, Kraków, 1981, (dt. Also sprach Golem, Frankfurt am Main, 1984).

MATTERN, ASHER J. (2018), Zur Möglichkeit des Traditionswandels im Denken des Maharal von Prag. Diskurse und Wahrheit, in: TrumaH 24, 27–46.

MEYRINK, GUSTAV (1915), Der Golem, Leipzig.

MULISCH, HARRY (1998), De procedure, Amsterdam, 1998 (dt.: Die Prozedur, München/Wien, 1999).

NEHER, ANDRÉ (1972), David Gans (1541-1613), disciple du Maharal de Prague et assistant de Tycho Brahé et de Jean Képler, in: Revue d'histoire et de philosophie religieuses 52, 407–413.

OLSBERG, KARL (2015), Das Dorf 5. Der Golem; Roman für Minecrafter, Berlin.

PALUTEN u. a. (2019), Der Golemkönig. Ein Comic aus der Welt von Minecraft Freedom, Köln.

PRESSLER, MIRJAM (2007), Golem stiller Bruder, Weinheim.

SCHÄFER, PETER (1995), The Magic of the Golem. The Early Development of the Golem Legend, in: Journal of Jewish Studies 46, 249–261.

SCHOLEM, GERHARD (1923), Das Buch Bahir. Ein Schriftdenkmal aus der Frühzeit der Kabbala (1923), Darmstadt, 1970.

SCHOLEM, GERSHOM (1960), Die Vorstellung vom Golem in ihren tellurischen und magischen Beziehungen, in: ders., Zur Kabbala und ihrer Symbolik, Zürich, 209–259, 279–292.

SCHOLEM, GERSHOM (1970), Der Golem von Prag und der Golem von Rehovot, in: ders., Judaica II, Frankfurt am Main, 77–86.

SCHOLEM, GERSHOM (1973), Judaica III. Studien zur jüdischen Mystik, Frankfurt am Main.

SCHWARTZ, MATTHIAS (2021), Die Traurigkeit des Golems. Stanisław Lems Figuration posthumaner Intelligenz als Poetik der Erinnerung, in: Alexander Friedrich u. a. (Hg.), Kosmos Stanisław Lem. Zivilisationspoetik, Wissenschaftsanalytik und Kulturphilosophie, Wiesbaden, 43–72.

SINGER, ISAAC BASHEVIS (1982), The Golem, New York, (dt. von Gertrud Baruch: Der Golem. Eine Legende, München / Wien, 1988).

SLÁDEK, PAVEL (2020), Jehuda Leva Ben Besal'el-Maharal. Obrana uzavreného sveta v zidovském myslení raného novoveku, Prag.

STEMBERGER, GÜNTER (2002), Midrasch. Vom Umgang der Rabbinen mit der Bibel; Einführung – Texte – Erläuterungen, München.

STEMBERGER, GÜNTER (2011), Einleitung in Talmud und Midrasch, 9. vollständig neubearb. Aufl., München.

VÖLKER, KLAUS (1971), Künstliche Menschen. Dichtung und Dokumente über Golems, Homunculi, Androiden und lebende Statuen, München.

WIESEL, ELIE (1983), The Golem. The story of a legend, New York (dt. Das Geheimnis des Golem, Freiburg u. a, 1985).

Satanische Schöpfung: Der Automat in E. T. A. Hoffmanns *Der Sandmann*

Miriam Conrad

1. Einleitung

Dem gegenwärtig populär und wissenschaftlich polarisierenden Thema der künstlichen Intelligenz steht eine Literaturgeschichte gegenüber, die das Sujet des künstlich erschaffenen Menschen bereits in der griechischen Mythologie verhandelt. Von den Schöpfungen des Hephaistos und den sagenumwobenen Konstruktionen des Dädalus, die mit zu den frühesten Beispielen zählen (Drux 2004, 4), bis hin zur künstlichen Intelligenz Rob (einem entflohenen Haushaltsroboter), der im Roman *Fremd wie das Licht in den Träumen der Menschen* (Beyse 2017) selbst als Erzählinstanz fungiert, zieht sich das Motiv des künstlichen Menschen in seinen unterschiedlichen Ausprägungen durch die literarischen Epochen.

In einer Zeit, in der sich der Maschinenmensch immer mehr „aus dem Stadium der Fiktivität in Literatur und Film [...] in die faktische Realität unserer Alltagswelt" begibt (Drux 2004, 3) und die Gesellschaft zunehmend durch das Miteinander von künstlicher und menschlicher Intelligenz geprägt ist, soll dieser Beitrag auf die Epoche der Romantik zurückblicken, in welcher die erzählerische Reflexion des künstlichen Menschen eine Akzentverschiebung in der Perspektive auf das Automatische und Maschinelle verdeutlicht.

Untersucht wird hierzu die 1816 veröffentlichte Novelle *Der Sandmann* von E. T. A. Hoffmann im Hinblick auf die Rolle des mechanisch-künstlichen Menschen und die seiner Schöpfer.[1]

---

1 Aufgrund der mehrdeutigen Ausgestaltung und der erzählerischen Dichte des *Sandmanns* sowie der zahlreichen, teilweise divergierenden literaturwissenschaftlichen Beiträge zu Hoffmanns Novelle kann der hier verfolgte Interpretationsansatz des Automaten als satanische Schöpfung als ein kleines Teil im Puzzle des Analysespektrums der Hoffmannschen Erzählung angesehen werden.

2. Zwischen Fortschritt, Faszination und Furcht: Der Automat im 18. und frühen 19. Jahrhundert

Um sich Hoffmanns berühmter Novelle und dem Zeitgeist der Romantik anzunähern, folgt hier eine kursorische Vorstellung exemplarischer Höhepunkte und Entwicklungen des 18. und frühen 19. Jahrhunderts, einerseits aus dem Automatenbau und andererseits aus dem anthropologischen Diskurs um das Maschinelle.

2.1 Mechanische Imitation: Die Automaten Vaucansons

Das hohe Niveau des Uhrmacherhandwerks ermöglichte es bereits den Konstrukteuren des 18. Jahrhunderts, faszinierende Automaten zu erschaffen. Zu jener Zeit dominierte unter den zahlreichen mechanischen Tieren und Menschen, die ihr Publikum in Erstaunen versetzten, ein bestimmtes Konzept: „Die Hersteller versuchten die Strukturen und Materialien des Lebens und sogar die Physiologie nachzuahmen" (Riskin 2005, 68).

Ein Vorreiter auf diesem Gebiet war Jacques de Vaucanson, ein französischer Ingenieur und Konstrukteur. Dieser stellte im Jahr 1738 der französischen Akademie der Wissenschaften seinen hölzernen Flötenspieler vor, einen beinahe lebensgroßen Automaten, und kam als einer der ersten Mechaniker seiner Zeit dem Anspruch nach, etwas tatsächlich Menschenähnliches zu schaffen. Der Android konnte auf seinem Instrument zwölf Melodien zum Besten geben, wobei die Lieder nicht etwa abgespielt, sondern die Töne durch entsprechende Bewegungen der Zunge und Finger erzeugt wurden. Die nötige Luft wurde mithilfe eines Blasebalgsystems, wiederum angetrieben von verschiedenen Uhrwerken, durch die Querflöte geleitet (Funken 1983, 14).

Noch in demselben Jahr konstruierte Vaucanson zwei weitere sensationelle Automaten. Zum einen den Trommler, der sich zusätzlich zu seinem Spiel auf der Hirtenflöte selbst auf dem Tamburin begleitete und von welchem behauptet wurde, er musiziere sogar besser und schneller als seine menschlichen Gegenstücke (Sauer 1983, 19f.). Zum anderen die Ente, Vaucansons wohl berühmtester Automat, der auch heute noch als sein Meisterstück bezeichnet wird. Das mechanische Tier konnte nicht nur mit den Flügeln schlagen, den Hals hinabbeugen und die Füße bewegen, sondern auch Nahrung „verdauen". Durch ihren metallenen Schnabel nahm die Ente Futter auf, das dann in veränderter Form wieder ausgeschieden wurde. Zwar geschah dies nicht durch einen chemischen Prozess im Magen, wie ihr Schöpfer damals postulierte, sondern mithilfe eines Auffangbehälters im Inneren der Ente und vorher präparierten Körnern (Riskin

2005, 17) – dennoch ist bemerkenswert, dass hier erstmals nicht nur die äußerliche Imitation der Natur angestrebt wurde, sondern auch die innerliche Nachahmung anhand der technischen Simulation der biologischen Verdauung.

Mit Flötenspieler, Trommler und Ente erreichte Vaucanson so einen ersten Höhepunkt in der Geschichte des Automatenbaus im 18. Jahrhundert. Schon hier „wurden durch den Bau präziser, uhrwerkartiger Automaten und durch das große, anfänglich eher spielerische und mystisch inspirierte Interesse der besseren Gesellschaft [...] die Weichen gestellt für einen Maschinen- und Apparatebau, der das Aussehen der Welt grundlegend verändern sollte" (Funken 1983, 14).

2.2 Der Mensch als Maschine: Die Philosophie La Mettries

Doch nicht nur aufgrund des technischen Fortschritts erfuhr die Idee des künstlichen Menschen im 18. Jahrhundert eine neue Relevanz – auch die Philosophie, inspiriert von den Meisterwerken der Ingenieurskunst, setzte sich eingehend mit dem Mechanischen und Automatischen auseinander.

So auch der französische Arzt und Anatom Julien Offray de La Mettrie, dessen provokante Theorien für Furore sorgten. In seiner Abhandlung *L'Homme Machine* (1748) zieht der Schriftsteller radikale Konsequenzen aus den bisherigen Gedanken zum Maschinenparadigma der aufklärerischen Philosophie und übertrifft in seiner Generalisierung der mechanistischen Auffassung noch seine Vorgänger, wie z. B. René Descartes, der bereits das Tier als Maschine deklariert und den menschlichen Körper im Sinne eines Uhrwerks erklärt hatte (Meteling 2010, 485). La Mettrie deutete den Menschen als eine sich selbst bewegende, eigenständig und mechanisch funktionierende Maschine. Den mechanisch-notwendigen Gesetzen unterworfen, bestimme nicht mehr die Seele des Menschen über seine Möglichkeiten und Begabungen, sondern ausschließlich dessen materielle Beschaffenheit. Denn nur darin unterschied sich der Mensch nach La Mettrie vom Tier oder von den Automaten Vaucansons: Er sei die am besten organisierte Maschine (Sauer 1983, 52–58).

Der Maschinen-Mensch des Radikalaufklärers blieb selbstverständlich nicht ohne scharfe Kritik, besonders aus den Rängen der Theologie, da hier vehementer als bisher der Geist des Menschen und die Existenz Gottes in Frage gestellt wurden. In Frankreich wurden La Mettries Abhandlungen deshalb zeitweise verboten und auch in Deutschland heftig kritisiert (Sauer 1983, 58). Trotz der heftigen Widersprüche kann der *Homme Machine* hier jedoch als eines der konsequentesten Beispiele für eine generelle Aufwertung der Maschine und des technischen Prinzips in der aufklärerischen Philosophie dienen. Maschinen, Automaten und Uhrwerke standen im 18. Jahrhundert für Ordnung und Harmonie, waren Inbegriff der Macht des Menschen und Sinnbild für den nicht aufzuhaltenden Fortschritt (Sauer 1983, 42 u. 62). So lieferte die Mechanik nicht nur die theoretische Grundlage für den Bau der Androiden, sondern prägte das ganze Weltbild: „Der Staat, ja die Natur und somit auch der Mensch, zumindest sein Körper, seien, so die Ansicht der rationalistischen Philosophie, mechanische Systeme, die ausschließlich den Gesetzen der Physik gehorchten" (Drux 2004, 4).

2.3 Beunruhigende Faszination: Die Androiden der Jaquet-Droz

Der Vision einer bis zur Verwechslung reichenden Ähnlichkeit zwischen Mensch und Maschine näherten sich schließlich Pierre und Henri Jaquet-Droz noch weiter an. Vater und Sohn, unterstützt von dem Uhrmacher Jean-Frédéric Leschot, erreichten mit ihren drei Androiden, die erstmals 1774 einem Publikum präsentiert und auf ihren Reisen zur weltbekannten Sensation wurden, das Höchstmaß dessen, was bis dato technisch an Menschenähnlichkeit geleistet werden konnte. Der Schreiber offenbarte sich als Automat mit beispiellos präziser Mechanik: Der Junge saß an einem Schreibbrett und erweckte aufgrund seiner Kopfbewegungen den Anschein, seine Schrift mit den Augen zu verfolgen. Sogar die Feder tauchte er in ein Tintenfass, um dann die überschüssige Flüssigkeit abzustreifen, sodass keine Kleckse auf dem Papier entstünden. Für jede Stadt, die von den Mechanikern besucht wurde, konnte zudem ein charakteristischer Spruch programmiert werden, den der Automat schrieb – ein beliebiger Text von bis zu 40 Zeichen. Ebenso erstaunlich wirkte der Zeichner der Jaquet-Droz, der kraft eines komplexen Nockensystems beispielsweise Portraits von Ludwig XVI. anfertigen konnte. Dabei blies der Automat in Gestalt eines kleinen Jungen regelmäßig über sein Papier, um den Bleistift-Staub zu entfernen (Venus 2001, 261f.).

Die beeindruckendste aber auch beängstigendste Wirkung erzeugte wohl die Musikerin der Jaquet-Droz, die auf dem Cembalo spielte und das Publikum aufgrund der (für damalige Verhältnisse) nahezu perfekten Vortäuschung ihrer Menschlichkeit in ihren Bann zog. Ein Zeitzeuge berichtete:

> Sie scheint zu atmen, denn ihr Brustkorb hebt und senkt sich rhythmisch, sie wendet den Kopf, blickt auf das Auditorium, lehnt sich ein wenig vor, wie um die Noten besser lesen zu können, spielt ein Stück, verbeugt sich, richtet sich wieder auf und blickt ins Publikum. Besonders bemerkenswert ist, daß die Musicienne die Tasten des Harmoniums [...] mit den Fingern tatsächlich niederdrückt – ein unverhältnismäßig schwereres Problem als das Ablaufenlassen einer Walze innerhalb des Instruments. Da die Musicienne viele Minuten spielt, ohne aufgezogen werden zu müssen, und da sie auch während der Pausen zwischen den einzelnen Musikstücken atmet, den Kopf und die Augen bewegt, ist die Täuschung nahezu vollkommen [...] (zit. n. Sauer 1983, 23).

Diese fast perfekte Täuschung, die die Automatenbauer mit ihren Androiden erzeugten, ließ Gerüchte um einen Teufelspakt der Erfinder laut werden, welche beinahe zu einer Verurteilung geführt hätten (Sauer 1983, 23).

Wie sich anhand der Eindrücke des Zeitzeugen bereits erahnen lässt, riefen die rasanten Fortschritte im Automatenbau und die Präsentation der Androiden, die das menschliche Verhalten so täuschend echt imitierten, schon immer einen gewissen Reiz in den Menschen hervor, der sich jedoch nicht von einem gleichzeitigen Gefühl der Bedrohung und des Unheimlichen loslösen ließ. Faszinierend war die Fähigkeit, Maschinen herstellen zu können, die dem Menschen nicht nur äußerlich bemerkenswert ähnlich waren, sondern auch dessen Verhaltensweisen kopierten, teilweise sogar mechanisch übertrumpften. Im Rückschluss auf die Idee der qualitativen Gleichheit zwischen Mensch und Maschine der aufklärerischen Philosophie wurde jedoch eben jene Vorstellung, dass der Automat dem Menschen nicht nur auf irritierende Weise gleicht, sondern diesen in seiner Leistungsfähigkeit auch übertreffen und somit vielleicht auch irgendwann ersetzen könnte, simultan zum Quell der Furcht vor den eigenen technischen Ambitionen.

2.4 Erstaunliche Illusionen: Die Apparate Enslens

Nach den Glanzleistungen der Jaquet-Droz erschien vielen Mechanikern die weitere Optimierung der Androiden kaum möglich, weshalb dieser Bereich denjenigen überlassen wurde, „denen es weniger um mechanische Meisterleistungen als vielmehr um den möglichst sensationellen Schaueffekt ging" (Sauer 1983, 23): den Illusions- und Zauberkünstlern. Bei Johann Karl Enslen z. B., einem der bekanntesten Schausteller und Magier-Techniker zu Hoffmanns Zeit, ging eine ausgeklügelte Mechanik mit dem Ziel des Sensationseffekts Hand in Hand. Insbesondere die Verbindung von mechanischen und optischen Technologien zeichnete das Werk Enslens aus. In theatralischen Aufführungen ließ er mit Hilfe von aerostatischen Figuren, komplizierten Lichtspielen, errechneten Spiegelprojektionen und mechanischen Automaten bekannte Persönlichkeiten wieder auferstehen (auch Phantasmagorien genannt). Bei der anschließenden Aufklärung des Publikums über die angewandten medientechnischen Verfahren erstaunten die Zuschauenden über die eigene Wahrnehmung. 1811 gründete Enslen in Berlin eine optisch-kosmische Anstalt, in der u. a. eine begehbare Camera obscura (einer der ersten Apparate zum Projizieren von Bildern) und ein Mondglobus ausgestellt wurden. Mittels seiner Gerätschaften präsentierte der Schausteller den Gästen spektakuläre Experimentalvorführungen und manipulierte anhand der technischen Instrumente und Automaten immer wieder die visuelle Wahrnehmung des Publikums (Garderer 2009, 26–33).

2.5 Konkurrent des Menschen: Der Automat als Nutzmaschine in der Industrie

Doch nicht nur die Illusions- und Zauberkunst erfuhr eine neue Zuwendung durch die Techniker, sondern ab dem Ende des 18. Jahrhunderts auch vermehrt die Industrie. Statt der Perfektionierung mechanisch-künstlicher Menschen rückte hier die Entwicklung von Nutzmaschinen in den Vordergrund. Der Aspekt der Unterhaltung und des Schaueffekts des Automatischen trat zusehends hinter den unternehmerischen Fortschritt und den Ausbau der industriellen Produktion zurück.

Die Entdeckung von Dampf und Elektrizität bedeutete in diesem Kontext eine gravierende gesellschaftliche Veränderung für die Menschen und für die Produktionsweise im 18. und 19. Jahrhundert. Insbesondere durch die Dampfmaschine, die in den 1780er Jahren auch Deutschland erreichte, durch den automatischen Webstuhl und das generelle Entstehen von Fabriken wurden den Arbeitenden ihre Plätze streitig gemacht und ihre Leistungsfähigkeit herabgestuft – die Maschine entpuppte sich als Konkurrent des Menschen. Die Nutzung von Energien und den technischen Fortschritt verhandelte man hier unter den Gesichtspunkten der unternehmerischen und berechnenden Effizienz (Funken 1983, 4f.) – weit entfernt vom Kontext der Unterhaltung und Faszination. „Es erscheint fast als Ironie des Schicksals, daß ausgerechnet diese neuen, äußerlich so menschenunähnlichen Maschinen dem Menschen bedrohlicher wurden als die ihm nachgebildeten Androiden" (Sauer 1983, 24).

3. Der Automat in E. T. A. Hoffmanns *Der Sandmann* (1816)

Aufgrund der hier skizzierten Innovationen aus dem Automatenbau, des rasanten technischen Fortschritts und der zunehmenden Mechanisierung und Automatisierung des Lebens in Praxis und Philosophie gewinnt der alte Traum des künstlichen Menschen in der literarischen Romantik eine ganz neue Aktualität, Faszinationskraft sowie Bedrohlichkeit.

So auch im Werk E. T. A. Hoffmanns, der neben seinen juristischen, kompositorischen und zeichnerischen Fähigkeiten v. a. für seine schriftstellerischen Leistungen bekannt ist. Um 1814 avancierte Hoffmann zum Erfolgsautor und zählt auch heute noch zu den bekanntesten romantischen Erzählern (Lieb 2015, 1–7). Fasziniert von den neuesten Entdeckungen aus Naturwissenschaft und Psychologie zogen auch die Automaten seiner Zeit Hoffmanns Interesse auf sich. Er las Berichte über berühmte Stücke und ihre Erfinder (z. B. über Vaucanson), wohnte Vorführungen bei und besuchte Ausstellungen. Hoffmann selbst präsentierte einst seiner Verwandtschaft mediale Phantasmagorien, indem er physikalische Experimente mithilfe technischer Apparaturen durchführte (Garderer 2009, 11f.). Obwohl diese ersten Anhaltspunkte bereits eine Faszination und Admiration Hoffmanns gegenüber den Automaten und den mechanischen Kunstgriffen ihrer Schöpfer erahnen lassen, spricht insbesondere ein Blick in das literarische Werk des Schriftstellers für eine ambivalente Sichtweise auf das Menschlich-Mechanische. So wird die folgende Untersuchung Hoffmanns wohl berühmtester Novelle des *Sandmanns*, veröffentlicht 1816, hier im Hinblick auf die Rolle des Automaten und dessen Schöpfer, dazu veranlassen, einen weiteren Gefühlskomplex in der Begegnung mit dem Automatischen hinzuzufügen: den der Furcht, der Bedrohung und des Unheimlichen.

3.1 Der Automat als Verkehrung der göttlichen Schöpfung

Die Novelle beginnt mit einem Brief Nathanaels, der von einem traumatischen Erlebnis aus seiner Kindheit berichtet. Der nun bereits studierende Protagonist erläutert retrospektiv, wie es zu diesem prägenden Vorfall kommen konnte und welche Rolle die anderen Beteiligten (Nathanaels Vater und der Advokat Coppelius) dabei spielten.

Im Kindesalter werden Nathanael und seine Schwester von ihrer Mutter stets um neun Uhr mit den Worten „Nun Kinder! – zu Bette – zu Bette! der Sandmann kommt, ich merk es schon" (S, 4)[2] aufgefordert, sich schlafen zu legen. Da die Kinder jeden Abend um neun Uhr tatsächlich Schritte auf der Treppe vernehmen, haken sie bei der Mutter nach, welche jedoch behauptet, lediglich die Müdigkeit der Kinder betont haben zu wollen. Die Amme aber gibt Nathanael eine ganz andere Auskunft, als dieser sie zum Sandmann befragt:

> Das ist ein böser Mann, der kommt zu den Kindern, wenn sie nicht zu Bett gehen wollen und wirft ihnen Händevoll Sand in die Augen, dass sie blutig zum Kopf herausspringen, die wirft er dann in den Sack und trägt sie in den Halbmond zur Atzung für seine Kinderchen; die sitzen dort im Nest und haben krumme Schnäbel, wie die Eulen, damit picken sie der unartigen Menschenkindlein Augen auf (S, 5).

Fortan ist für Nathanael derjenige, der seinen Vater des Nachts besucht und dessen drohendes Erscheinen merklich die familiäre Stimmung trübt, unweigerlich mit dem Bild eben jenes Sandmanns verknüpft.

In der Beschreibung der Amme deutet sich bereits das an, was sich im weiteren Verlauf der Handlung manifestieren wird: die Identifikation Coppelius', des Advokaten und Automatenherstellers mit dem Teufel. Der Volksglauben sieht die Eulen, mit denen die Amme die Kinder des Sandmanns vergleicht, als

---

2   Zitate aus E. T. A. Hoffmanns Novelle *Der Sandmann* (1816) werden im Folgenden unter dem Kürzel „S" kenntlich gemacht.

Überbringer des Unheils und als Totenvögel, die sich bei Gräbern und Kirchen niederlassen und diese beschmutzen. Im Bündnis mit Satan prophezeit ihr krächzender Ruf nichts als den Tod. Auch der Mond, zu dem der Sandmann die Augen der Heranwachsenden für seine Eulenbrut bringt, wird im Aberglauben mit fremden und düsteren Mächten assoziiert. Von Verfluchten bewohnt, die sich am Gebot Gottes vergingen, könnte der lunare Anblick eine unmittelbare Erblindung bedeuten (Brittnacher 1994, 307).

Die Vorbereitung der Identifikation der Schöpfer des künstlichen Menschen mit dem Satanischen anhand des Sandmannmotivs wird dann in der Trauma-Episode bestätigt: Einige Jahre nach dem Schock, den das Kindermädchen Nathanael mit der Vorstellung der grausigen Inkarnation des Sandmanns einjagte, überwiegt in dem Jungen letztlich doch die Neugier die Furcht und er beschließt herauszufinden, welche Person sich hinter der Gestalt des Sandmanns verbirgt. So versteckt sich Nathanael eines Abends im Studierzimmer seines Vaters, um ihn und dessen geheimnisvollen Gast zu beobachten (S, 6). Zu seinem Entsetzen erspäht Nathanael jemanden, der ihm bereits bekannt ist: den Advokaten Coppelius, dessen Anblick den Jungen jedoch nicht beruhigt – im Gegenteil: Aufgrund seines dämonischen Aussehens und widerwärtigen Verhaltens, besonders gegenüber Kindern, empfindet Nathanael den Advokaten als „widerlich und abscheulich" (S, 7f.), wozu u. a. sein „schiefe[s] Maul", das sich „oft zum hämischen Lachen" verzieht, beiträgt (S, 7).

Für die Lesenden deutet in dieser Szene alles darauf hin, dass Coppelius und der Vater versuchen, in der scheinbaren Verbindung von Mechanik und Magie einen künstlichen Menschen zum Leben zu erwecken. Nathanael beobachtet, wie die beiden Männer schwarze Kittel anziehen und zu einem kleinen Herd mit blauer Flamme und seltsamen Geräten treten; Coppelius „schwang die glutrote Zange und holte damit hell blinkende Massen aus dem dicken Qualm, die er dann emsig hämmerte" (S, 9). Selbst auf den Vater scheint Coppelius' satanisches Wesen bei diesen alchemistischen Experimenten abzufärben: Als sich „mein alter Vater zum Feuer herabbückte, da sah er ganz anders aus. Ein grässlicher krampfhafter Schmerz schien seine sanften ehrlichen Züge zum hässlichen widerwärtigen Teufelsbilde verzogen zu haben" (S, 9).

Coppelius' Aussehen und seine Schmiedearbeit spielen hier erneut auf dessen Naturell an: aufgrund der verstörenden Wirkung auf Nathanael und auch da der Schmied nach weitverbreiteten abergläubischen Vorstellungen als Meister des Feuers, Symbol der Zerstörung und des Teuflischen, gilt sowie mit dunkler Magie und der Hölle in Verbindung steht (Becker 2002, 87 u. 261). Coppelius und der Vater, die vermeintlichen Schöpfer des künstlichen Menschen, die auf blasphemische Weise danach gieren, das Metall zum Leben zu erwecken, spielen hier die Rolle des Satans höchstpersönlich oder zumindest die der dämonischen Schüler oder Verbündeten des Teufels. Da der Vater dem Advokaten dabei wie einer höheren Macht, jedoch nicht ohne Unbehagen, assistiert und Coppelius in der gesamten Familie ein unbehagliches, bedrückendes Gefühl auslöst, könnte der Vater auch die verlorene Seele sein, die sich an den Teufel verkaufen musste.

Zurück zu Nathanael, der aus seinem Versteck heraus den Vater und Coppelius bei ihren Machenschaften weiter beobachtet: Vor dem Jungen erscheinen plötzlich Menschengesichter, die jedoch anstelle der Augen nur tiefe, schwarze Höhlen besitzen (S, 9). Vor lauter Panik fällt der Junge aus seinem Versteck und wird daraufhin von Coppelius (zumindest aus eigener Sicht) grausam misshandelt: Nathanael wird brutal von dem Advokaten gepackt und auf den Herd geworfen, wobei dieser es anscheinend auf seine Augen abgesehen hat: „Nun haben wir Augen – Augen – ein schön Paar Kinderaugen" (S, 9). Von dem Vater kann Coppelius gerade noch davon abgehalten werden, dem Kind die Augen zu entreißen, er möchte aber „den Mechanismus der Hände und der Füße recht observieren" (S, 9). Nathanael durchlebt, wie Coppelius ihm Hände und Füße abschraubt und sie an verschiedenen Stellen wieder einsetzt. Bevor der Junge ohnmächtig wird und in einen langen Fieberschlaf fällt, hört er Coppelius noch sagen: „'s steht doch überall nicht recht! 's gut so wie es war! – Der Alte hat's verstanden!" (S, 10).

Gerade der letzte Satz setzt die Erschaffung des künstlichen Menschen mithilfe der Mechanik in Relation zur göttlichen Schöpfung, da der Ausdruck „Der Alte" vermutlich auf Gott anspielt. Da die Schöpfer in dieser Szene jedoch nicht göttlich erscheinen – sondern im Gegenteil, nämlich satanisch, wirkt der Versuch der Konstruktion eines Automaten in Menschengestalt nicht wie ein technischer Fortschritt, sondern wie eine Auflehnung gegen Gott, als Ausdruck der Hybris des Menschen. Indem der Vater und Coppelius danach streben, aus eigener Hand etwas Lebendiges zu erschaffen, setzen sie sich selbst an die Stelle Gottes. In Überheblichkeit und Vermessenheit gehen sie davon aus, mit Magie und Mechanik Metall zum Leben erwecken zu können. Da sich die Männer anmaßen, wie Gott ein lebendiges Wesen erschaffen zu wollen, zeigen sie in ihrem Handeln ein verhängnisvolles Streben nach der göttlichen Allmacht. Aufgrund der signifikanten Satanismus-Metaphorik, besonders deutlich im Setting und in der Charakterisierung der Beteiligten des Experiments, erscheint die Zeugung des künstlichen Lebens hier nicht nur als ein Frevel an der Natur, deren Gesetze der Vater und Coppelius umgehen wollen, sondern auch als ein Sakrileg – Ausdruck des luziferischen Menschen, der sich selbst zum Gott erhebt.

Die These, dass sich die Automatenschöpfer hier als satanische Gegenbilder zum Schöpfergott etablieren lassen, wird auch durch die Augenmetaphorik, die sich durch die gesamte Novelle zieht, gestützt. Denn die Augen sind das, was der künstlichen Schöpfung fehlt, weshalb auch Nathanael in der Konfrontation mit Coppelius um seine Augen fürchten muss. In den ihm im Dampf erscheinenden Gesichtern sieht der Junge im Studierzimmer des Vaters statt der Augen lediglich leere, schwarze Höhlen (S, 9). Zur Zeit Hoffmanns gilt das Auge jedoch nicht nur als zentrales Organ der Erkenntnis, mit dem Überholtes durchschaut und die

Wahrheit aufgedeckt werden kann – sondern auch als Fenster zur Seele, als Zeichen der übergeordneten Stellung des Menschen in der göttlichen Schöpfung. Ein Verlust oder ein Nicht-Vorhandensein der Augen bedeutet hiernach die Abschneidung des Menschen von Gott (Brittnacher 1994, 307f.). Vor diesem Hintergrund zeigt sich die Schöpfung, die aus den fragwürdigen alchemistischen Experimenten von Nathanaels Vater und Coppelius hervorgeht, aufgrund ihrer Hauptproblematik der Augen als satanischer Gegenentwurf zur himmlischen Schöpfung, als unzureichendes Produkt der dämonischen Selbstüberheblichkeit, das sich über die Differenz zum Göttlichen manifestiert.

Der Versuch, in teuflischer Konkurrenz zu Gott einen mechanisch-künstlichen Menschen zu erschaffen, endet für den Vater schließlich im Desaster, nämlich in seinem Tod: Ein Jahr nachdem Nathanael Zeuge der Machenschaften zwischen seinem Vater und dem Advokaten, für Nathanael dem Sandmann, geworden war, wird der Vater erneut von Coppelius aufgesucht (S, 10f.). In dieser Nacht kommt es zu einer Explosion im Haus: Nathanael findet seinen Vater „tot mit schwarz verbranntem grässlich verzerrtem Gesicht" (S, 11) in dem Studierzimmer und gibt daraufhin dem Advokaten die Schuld: „Coppelius, verruchter Satan, du hast den Vater erschlagen!" (S, 11). Erst bei der Beerdigung empfindet Nathanael die Gesichtszüge seines verstorbenen Vaters wieder als „mild und sanft": „Tröstend ging es in meiner Seele auf, dass sein Bund mit dem teuflischen Coppelius ihn nicht ins ewige Verderben gestürzt haben könne" (S, 11). Dass Nathanael hier Coppelius noch einmal ausdrücklich als „verruchten Satan" beschimpft und die Arbeit mit dem Vater als einen „teuflischen Bund" betitelt, verstärkt weiterhin die Interpretationslinie, dass die Produktion der Androiden aus dem Bereich einer höheren, guten Schöpfung in den Bereich einer satanischen, den dunklen Mächten verschriebenen Schöpfung gerückt wird. Die Herstellung des künstlichen Menschen erfordert einen Pakt mit dem Dämonischen, mit dem Bösen, welcher auf ein verhängnisvolles Ende (hier den Tod des Vaters) zuläuft.

Die Szenen, die Hoffmann den Protagonisten aus seiner Kindheit wiedergeben lässt, charakterisieren anhand des gewählten Vokabulars, der daraus resultierenden Metaphorik und der evozierten Wirkung auf den Rezipierenden im Rahmen einer unheimlich-übernatürlichen Atmosphäre die Automatenbauer als satanisch, deren Produkt als negative, seelenlose Verkehrung der göttlichen Schöpfung und den Bau der Androiden als Ausdruck einer teuflisch anmutenden Hybris sowie als explizites Paktieren mit den Mächten des Bösen.

3.2 Der Automat als dämonisches Täuschungsinstrument

Der weitere Verlauf der Geschichte, die sich nun in Nathanaels Jugend abspielt, lässt die Lesenden erleben, was passiert, wenn ein solcher Herstellungsprozess eines mechanisch-künstlichen Menschen tatsächlich funktioniert.

Satanische Schöpfung

In seiner Studienzeit wird Nathanael plötzlich von seinem Kindheitstrauma eingeholt, als ein Kaufmann ihn in seiner Wohnung aufsucht. In dem Wetterglashändler namens Coppola (man achte hier schon auf die phonetische Nähe zu Coppelius), erkennt Nathanael den immer noch verhassten Advokaten wieder, den er als dämonischen Sandmann gefürchtet hatte (S, 12).

Nach diesem ersten für Nathanael erschreckenden Zusammentreffen mit Coppola, kehrt der Student zunächst in die Heimat zurück und besucht dort seine Familie. Auch wenn diese Zeit zuhause für Nathanael nicht konfliktfrei verläuft, fühlt er sich am Ende seines Besuches doch „als sei eine schwere Last, die ihn zu Boden gedrückt, von ihm abgewälzt, ja als habe er, Widerstand leistend der finstern Macht, die ihn befangen, sein ganzes Sein, dem Vernichtung drohte, gerettet" (S, 26). Es scheint, als konnte sich Nathanael von der Angst, sein Leben würde durch ein teuflisches Prinzip in Gestalt des Sandmanns beherrscht, nach dem Ringen mit sich selbst und seiner Verlobten Clara nun endlich losgesagt.

Mit dem Gefühl, die Vergangenheit überwunden zu haben, kehrt Nathanael zu seinem Studienort zurück. Hier erwartet ihn jedoch eine böse Überraschung: Seine Wohnung ist abgebrannt und er muss umziehen (S, 26). In seiner neuen Wohnung wird er dann erneut von Coppola (demjenigen, in dem er meinte Coppelius bzw. den Sandmann, den Schrecken seiner Kindheit, wiederzuerkennen) aufgesucht: Im Gedanken an Clara versucht Nathanael nun aber, seine Furcht zu überwinden und die Contenance zu bewahren. Freundlich lehnt er den Kauf eines Wetterglases ab. Coppola jedoch drängt sich auf und bietet stattdessen „sköne Oke" (S, 27) an (ein in der Erzählung mehrfach verwendeter Begriff für die Augen), was Nathanael dann doch aus der Fassung bringt. Als Coppola beginnt, immer mehr und mehr Brillen vor Nathanael auszubreiten, übermannt ihn sein Trauma:

> Tausend Augen blickten und zuckten krampfhaft und starrten auf zum Nathanael; aber er konnte nicht wegschauen von dem Tisch, und immer mehr Brillen legte Coppola hin, und immer wilder und wilder sprangen flammende Blicke durcheinander und schossen ihre blutrote Strahlen in Nathanaels Brust. Übermannt von tollem Entsetzen schrie er auf.- „Halt ein! halt ein, fürchterlicher Mensch!" (S, 27f.).

Coppola lässt daraufhin die Brillen verschwinden und bietet stattdessen verschiedene Perspektive an. Nathanael, der sich nun wieder darauf besinnt, die Erlebnisse der Vergangenheit ruhen zu lassen, kauft dem Händler schließlich aus Scham über sein vermeintlich unbegründet harsches Verhalten ein kleines Taschenperspektiv ab (S, 28).

Nathanaels Intention folgend, dass sich hinter dem Sandmann, Coppelius und Coppola ein und dieselbe Person verbergen, wird sich dieser Kauf des Perspektivs noch als verhängnisvoller Schritt in einer perfiden satanischen Intrige offenbaren, in der der Automat die Hauptrolle spielen wird.

Denn durch das Perspektiv des Wetterglashändlers beobachtet Nathanael fortan die Tochter des Professors Spalanzani, der ihm gegenüber wohnt. Zwar hatte der Student Olimpias Schönheit schon zuvor wahrgenommen – das Mädchen war ihm jedoch im Gedanken an seine Verlobte gleichgültig gewesen. Mit dem Blick durch das Perspektiv Coppolas, „das die Gegenstände so rein, scharf und deutlich dicht vor die Augen rückte" (S, 28), verändert sich Nathanaels Wahrnehmung jedoch merklich:

> Nun erschaute Nathanael erst Olimpias wunderschön geformtes Gesicht. Nur die Augen schienen ihm gar seltsam starr und tot. Doch wie er immer schärfer und schärfer durch das Glas hinschaute, war es, als gingen in Olimpias Augen feuchte Mondesstrahlen auf. Es schien, als wenn nun erst die Sehkraft entzündet würde; immer lebendiger und lebendiger flammten die Blicke. Nathanael lag wie festgezaubert im Fenster, immer fort und fort die himmlisch-schöne Olimpia betrachtend (S, 28f.).

Fortan ist der Student von „unwiderstehlicher Gewalt", „von Sehnsucht und glühendem Verlangen" (S, 29) getrieben, Olimpia nicht mehr aus den Augen zu lassen. Clara jedoch vergisst er völlig.

Das Perspektiv, das Nathanael Coppola abgekauft hatte, erweist sich hierbei als sorgsam platziertes Instrument zur Verzerrung und Verkehrung der Wahrnehmung des Protagonisten: Während Nathanael Olimpia vorher noch als starr und seltsam leblos empfand, erwacht sie nun durch sein sehnsüchtiges Verlangen zum Leben. Mit dem Blick durch das Perspektiv des Händlers beginnt eine verheerende Obsession, die Nathanaels Sichtweise auf die Menschen und deren künstliche Nachahmungen verdreht. Was sich den Rezipierenden und später auch dem Protagonisten als satanisch präsentiert, wird von diesem in den Bereich des Himmlischen erhoben. In seinem ersten Brief bezeichnet Nathanael noch seine Verlobte als „Engelsbild" (S, 3) – jetzt ist es Olimpia, der seine Aufmerksamkeit und manische Verehrung gilt.

Nathanaels Leidenschaft für Olimpia, die sich schon bald als Verkehrung von Leblosem und Lebendigem herausstellen wird, entbrennt weiter auf dem Fest Spalanzanis, auf dem seine Tochter öffentlich in die Gesellschaft eingeführt werden soll (S, 30). Die Lesenden und einige jüngere Gäste des Festes ahnen schnell, dass sich Nathanaels Begierde lediglich auf ein Objekt bezieht und nicht auf einen Menschen. Olimpias Rücken ist seltsam eingebogen, die Taille wespenartig dünn. Ihre Schritte sind abgemessen und steif, ihre Hände und Lippen unter Nathanaels Berührung zunächst eiskalt. Ihr Tanz ist ausgezeichnet durch eine „rhythmische Festigkeit" (S, 32), aber Nathanael wird es nicht leid, sie immer wieder „aufzuziehen" (S, 32). Unter den Eingeladenen wird getuschelt und auch Siegmund, ein Freund von Nathanael, warnt ihn vor Olimpia:

> Sie ist uns [...] auf seltsame Weise starr und seelenlos erschienen. Ihr Wuchs ist regelmäßig, so wie ihr Gesicht, das ist wahr! – Sie könnte für schön gelten, wenn ihr Blick nicht so ganz ohne Lebensstrahl, ich möchte sagen, ohne Sehkraft wäre. Ihr Schritt ist sonderbar abgemessen, jede Bewegung scheint durch den Gang eines aufgezogenen Räderwerks bedingt. Ihr Spiel, ihr Singen hat den unangenehm richtigen

> geistlosen Takt der singenden Maschine und ebenso ist ihr Tanz. Uns ist diese Olimpia ganz unheimlich geworden, [...] es war uns als tue sie nur so wie ein lebendiges Wesen und doch habe es mit ihr eine eigne Bewandtnis (S, 34).

Nathanael erreichen diese Bedenken nicht: In Olimpias Augen sieht er einen „Liebesblick, der zündend sein Inneres durchdrang" (S, 31), ihren Gesang empfindet er als „das Himmelsjauchzen des in Liebe verklärten Gemüts" (S, 31). Im Gespräch gesteht er Olimpia seine Liebe: „O du herrliche, himmlische Frau! – du Strahl aus dem verheißenen Jenseits der Liebe – du tiefes Gemüt, in dem sich mein ganzes Sein spiegelt" (S, 32) – dass das Mädchen auf Nathanaels hingebungsvolle Liebesbekundungen stets nur mit einem „Ach – Ach" (S, 32) reagiert und auch sonst kein anderes Wort spricht, scheint ihn nicht zu stören. Im Gegenteil: Nathanael, dem hier durchaus narzisstische Persönlichkeitszüge zugeschrieben werden können, empfindet diese wenigen Worte als „echte Hieroglyphe der innern Welt voll Liebe und hoher Erkenntnis des geistigen Lebens in der Anschauung des ewigen Jenseits" (S, 35) und ist sich ironischerweise sicher, für seine Dichtungen noch nie eine so gute Zuhörerin gehabt zu haben.

Fortan lebt Nathanael nur noch für Olimpia, er vergisst alles andere (inklusive seiner Verlobten) und will seiner großen Liebe bald einen Heiratsantrag machen. Es kommt zum Eklat. Auf dem Weg zu seiner Angebeteten hört Nathanael Getöse und Stimmen aus dem Studierzimmer seines Professors: „Lass los – lass los – Infamer – Verruchter! – [...] so haben wir nicht gewettet – ich, ich hab die Augen gemacht – ich das Räderwerk – dummer Teufel mit deinem Räderwerk – verfluchter Hund von einfältigem Uhrmacher – fort mit dir – Satan!" (S, 37). Nathanael stürzt in das Zimmer und sieht, wie sich Spalanzani und Coppola um Olimpia streiten: Sie zerren an Händen und Füßen, bis Coppola es schafft, die Figur an sich zu reißen und mit gellendem Gelächter zu fliehen. Nathanael ist wie erstarrt; „nur zu deutlich hatte er gesehen, Olimpias toderbleichtes Wachsgesicht hatte keine Augen, statt ihrer schwarze Höhlen; sie war eine leblose Puppe" (S, 37). Verletzt und blutüberströmt auf der Treppe liegend schreit Spalanzani ihn an: „Ihm nach [...] – Coppelius – Coppelius, mein bestes Automat hat er mir geraubt – Zwanzig Jahre daran gearbeitet – Leib und Leben daran gesetzt – das Räderwerk – Sprache – Gang – mein – die Augen – die Augen dir gestohlen" (S, 37f.). Als der Professor daraufhin Nathanael mit einem Paar blutiger Augen bewirft, verliert dieser den Verstand: „Da packte ihn der Wahnsinn mit glühenden Krallen und fuhr in sein Inneres hinein Sinn und Gedanken zerreißend" (S, 38). Nathanael greift den Professor an und hätte ihn wohl erwürgt, wenn der Student nicht von seinen Freunden unterbrochen und anschließend in wütender Raserei ins Tollhaus gebracht worden wäre.

Nun ist auch Nathanael klar, was Leser und Leserin schon längst gewusst haben: Olimpia ist lediglich ein Automat, ein Maschinen-Mensch, kein lebendiges Wesen. Was der Student als Geschenk des Himmels und seine große Liebe betrachtete, realisiert sich nun als irdisches Stückwerk. Das Bild der Frau, der seit dem ersten Blick durch das Perspektiv seine flammende Leidenschaft galt, zerbricht wie ihr Körper in seine Einzelteile. Wieder endet das Projekt der Erschaffung des künstlichen Menschen in der Katastrophe: das vorherige Mal mit dem Tod des Vaters, nun mit dem glühenden Wahnsinn Nathanaels, der auch ihn am Ende der Erzählung das Leben kosten wird. Da Spalanzani über Coppola als Coppelius spricht, scheint der grausame Verdacht Nathanaels bestätigt: Coppelius, der Sandmann, hatte ihn in der Gestalt des Wetterglashändlers verfolgt und abermals sein dämonisches Spiel mit ihm getrieben. Was für Nathanael himmlischen Ursprungs war, stellt sich nun als das Gegenteil heraus: Der Kampf um Olimpia bezeugt deren Fertigung aus menschlicher Hand – wobei die Schöpfer des Automaten (Spalanzani und Coppola) aufgrund der nun aufgedeckten Täuschung, ihres Verhaltens und der Beschuldigungen im Streit wiederum den Eindruck eines teuflischen Intriganten und seines Schergen erwecken. Auch das Fehlen der Augen, das sich bereits in der Trauma-Episode als Differenzmerkmal zur göttlichen Schöpfung etablierte, klassifiziert Olimpia nun als das Werk überheblicher Männer, die mit düsteren Kräften im Bunde stehen. Abermals präsentiert sich der Automat, vorrangig anhand der Teufels- und Augenmetaphorik, als widergöttliche Schöpfung eines satanischen Magie-Mechanikers und seines Komplizen. Da im Unterschied zu der Szene aus Nathanaels Kindheit hier allerdings ein tatsächlich geschaffener Automat das Desaster auslöst, fügt sich noch ein weiterer Aspekt in die Deutung der Automatenbauer als größenwahnsinnige Teufel ein: Ihr Produkt, der Automat, dient als Täuschungsinstrument im Netz einer satanischen Intrige. Der Verkauf des Perspektivs erweist sich als Manipulation mit dem Ziel, Nathanael auf Olimpia zu fixieren. Durch die täuschende Menschenähnlichkeit und scheinbare Lebendigkeit des Automaten wird der Student so in die Irre geführt, dass er sich in ein Stück Mechanik, ein technisches Abbild verliebt und seine lebendige Verlobte vergisst. Die wortwörtliche Zerstückelung seiner vermeintlichen Liebe zerstört jedoch die Illusion des natürlichen Lebens und treibt ihn schließlich in den Wahnsinn. Der Automat wird als dämonisches und unheimliches Instrument zur Täuschung und Indoktrination des dafür empfänglichen Menschen entlarvt, welches den fragilen Verstand bedroht oder sogar außer Kraft setzt.

Ob sich Nathanael von seinem Zusammenbruch erholen wird, erfährt das Lesepublikum erst nach einem satirischen Zwischenspiel. Der Betrug Spalanzanis, der mit der Demontage des Automaten aufgedeckt wurde, wird in den Teezirkeln diskutiert, die Olimpia mit Erfolg besucht hatte:

> Aber viele hochzuverehrende Herren beruhigten sich nicht [...]; die Geschichte mit dem Automat hatte tief in ihrer Seele Wurzel gefasst und es schlich sich in der Tat abscheuliches Misstrauen gegen menschliche Figuren ein. Um nun ganz überzeugt zu werden, dass man keine Holzpuppe liebe, wurde von mehrern Liebhabern verlangt, dass die Geliebte etwas taktlos singe und tanze, dass sie beim Vorlesen sticke, stricke, mit dem Möpschen spiele usw. vor allen Dingen aber, dass sie nicht bloß höre, sondern auch manchmal in der Art spreche, dass dies Sprechen wirklich ein Denken und Empfinden voraussetze (S, 39).

Dem Automatenmotiv wird hier neben der dämonisch-manipulativen Ausgestaltung eine satirische Komponente hinzugefügt – zum Zwecke der „Kritik an einer rationalistisch verzweckten Gesellschaft" (Brittnacher / May 2013, 67). Die Mitglieder der Teezirkel verhalten sich anscheinend selbst schon beinahe wie Automaten, sodass Olimpias mechanisches Inneres nicht bemerkt oder vielleicht sogar ignoriert wurde. Der Philister, dessen eindimensionale Wirklichkeitssicht Hoffmann auf die Probe stellen wollte (Walter 1984, 27f.), folgt leblos wie eine Maschine den Normen der bürgerlichen Etikette, was ihn zu einer leeren Hülle werden lässt und den Automaten zum Sinnbild der Scheinlebendigkeit und Fremdbestimmtheit des materialistischen Bürgertums. Die Starre und Regungslosigkeit Olimpias fielen daher beim Besuch der Teezirkel kaum auf. Erst mit ihrer Demaskierung verändert sich die Sicht auf zuvor wertgeschätzte Eigenschaften.

Mit diesem satirischen Blick auf die philiströse Gesellschaft kann auch eine unterschwellige Kritik an den zeitgenössischen Wissenschaften und deren Akteuren verbunden werden: Da die Studierzimmer sowohl des Vaters als auch Spalanzanis als alchemistische Werkstätten inklusive schauerlicher Instrumente inszeniert werden, gibt sich der Automatenbau als okkulte Praxis zu erkennen und dessen Mechaniker als Betrüger, die bewusst ihr Publikum täuschen und hintergehen – wie Spalanzani, der Olimpia der feinen Gesellschaft und vor allem Nathanael mit desaströsen Folgen unterjubelte. Das mechanistische Weltbild und das Prinzip der Technisierung, wie es in der aufklärerischen Philosophie noch angepriesen wurde, werden nun durch die fatalen Auswirkungen auf den Menschen, sichtbar in dessen Automatenhaftigkeit und Beinflussbarkeit, konterkariert.

3.3 Der Automat im Spiel der phantastischen Ambiguität

Wie aber enden die Geschehnisse um Nathanaels Begegnung mit dem Automaten Olimpia? Nach dem Aufenthalt im Tollhaus kehrt Nathanael in seine Heimat zurück und scheint dort durch die liebevolle Pflege seiner Mutter und Claras langsam zu genesen (S, 40). Als jedoch die Verlobten bei einem Ausflug in die Stadt den Ratsturm besteigen und Nathanael Clara durch das Perspektiv Coppolas betrachtet, kehren der Wahnsinn und die verheerende Verkehrung von Totem und Lebendigem in ihn zurück:

> Da zuckte es krampfhaft in seinen Pulsen und Adern – totenbleich starrte er Clara an, aber bald glühten und sprühten Feuerströme durch die rollenden Augen, grässlich brüllte er auf, wie ein gehetztes Tier; dann sprang er hoch in die Lüfte und grausig dazwischen lachend schrie er in schneidendem Ton: „Holzpüppchen dreh dich – Holzpüppchen dreh dich" (S, 41).

Nathanael versucht, Clara, die in seinen Augen zur Puppe und somit leblos geworden ist, vom Turm hinabzustürzen – diese kann jedoch im letzten Moment von ihrem Bruder gerettet werden. Dann taucht plötzlich Coppelius in der Menschenmenge auf, die sich am Fuß des Turms gebildet hatte. Dieser lacht: „Ha ha – wartet nur, der kommt schon herunter von selbst" (S, 42). Als Nathanael in seiner Raserei den Advokaten erblickt, stürzt er sich mit einem gellenden Schrei in die Tiefe. Während der Student mit zerschmettertem Kopf am Boden liegt, verschwindet Coppelius im Gewühl.

Schließlich treiben die Geschehnisse um den Sandmann, alias Coppelius, alias Coppola und dessen satanische Schöpfung, den Automaten Olimpia, Nathanael in den Tod. Die Pervertierung von Lebendigem und Mechanischem, wie sie zwischen Clara und Olimpia geschieht und die Nathanael letztlich zum Verhängnis wird, spiegelt sich in der Ambiguität der Erscheinungswelt, die Hoffmann in seiner Erzählung etabliert und unaufgelöst stehen lässt. Denn das Geschehen um Nathanael kann in typisch phantastischer Manier sowohl irrational als auch rational gelesen werden. Einer übernatürlichen Lesart folgend, die innerhalb der Novelle Nathanaels Sichtweise entspricht, wird dieser von einer dämonischen Schicksalsmacht beeinflusst, die dessen Welt und Empfindungen indoktriniert und sein Handeln ihrem Willen unterwirft. Einer rationalistischen Interpretation folgend, welche mit Claras Perspektive auf den Gemütszustand Nathanaels einhergeht, ist die Figur des Sandmanns lediglich ein Geschöpf der Phantasie, welches den Abgründen Nathanaels eigener Seele entspringt. Sein Leben wird nicht durch ein feindliches Prinzip determiniert, sondern er leidet an einem durch sein Kindheitstrauma ausgelösten Verfolgungswahn, der sich zur krankhaften, lebensbedrohlichen Paranoia auswächst. In dieses Prinzip der Ambiguität, das Hoffmann mit vielschichtigen erzähltechnischen Mitteln in seiner Novelle erzeugt, passt sich das Motiv des mechanisch-künstlichen Menschen ein: Während Olimpia für Nathanael ein lebendiges, himmlisches Geschöpf verkörpert, für das seine Leidenschaft glüht, bezeichnet er Clara, da diese seine düsteren Dichtungen nicht wertschätzt, lange vor der Szene auf dem Ratsturm als „lebloses, verdammtes Automat" (S, 25). Lebloses erstrahlt für Nathanael lebendig und das Lebendige soll sterben.

Auffällt, dass auch unter Berücksichtigung der Mehrdeutigkeit der Erzählung der Android das katastrophale Ende herbeiführt; denn selbst in der Deutung des Lebens Nathanaels als psycho-pathologischen Fall (unter Ausklammerung der übernatürlichen Komponente) ist der Automat noch negativ besetzt. Auch wenn dieser nicht als Instrument unter satanischer Kontrolle gedeutet wird, bleibt er dennoch Mittel zur Täuschung, das der Gesellschaft den Spiegel vorhält und eine trügerische Mechanik, die eine Psychose hervorkehrt. In beiden Fällen bedroht der Automat das Leben des Menschen – psychologisch und gesellschaftlich.

4. Fazit

Das positive Bild des Technischen, Mechanischen und Automatischen aus der aufklärerischen Philosophie, wie z. B. in einer radikalen Form bei La Mettrie, findet in Hoffmanns Novelle keinen Platz mehr. Was früher Inbegriff des dem Menschen Möglichen, der Harmonie und Ordnung war, ist in der romantischen Literatur das, was den Menschen und dessen geistige Gesundheit bedroht und hintergeht. Das menschlich-mechanische Ideal wird, genauso wie Olimpia von ihren machthungrigen Schöpfern, stückweise dekonstruiert.

Die Automatenbauer im *Sandmann* (zuerst Coppelius und der Vater, dann Coppola und Spalanzani) erweisen sich als satanisch und das Produkt ihrer Hybris als seelenlose Opposition zur göttlichen Schöpfung, welches ein Paktieren mit dem Bösen verlangt. Was in Bezug auf die Automaten der Jaquet-Droz noch Gerüchte waren (nämlich das Bündnis mit dem Teufel), wird nun bei Hoffmann erzählerisch ausgearbeitet.

Der technische Fortschritt und die wissenschaftliche Hoffnung sehen sich als satanische Intrige demontiert und der Automat als Instrument einer dunklen Macht, welches die Wahrnehmung und den Verstand verzerrt. So werden auch die mechanischen und optischen Technologien der aufstrebenden Magier-Techniker zu Beginn des 19. Jahrhunderts in ein neues Licht (das der Irreführung) gerückt.

Zusammenfassend wird von Hoffmann im phantastischen Gewand durch die Dämonisierung des Automatischen die Utopie vom künstlichen Menschen und der technischen Allmacht revidiert und in ihr Gegenteil, die Manipulation, den Wahnsinn und Tod, verkehrt. Die Scheinlebendigkeit und Fremdbestimmtheit des Automaten warnen vor dem Schreckensbild einer philiströsen und mechanistischen Gesellschaft.

Dennoch spiegelt die Novelle aufgrund der intensiven Auseinandersetzung mit dem Automaten, einerseits des Autors und andererseits textimmanent auch Nathanaels, zudem eine das Gefühl der Bedrohlichkeit stets begleitende Faszination der Menschen gegenüber den mechanischen Androiden, wie sie schon bei den Vorführungen Vaucansons zu spüren war. Der von Hoffmann angestimmte Tenor des zugleich Eindrucksvollen und Unheimlichen, der die täuschend echten Androiden umgibt, findet sich genauso in der Gegenwart.

Die literarische Automaten-Reflexion der Romantik stößt Überlegungen an, die Technik und Wissenschaft heute aufgrund ihrer fortgeschrittenen Stadien noch konkreter hervorrufen können. Ängste in Verbindung mit dem mechanisch-künstlichen Menschen, wie die drohende Ununterscheidbarkeit zwischen Lebendigem und Leblosem, der vermessene Affront gegen Gottes Schöpfung oder die Ersetzung des Menschlichen durch das Maschinelle, werden bereits im *Sandmann* angesprochen und finden sich auch heute im Diskursfeld um die künstliche Intelligenz. Seinen Platz zwischen Fortschritt, Faszination und Furcht hat der Automat nicht verloren.

Literatur

BECKER, UDO (2002), Lexikon der Symbole, 4. Aufl., Freiburg u. a.
BEYSE, JOCHEN (2017), Fremd wie das Licht in den Träumen der Menschen, Zürich / Berlin.
BRITTNACHER, HANS RICHARD (1994), Ästhetik des Horrors. Gespenster, Vampire, Monster, Teufel und künstliche Menschen in der phantastischen Literatur, Frankfurt am Main.
BRITTNACHER, HANS RICHARD / MAY, MARKUS (2013), Deutschland, in: Brittnacher, Hans Richard / May, Markus (Hg.), Phantastik. Ein interdisziplinäres Handbuch, Stuttgart, 59–67.
DRUX, RUDOLF (2004), Der literarische Maschinenmensch und seine technologische Antiquiertheit. Wechselbeziehungen zwischen Literatur- und Technikgeschichte, in: Dresdener Beiträge zur Geschichte der Technikwissenschaften 29, 3–19.
FUNKEN, PETER (1983), Die Maschine im 19. und 20. Jahrhundert. Die Darstellung von technischen und maschinellen Prinzipien in der bildenden Kunst des 19. und 20. Jahrhunderts – mit einem Exkurs zur Verwendung der Technik-Metapher in der Literatur seit der Romantik, Aachen.
GARDERER, RUPERT (2009), Poetik der Technik. Elektrizität und Optik bei E. T. A. Hoffmann, Freiburg i.Br. u. a.
HOFFMANN, E. T. A. (1816), Der Sandmann, hrsg. von Max Kämper 2015, Ditzingen.
LIEB, CLAUDIA (2015), Leben, in: Lubkoll, Christine / Neumeyer, Harald (Hg.), E. T. A. Hoffmann Handbuch. Leben – Werk – Wirkung, Stuttgart, 1–7.
METELING, ARNO (2010), Automaten, in: Kremer, Detlef (Hg.), E. T. A. Hoffmann. Leben – Werk – Wirkung, 2. erw. Aufl., Berlin, 484–487.
RISKIN, JESSICA (2005), Künstliches Leben produzieren, in: Orland, Barbara (Hg.), Artifizielle Körper – lebendige Technik. Technische Modellierungen des Körpers in historischer Perspektive, Zürich, 65–85.
SAUER, LIESELOTTE (1983), Marionetten, Maschinen, Automaten. Der künstliche Mensch in der deutschen und englischen Romantik, Bonn.
VENUS, JOCHEN (2001), Vitale Maschinen und programmierte Androiden. Zum Automatendiskurs des 18. Jahrhunderts, in: Keck, Anette / Pethes, Nicolas (Hg.), Mediale Anatomien. Menschenbilder als Medienprojektionen, Bielefeld, 253–266.
WALTER, JÜRGEN (1984), Das Unheimliche als Wirkungsfunktion. Eine rezeptionsästhetische Analyse von E. T. A. Hoffmanns Erzählung *Der Sandmann*, in: Mitteilungen der E. T. A. Hoffmann-Gesellschaft 30, 15–33.

Autor*innen

PD Dr. Jürgen Altmann, Leiter der Arbeitsgruppe „Physik und Abrüstung" im Lehrstuhl Experimentelle Physik III, Fakultät Physik an der Technischen Universität Dortmund.

Miriam Conrad, Wissenschaftliche Mitarbeiterin, Professur für Kirchen- und Theologiegeschichte am Institut für Evangelische Theologie an der Technischen Universität Dortmund.

Prof. Dr. Claudia Gärtner, Professorin für Praktische Theologie am Institut für Katholische Theologie an der Technischen Universität Dortmund.

PD Dr. Görge K. Hasselhoff, Privatdozent für Kirchen- und Theologiegeschichte am Institut für Evangelische Theologie an der Technischen Universität Dortmund.

Prof. Dr. Christian Klaes, Fakultät für Medizin, Abteilung Neurotechnologie am Universitätsklinikum Knappschaftskrankenhaus Bochum GmbH.

Prof. Dr. Britta Konz, Professorin für Religionspädagogik am Institut für Evangelische Theologie an der Technischen Universität Dortmund.

Prof. Dr. Ernstpeter Maurer, Professor für Systematische Theologie am Institut für Evangelische Theologie an der Technischen Universität Dortmund.

Dr. Johann Ostmeyer, Research Associate, Department of Mathematical Sciences, University of Liverpool, United Kingdom.

Prof. Dr. Karl-Heinrich Ostmeyer, Professor für Neues Testament am Institut für Evangelische Theologie an der Technischen Universität Dortmund.

Prof. em. Dr. Thomas Pola, Emeritierter Professor für Altes Testament am Institut für Evangelische Theologie an der Technischen Universität Dortmund und seit 2005 Leiter der Ausgrabungen auf den Tulul adh-Dhahab in Jordanien.

Prof. Dr. Gregor Schiele, Professor für Informatik und Leiter des Fachgebiets „Eingebettete Systeme der Informatik" an der Fakultät Ingenieurwissenschaften an der Universität Duisburg-Essen.

Prof. Dr. Eva Schmidt, Professorin für Theoretische Philosophie am Institut für Philosophie und Politikwissenschaften an der Technischen Universität Dortmund.

Marcel Scholz, Wissenschaftlicher Mitarbeiter, Professur für Religionspädagogik am Institut für Evangelische Theologie an der Technischen Universität Dortmund.

Prof. Dr. Johannes Weyer, Seniorprofessor Nachhaltige Mobilität an der Fakultät Sozialwissenschaften an der Technischen Universität Dortmund.